UN APASIONANTE RELATO DE TERROR,
TRAICIÓN, INTRIGA POLICIAL
Y DILEMAS INCONCEBIBLES

HIJO DE HAMÁS

MOSAB HASSAN YOUSEF

CON RON BRACKIN

CASA
CREACIÓN
Para vivir la Palabra

Para vivir la Palabra

MANTÉNGANSE ALERTA;
PERMANEZCAN FIRMES EN LA FE;
SEAN VALIENTES Y FUERTES.
—1 Corintios 16:13 (NVI)

Hijo de Hamas por Mosab Hassan Yousef
Publicado por Casa Creación
Miami, Florida
www.casacreacion.com
©2023 Derechos reservados

ISBN: 978-1-960436-50-4
E-Book ISBN: 978-1-960436-51-1

Desarrollo editorial: *Grupo Nivel Uno, Inc.*
Adaptación de diseño interior y portada: *Grupo Nivel Uno, Inc.*
Fotografía de la portada y del autor: ©2009 por Tyndale House Publishers, Inc.
Todos los derechos reservados. Usada con permiso.
Mapa en el interior: ©1993 por Digital Wisdom. Todos los derechos reservados.
Usados con permiso.

Publicado originalmente en inglés bajo el título:
Son of Hamas, by Mosab Hassan Yousef
Copyright © 2010, 2011 by Mosab Hassan Yousef
Spanish edition © 20xx by Grupo Nivel Uno Inc. dba Casa Creación with
permission of Tyndale House Publishers. All rights reserved.

Nota de la editorial: Aunque el autor hizo todo lo posible por proveer teléfonos y páginas
de internet correctos al momento de la publicación de este libro, ni la editorial ni el autor
se responsabilizan por errores o cambios que puedan surgir luego de haberse publicado.

Impreso en Colombia

23 24 25 26 LBS 9 8 7 6 5 4 3 2 1

A mi amado padre y a mi familia herida.

A las víctimas del conflicto palestino-israelí.

A cada persona que mi Dios ha salvado.

Estoy muy orgulloso de ustedes, mi familia; sólo mi Dios puede entender por lo que han pasado. Soy consciente de que lo que he hecho ha causado otra profunda herida que probablemente no cicatrice en esta vida, y que quizá tengan que vivir con la vergüenza de mi acto para siempre.

Podría haber sido un héroe y haber hecho que mi gente estuviera orgullosa de mí. Sé qué tipo de héroe estaban buscando: un luchador que consagrara su vida y su familia por la causa de una nación. Aunque yo hubiera resultado muerto, habrían narrado mi gesta a las siguientes generaciones y hubieran estado orgullosos de mí para siempre; sin embargo, en realidad, yo no habría tenido mucho de héroe.

En vez de eso, me convertí en un traidor a los ojos de mi gente. Aunque una vez fui fuente de orgullo para ustedes, ahora sólo les traigo vergüenza. Aunque una vez fui el príncipe real, ahora soy un desconocido en un país extranjero luchando contra el enemigo de la soledad y la oscuridad.

Sé que me ven como un traidor; por favor, entiendan que no escogí traicionarles a ustedes, sino a su concepción de lo que significa ser un héroe. Cuando las naciones de Medio Oriente (tanto los judíos como los árabes) alcancen a entender algo de lo que yo ya comprendí, sólo entonces podrá ser posible la paz.

Y si mi Dios fue rechazado para salvar al mundo del castigo del infierno, ¡a mí tampoco me importa ser un repudiado!

No sé qué traerá el futuro, pero sí sé que no tengo miedo. Y ahora quiero darles algo que me ha ayudado a sobrevivir hasta aquí: toda la culpa y la vergüenza que he llevado encima durante todos estos años es un pequeño precio a pagar si salva, aunque sea, una sola vida humana inocente.

¿Cuánta gente valora lo que he hecho? No mucha. Pero está bien. Creí en lo que hice y aún creo en ello, y eso es mi único combustible para este largo viaje.

Cada gota de sangre inocente que ha sido salvada me da esperanza para continuar hasta el último día.

Yo tuve que pagar, ustedes tuvieron que pagar, y las facturas de la guerra y la paz aún siguen llegando. Que Dios esté con todos nosotros y nos dé lo que necesitamos para sobrellevar esta pesada carga.

Con amor,
Su hijo

CONTENIDO

ISRAEL Y LOS TERRITORIOS OCUPADOS

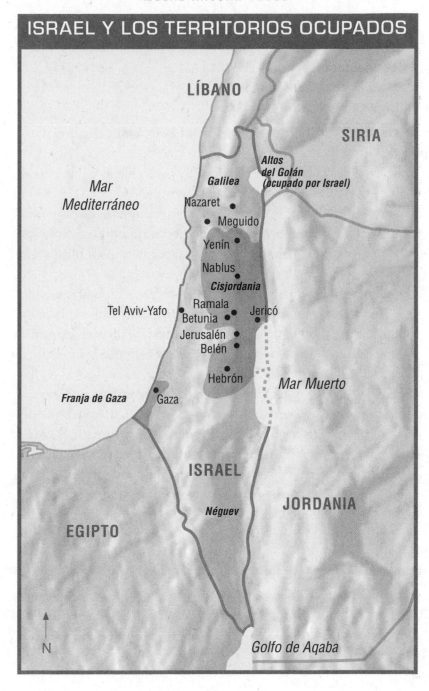

LÍBANO

SIRIA

Mar
Mediterráneo

Galilea

Altos
del Golán
(ocupado por Israel)

Nazaret

Meguido

Yenín

Nablus

Cisjordania

Tel Aviv-Yafo

Ramala
Betunia

Jericó

Jerusalén
Belén

Hebrón

Mar Muerto

Franja de Gaza

Gaza

ISRAEL

Néguev

JORDANIA

EGIPTO

↑
N

Golfo de Aqaba

UNAS PALABRAS DEL AUTOR

EL TIEMPO ES SECUENCIAL: un hilo que se extiende desde el nacimiento hasta la muerte.

Los acontecimientos, sin embargo, se parecen más a una alfombra persa: miles de hilos de colores brillantes creando dibujos e imágenes intrincados en el tejido. Cualquier intento de poner los hechos en un simple orden cronológico sería como estirar los hilos por separado y ponerlos uno al lado del otro. Quizá sería más sencillo, pero te perderías el diseño.

Los sucesos de este libro son mis mejores recuerdos, el resultado de la vorágine de mi vida en los territorios ocupados de Israel y tejidos juntos tal como ocurrieron: consecutiva y simultáneamente.

Para proveer de puntos de referencia y ordenar los nombres y términos árabes, he incluido una breve línea temporal en los apéndices, junto con un glosario y una lista de protagonistas.

Por razones de seguridad, intencionadamente he omitido muchos detalles en los relatos de las delicadas operaciones llevadas a cabo por el Servicio de Seguridad de Israel, el Shin Bet. La información revelada en este libro en ningún modo hace peligrar la lucha global en curso contra el terrorismo, en la cual Israel tiene un papel destacado.

Por último, *Hijo de Hamás*, tal y como sucede en Medio Oriente, es una historia continua. Así que te invito a seguir en contacto visitando mi blog http://www.sonofhamas.com, donde comparto mi punto de vista sobre los acontecimientos de última hora en la región. También publico las actualizaciones sobre lo que Dios está haciendo con el libro y en mi familia y dónde me está guiando día a día.

—*MYH*

PREFACIO

La paz en Medio Oriente ha sido el santo grial de los diplomáticos, primeros ministros y presidentes durante más de cinco décadas. Todos los que se incorporan al escenario mundial piensan que van a ser los que resolverán el conflicto árabe-israelí. Y todos y cada uno de ellos fracasan tan lamentablemente y con tanta rotundidad como los que les precedieron.

El hecho es que pocos occidentales pueden llegar a entender las complejidades de Medio Oriente y de su gente. Sin embargo, yo sí puedo gracias a una perspectiva casi única. Como puedes ver, soy hijo de esta región y de este conflicto. Soy un niño del Islam y el hijo de un reconocido terrorista. Y también soy seguidor de Jesús.

Antes de cumplir los veintiún años había visto cosas que jamás nadie debería ver: absoluta miseria, abuso de poder, tortura y muerte. Fui testigo de las negociaciones encubiertas de los principales líderes de Medio Oriente, los que llenan titulares de todo el mundo. Fui hombre de confianza de los altos cargos de Hamás y participé en lo que se ha dado en llamar Intifada. Estuve prisionero en las entrañas del centro penitenciario más temido de Israel. Y, como podrás ver, tomé decisiones que me han hecho ser un traidor a los ojos de la gente que amo.

Mi insólito viaje me ha llevado a través de lugares oscuros y me ha dado acceso a secretos extraordinarios. En las páginas de este libro revelo algunos de esos secretos ocultos durante mucho tiempo, sacando a la luz hechos y procesos que hasta ese momento sólo eran conocidos por un puñado de individuos misteriosos.

La revelación de dichas verdades probablemente conmocionará algunos lugares de Medio Oriente, aunque espero que también traiga consuelo y cierre las heridas de las familias de las víctimas de este conflicto interminable.

Cuando hoy me muevo entre estadounidenses, veo que muchos de ellos tienen una gran cantidad de preguntas sobre el conflicto árabe-israelí pero muy pocas respuestas, y aún menos buena información. Escucho preguntas como:

* «¿Por qué no puede la gente simplemente llevarse bien en Medio Oriente?»
* «¿Quién tiene razón, los israelíes o los palestinos?»
* «¿A quién pertenece realmente la tierra? ¿Por qué los palestinos no se van a otros países árabes?»
* «¿Por qué Israel no devuelve las tierras y propiedades que conquistó en 1967 en la Guerra de los Seis Días?»
* «¿Por qué hay aún tantos palestinos viviendo en campos de refugiados? ¿Por qué no tienen su propio estado?»
* «¿Por qué los palestinos odian tanto a Israel?»
* «¿Cómo puede Israel protegerse de los terroristas suicidas y de los frecuentes ataques con misiles?»

Todas éstas son buenas preguntas. Pero ninguna de ellas menciona el asunto real, la raíz del problema. El conflicto actual tiene su comienzo mucho tiempo atrás, en el rencor entre Sara y Agar descrito en el primer libro de la Biblia. Sin embargo, para entender la realidad política y cultural no hace falta retroceder más allá de las secuelas de la Primera Guerra Mundial.

Cuando la guerra terminó, los territorios palestinos, el hogar de los palestinos durante siglos, cayó bajo el mandato de Gran Bretaña. Y el gobierno británico tuvo una inusual idea para la zona, que formuló en la Declaración Balfour en 1917: «El Gobierno de Su Majestad contempla favorablemente el establecimiento en Palestina de un hogar nacional para el pueblo judío».

Alentados por el gobierno británico, centenares de miles de judíos inmigrantes, en su mayoría provenientes de Europa del

Este, inundaron los territorios palestinos. Los enfrentamientos entre árabes y judíos fueron inevitables.

Israel se convirtió en un estado en 1948. Sin embargo, los territorios palestinos quedaron como territorios sin soberano. Sin una constitución que mantenga una apariencia de orden, la ley religiosa se convierte en la mayor autoridad. Y cuando todo el mundo es libre para interpretar e imponer la ley como mejor le conviene, el caos es inevitable. Para el mundo exterior, el conflicto de Medio Oriente es simplemente un tira y afloja sobre una estrecha franja de tierra. Pero el problema real es que aún nadie ha entendido el problema real. Y, como resultado, los negociadores, desde Camp David hasta Oslo, ingenuamente siguen entablillando los brazos y las piernas de un paciente con problemas cardiacos.

Por favor, entiende esto: yo no escribí este libro creyéndome más listo o más sabio que los grandes pensadores de la época. No lo soy. Pero creo que Dios me ha dado una perspectiva única poniéndome simultáneamente en muchos lugares en este conflicto aparentemente insoluble. Mi vida ha sido dividida igual que este pequeño y agitado trozo de tierra en el Mediterráneo, conocido por unos como Israel, por otros como Palestina y territorios ocupados por algunos otros.

Mi propósito en las páginas que siguen es aclarar hechos clave, poner al descubierto algunos secretos, y, si todo va bien, dejarte con la esperanza de que se puede alcanzar lo imposible.

Capítulo uno

CAPTURADO

1996

CONDUCÍA MI PEQUEÑO SUBARU BLANCO por una intersección sin visibilidad en una de las estrechas carreteras que llevaban a la autopista principal que salía de Cisjordania, en la ciudad de Ramala. Poco a poco, pisando el freno, me acerqué despacio a uno de los innumerables controles que salpican las carreteras que llevan a Jerusalén.

—¡Apague el motor! ¡Pare el coche! —gritó alguien chapurreando árabe.

Sin previo aviso, seis soldados israelíes saltaron de los arbustos y le cerraron el paso a mi vehículo, cada uno de ellos llevando un arma, y cada arma apuntando directamente a mi cabeza.

El pánico inundó mi garganta. Detuve el coche y tiré las llaves a través de la ventana abierta.

—¡Salga! ¡Salga!

Sin perder ni un minuto, uno de los hombres tiró bruscamente para abrir la puerta y me lanzó al suelo polvoriento. Casi no tuve ni tiempo de cubrirme la cabeza antes de que empezara la paliza. Aunque yo intentaba protegerme la cara, las pesadas botas de los soldados encontraron rápidamente otros objetivos: costillas, riñones, espalda, cuello, cráneo.

Dos de los hombres me llevaron a rastras y me empujaron hasta el punto de control, donde me obligaron a arrodillarme detrás de una barricada de cemento. Me ataron las manos detrás de la espalda con una afilada brida de plástico que apretaron demasiado fuerte. Alguien me vendó los ojos y me lanzó al suelo de la parte trasera de un jeep. El miedo se mezcló con ira mientras me preguntaba dónde me estaban llevando y cuánto tiempo estaría fuera. No tenía más que dieciocho años y apenas faltaban unas pocas semanas para los exámenes finales del instituto. ¿Qué iba a pasarme?

Después de un breve viaje, el jeep disminuyó la velocidad hasta pararse. Un soldado me sacó del coche de un empujón y me quitó la venda. Entornando los ojos para protegerlos de la brillante luz del sol, me di cuenta de que estábamos en la base militar de Ofer. Como base militar de la defensa israelí, Ofer era una de las más grandes y seguras de Cisjordania.

Mientras caminábamos hacia el edificio principal, pasamos junto a unos tanques blindados que estaban envueltos con lonas de tela. Los monstruosos túmulos siempre me habían intrigado cuando los había visto desde fuera de las verjas. Parecían rocas enormes y descomunales.

Una vez dentro del edificio, nos recibió un doctor que me echó un rápido vistazo, aparentemente para asegurase de que estaba en condiciones de resistir un interrogatorio. Debí desmayarme porque, al cabo de unos minutos, me pusieron de nuevo las esposas y la venda en los ojos y me empujaron de vuelta al jeep.

Cuando intenté acomodar mi cuerpo para que encajara en aquel espacio reducido donde normalmente se ponían los pies, un fornido soldado plantó la bota en mi cadera y presionó la boca de su rifle de asalto M16 contra mi pecho. El cálido hedor de los gases de la gasolina saturó el suelo del vehículo y me dio la sensación de que me ahogaba. Cada vez que intentaba moverme para cambiar aquella incómoda postura, el soldado me clavaba un poco más el cañón de su arma en el pecho.

Sin avisar, una ardiente punzada de dolor me atravesó el cuerpo e hizo que se me encogieran los dedos de los pies. Fue como si un cohete me estallara en el cráneo. La fuerza del impacto había venido del asiento delantero, y me di cuenta de que uno de los soldados había usado la culata de su rifle para golpearme la cabeza. Antes de que me diera tiempo de protegerme, me golpeó de nuevo, esta vez más fuerte y en el ojo. Intenté ponerme fuera de su alcance, pero el soldado que me estaba usando como reposapiés me colocó de nuevo en la misma posición.

—¡No te muevas o te *disparo*! —me gritó.

Pero no podía evitarlo. Cada vez que su compañero me golpeaba, involuntariamente retrocedía ante el impacto.

Debajo de la áspera venda, mi ojo estaba empezando a hincharse, y notaba la cara entumecida. La sangre no me circulaba bien en las piernas. Respiraba entrecortadamente y con profundos jadeos. Jamás había sentido tal dolor. Pero el dolor físico no era nada en comparación con el horror de estar a merced de algo inmisericorde, algo injusto e inhumano. La mente me daba vueltas vertiginosamente mientras intentaba comprender las motivaciones de mis captores. Entendía la lucha y el asesinato motivado por el odio irracional, la ira, la venganza o incluso por necesidad. Pero yo no les había hecho nada a aquellos soldados. No había puesto oposición. Había hecho todo lo que me habían dicho que hiciera. Yo no suponía ninguna amenaza para ellos. Estaba atado, con los ojos vendados y desarmado. ¿Qué había dentro de esta gente que les hacía disfrutar de tal forma con mi tortura? Incluso el animal más vil mata por una razón, no sólo por deporte.

Pensé en cómo se iba a sentir mi madre cuando supiera que me habían arrestado. Con mi padre en aquellos momentos en una prisión israelí, yo era el hombre de la familia. ¿Me encerrarían en la cárcel durante meses, o años, como habían hecho con mi padre? Si era así, ¿cómo podría subsistir mi madre sin mí? Empecé a entender cómo se sentía mi padre: preocupado por su familia y afligido por saber que estábamos sufriendo por él. Se me saltaron las lágrimas cuando imaginé el rostro de mi madre.

También me preguntaba si todos mis años de instituto habrían sido en vano. Si realmente me llevaban a una prisión israelí, me perdería los exámenes finales que tendrían lugar dentro de un mes. Un torrente de preguntas y llantos cruzaron mi mente mientras seguían lloviendo golpes: «*¿Por qué me están haciendo esto? ¿Qué he hecho? ¡No soy un terrorista! Sólo soy un niño. ¿Por qué me están pegando así?*»

Estoy bastante seguro de que perdí el conocimiento varias veces, pero cuando volvía en mí los soldados aún seguían allí, golpeándome. No podía esquivar los golpes.

Lo único que podía hacer era gritar. Noté subir la bilis por la garganta, tuve nauseas y me vomité encima.

Sentí una gran tristeza antes de perder el conocimiento. ¿Era esto el final? ¿Iba a morir antes siquiera de que mi vida hubiera empezado?

Capítulo dos

LA ESCALERA DE LA FE

1955-1977

Me llamo Mosab Hassan Yousef.

Soy el hijo mayor de Sheikh Hassan Yousef, uno de los siete fundadores de la organización Hamás. Nací en Cisjordania, en la ciudad de Ramala, y pertenezco a una de las familias islámicas más religiosas de Medio Oriente.

Mi historia comienza con mi abuelo, Sheikh Yousef Dawood, quien fue líder religioso (o imán) del pueblo de Al-Janiya, que se encuentra en la zona de Israel que la Biblia nombra como Judea y Samaria. Yo adoraba a mi abuelo. Su barba blanca y suave me hacía cosquillas en las mejillas cuando me abrazaba, y podía estar sentado durante horas escuchando el sonido de su dulce voz entonando el *adhan* (la llamada a la oración de los musulmanes). Y tenía gran cantidad de ocasiones para hacerlo, ya que los musulmanes son llamados a la oración cinco veces al día. Recitar el *adhan* y el Corán no es algo fácil, pero cuando lo hacía mi abuelo el sonido resultaba mágico.

Cuando yo era niño, algunos de los que salmodiaban me molestaban tanto que quería taparme los oídos con un trapo. Sin embargo, mi abuelo era un hombre apasionado que llevaba a sus oyentes a entender el verdadero significado del *adhan* cuando cantaba. Él creía en todas y cada una de las palabras del *adhan*.

Cuando Al-Janiya estaba bajo el gobierno de Jordania y la ocupación israelí, vivían allí unas cuatrocientas personas. No obstante, a los residentes de aquella pequeña villa rural no les servía de mucho la política. Enclavado en las suaves y onduladas colinas unas cuantas millas al noroeste de Ramala, Al-Janiya era un lugar hermoso y muy pacífico. Sus puestas de sol tintaban todo el paisaje de tonos rosas y violetas. El aire era limpio y claro, y desde lo alto de muchas de aquellas colinas se podía ver todo el camino hacia el Mediterráneo.

Cada día, a eso de las cuatro de la mañana, mi abuelo se dirigía a la mezquita. Después de las oraciones de la mañana, tomaría su pequeño asno e iría hacia el campo, trabajaría la tierra, se ocuparía de sus olivos y bebería agua fresca del manantial que bajaba desde las montañas. No había polución, ya que sólo una persona en todo Al-Janiya tenía coche.

Cuando estaba en casa mi abuelo recibía un flujo constante de visitantes. Él era algo más que el imán: lo era todo para la gente de aquel pueblo. Oraba por cada recién nacido y susurraba el *adhan* en los oídos del bebé. Cuando alguien moría, mi abuelo lavaba y ungía el cuerpo y lo envolvía en un sudario. Les casaba y les enterraba.

Mi padre, Hassan, era su hijo favorito. Incluso cuando aún era muy pequeño, y sin que nadie se lo pidiese, mi padre iba regularmente a la mezquita con mi abuelo. A ninguno de sus hermanos le importaba tanto todo lo relacionado con el Islam como a él.

Al lado de su padre, Hassan aprendió a recitar el *adhan*. Y, al igual que su padre, tenía una voz y una pasión ante la que la gente respondía. Mi abuelo estaba muy orgulloso de él. Cuando mi padre tenía doce años mi abuelo le dijo: «Hassan, has demostrado estar muy interesado en Dios y en el Islam. Así que voy a mandarte a Jerusalén a aprender la *sharia*». La *sharia* es la ley religiosa islámica que trata las cosas de la vida cotidiana, desde la familia hasta la higiene, la política y la economía.

Hassan ni sabía ni le importaba nada de política o economía. Él sólo quería ser como su padre. Quería leer y recitar el Corán y servir a la gente. Pero estaba a punto de descubrir que su padre era mucho más que un líder religioso de confianza y un querido servidor público.

Como los valores y las tradiciones siempre han sido más respetados por los árabes que la constitución del gobierno o los tribunales, hombres como mi abuelo a menudo se convertían en la máxima autoridad. La palabra de un líder religioso era considerada como la ley, especialmente en áreas donde los líderes seculares eran débiles o corruptos.

A mi padre no le enviaron a Jerusalén sólo a estudiar religión; su padre le estaba preparando para gobernar. Así que durante los siguientes años mi padre vivió y estudió en la Ciudad Vieja de Jerusalén al lado de la mezquita de Al-Aqsa: la icónica estructura con bóvedas doradas que define el perfil de Jerusalén a los ojos del mundo. A la edad de dieciocho años terminó sus estudios y se mudó a Ramala, donde inmediatamente fue contratado como imán de la mezquita en la Ciudad Vieja. Lleno de pasión por servir a Alá y a su gente, mi padre estaba ansioso por comenzar su trabajo en aquella comunidad, tal como su padre había hecho en Al-Janiya.

Pero Ramala no era Al-Janiya. La primera era una ciudad bulliciosa. La segunda, una pequeña villa aletargada. La primera vez que mi padre entró en la mezquita se sorprendió al encontrar sólo a cinco hombres mayores esperándole. Parecía que todos los demás estaban en las cafeterías y en los cines porno, emborrachándose y jugando. Incluso el hombre que llamaba al *adhan* en la mezquita de al lado había instalado un micrófono y un cable desde el minarete y así podía continuar la tradición islámica sin interrumpir su partida de cartas.

A mi padre se le partió el corazón por aquella gente, aunque no estaba seguro de cómo alcanzarles. Incluso sus cinco ancianos admitieron que sólo venían a la mezquita porque sabían que iban a morir pronto y querían ir al cielo. Sin embargo, al menos estaban deseosos de escuchar, así que trabajó con lo que tenía. Guió a estos camaradas en la oración y les enseñó el Corán. Al cabo de poco tiempo llegaron a apreciarle tanto como si se tratase de un ángel enviado del cielo.

Fuera de la mezquita la historia era totalmente distinta. Para muchos, el amor de mi padre por el dios del Corán sólo hacía destacar el acercamiento superficial de ellos a la fe, y se sentían ofendidos.

«¿Quién es este chico que hace el *adhan*?», se burlaba la gente señalando la cara de niño que tenía mi padre. «No es de aquí. Sólo busca problemas».

«¿Por qué está este jovencito avergonzándonos? Sólo la gente mayor va a la mezquita».

«Preferiría ser un perro antes que ser como tú», le gritó uno de ellos a la cara.

Mi padre aguantó la persecución con calma, sin contestar jamás o defenderse. Sin embargo, su amor y su compasión por la gente no le dejaban abandonar. Así que continuó haciendo el trabajo para el que había sido llamado: instar a la gente a volver al Islam y a Alá.

Compartió sus preocupaciones con mi abuelo, quien rápidamente se dio cuenta de que mi padre tenía aun mayor celo y potencial del que había pensado al principio. Mi abuelo le envió a Jordania para cursar un grado avanzado en estudios islámicos. Como verán, la gente que conoció allí cambiaría en última instancia el curso de la historia de mi familia, e incluso afectaría a la historia del conflicto en Medio Oriente. Pero antes de continuar necesito hacer una breve pausa para explicar algunos puntos importantes de la historia islámica que ayudarán a entender por qué las innumerables soluciones diplomáticas que se han intentado han fracasado en general y no pueden ofrecer esperanza para la paz.

Entre 1517 y 1923 el Islam, personificado en el Califato Otomano, se extendió desde su base en Turquía a través de tres continentes. Sin embargo, después de unos cuantos siglos de gran poder económico y político, el Imperio Otomano se centralizó y se corrompió, empezando su declive.

Bajo los turcos, los pueblos musulmanes de todo Medio Oriente estuvieron sujetos a persecuciones y a impuestos aplastantes. Estambul estaba demasiado lejos para que el califa protegiera a los fieles de los abusos a los que se veían sometidos por parte de los soldados y los oficiales locales.

Cuando llegó el siglo XX muchos musulmanes ya se habían desilusionado y habían empezado a buscar otro modo de vida. Algunos abrazaron el ateísmo de los recién llegados comunistas. Otros enterraron sus problemas en la bebida, el juego y la pornografía que los occidentales había introducido en el lugar cuando llegaron atraídos por la riqueza mineral y la creciente industrialización de la zona.

En El Cairo, Egipto, un joven y devoto maestro de primaria llamado Hassan al-Banna se lamentaba por sus compatriotas, que vivían en la pobreza, sin trabajo y sin dios. Sin embargo, culpó a Occidente, en vez de a los turcos, y creyó que la única esperanza para su pueblo, especialmente para la juventud, era una vuelta a la pureza y a la simplicidad del Islam.

Fue a las cafeterías, se subió a las mesas y a las sillas y predicó a todo el mundo sobre Alá. Los borrachos se burlaron de él. Los líderes religiosos le desafiaron. Pero la mayoría de la gente le admiró porque les daba esperanza.

En marzo de 1928 Hassan al-Banna fundó la Asociación de los Hermanos Musulmanes, popularmente conocida como Hermanos Musulmanes. La meta de esta nueva organización era reconstruir la sociedad de acuerdo a los principios islámicos. Al cabo de una década todas las provincias de Egipto contaban con una sucursal. El hermano de al-Banna estableció una en los territorios palestinos en 1935. Después de veinte años, la hermandad tenía registradas alrededor de medio millón de personas sólo en Egipto.

Durante mucho tiempo los miembros de los Hermanos Musulmanes fueron captados de entre las clases sociales más bajas y menos influyentes, aunque eran totalmente leales a la causa.

Dieron de sus propios bolsillos para ayudar a sus compañeros musulmanes, tal como el Corán llama a hacer.

Mucha gente occidental tiende a estereotipar a todos los musulmanes como terroristas sin conocer la parte del Islam que refleja el amor y la misericordia. Se preocupa por los pobres, las viudas y los huérfanos. Facilita la educación y la asistencia social. Unifica y refuerza. Ésta es la cara del Islam que motivó a los primeros líderes de los Hermanos Musulmanes. Por supuesto, también está la otra cara, la que llama a todos los musulmanes a la *yihad* para luchar y enfrentarse al mundo hasta que se establezca un califato mundial, guiado por un hombre santo que dirija y hable por Alá. De esto no se debe olvidar uno mientras avanza la trama. Pero volviendo a nuestra lección de historia...

En 1948 los Hermanos Musulmanes perpetraron un golpe de estado contra el gobierno egipcio, a quien la hermandad culpaba del secularismo creciente de la nación. Sin embargo, el levantamiento fue interrumpido antes de que creciera el número de adeptos, cuando el mandato británico finalizó e Israel declaró su independencia como estado judío.

Los musulmanes de todo Medio Oriente estaban indignados. De acuerdo con el Corán, cuando un enemigo invade cualquier estado musulmán todos los musulmanes están llamados a unirse en la lucha para defender su tierra. Desde el punto de vista del mundo árabe, los extranjeros habían invadido y ocupado Palestina, donde se encuentra la mezquita de Al-Aqsa, el tercer lugar del mundo más sagrado para el Islam después de La Meca y Medina. La mezquita fue construida en el emplazamiento desde donde se creía que Mahoma había viajado al cielo con el ángel Gabriel y había hablado con Abraham, Moisés y Jesús.

Inmediatamente, Egipto, Líbano, Siria, Jordania e Irak invadieron el nuevo estado judío. Entre las diez mil tropas egipcias había miles de voluntarios de los Hermanos Musulmanes. La coalición árabe, sin embargo, fue ampliamente superada en número y en armas. Menos de un año después las tropas árabes habían sido expulsadas.

Como resultado de la guerra, cerca de tres cuartos de millón de árabes palestinos huyeron o fueron expulsados de sus casas en el territorio que pasó a ser el estado de Israel.

Aunque las Naciones Unidas aprobaron la resolución 194, que en parte decía que «se debe permitir que los refugiados que lo deseen puedan regresar a sus hogares y vivir en paz con sus vecinos» y que «la compensación debe ser pagada por la propiedad de los que decidan no regresar», esta recomendación nunca se implementó. Decenas de miles de palestinos que huyeron de Israel durante la guerra árabe-israelí jamás recuperaron sus hogares ni sus tierras. Muchos de estos refugiados y sus descendientes viven en míseros campos de refugiados regidos por las Naciones Unidas (ONU) hasta el día de hoy.

Cuando los ahora armados miembros de los Hermanos Musulmanes regresaron del campo de batalla a Egipto, el golpe de estado que había sido suspendido fue planificado otra vez. Sin embargo, la noticia de un nuevo intento de derrocamiento se filtró y el gobierno egipcio prohibió la hermandad, confiscó sus activos y encarceló a muchos de sus miembros. Aquellos que escaparon del arresto asesinaron al primer ministro de Egipto pocas semanas después.

Hassan al-Banna, a su vez, fue asesinado el 12 de febrero de 1949, posiblemente por el servicio secreto del gobierno. No obstante, la hermandad no fue aplastada. En sólo veinte años Hassan al-Banna había zarandeado y despertado al Islam de su letargo y había empezado una revolución con luchadores armados. Y durante los años que siguieron la organización continuó incrementando su número de miembros y su influencia entre la gente, no sólo en Egipto sino también en las cercanas Siria y Jordania.

Cuando mi padre llegó a Jordania a mediados de los años 70 para continuar sus estudios los Hermanos Musulmanes del lugar estaban bien consolidados y gozaban del respeto de la gente. Sus miembros estaban haciendo todo lo que había en el corazón de mi padre: alentando una fe renovada entre aquellos que se habían apartado del modo de vida propugnado por el Islam, sanando a los que estaban heridos e intentando salvar a la gente de las influencias corruptas de la sociedad. Él creía que estos hombres eran reformadores religiosos del Islam, tal como lo fueron Martín Lutero y William Tyndale para el cristianismo. Sólo querían salvar personas y mejorar sus vidas, no matar y destruir. Y cuando mi padre conoció a algunos de los primeros líderes de la hermandad, dijo: «Sí, esto es lo que he estado buscando».

Lo que mi padre vio en esos primeros días fue la parte del Islam que refleja el amor y la misericordia. Lo que no vio, lo que quizá jamás se ha permitido a sí mismo ver, es la otra cara del Islam.

La vida islámica es como una escalera que tiene la oración y la alabanza a Alá en el primer peldaño. Los escalones del medio representan la ayuda a los pobres y a los necesitados, el establecimiento de escuelas y el sostenimiento de la beneficencia. Y el peldaño más alto es la *yihad*.

La escalera es alta. Pocos miran hacia arriba para ver qué hay en la cima. Y el progreso suele ser gradual, casi imperceptible, como un gato callejero acechando a una golondrina. El pájaro nunca aparta la vista del gato. Se queda quieto, mirando cómo el gato va y viene, adelante y atrás, adelante y atrás. Pero la golondrina no calcula la profundidad. No ve que el gato se está acercando un poco más con cada paso hasta que, en un abrir y cerrar de ojos, las garras del felino se tiñen de su sangre.

Los musulmanes tradicionales están al pie de la escalera, viviendo con culpa por no estar practicando el Islam con sinceridad. En lo más alto están los fundamentalistas, los que aparecen en las noticias asesinando mujeres y niños para la gloria del dios del Corán. Los moderados están en algún punto intermedio.

Sin embargo, un musulmán moderado es, de hecho, más peligroso que uno fundamentalista, porque aparentemente parece menos dañino, y no se puede saber cuando va a dar el siguiente paso hacia la cima. Muchos terroristas suicidas empiezan como moderados.

El día en que mi padre puso el pie por primera vez en el peldaño más bajo de la escalera no se podría haber imaginado lo lejos que llegaría a estar de sus ideas primigenias. Treinta y cinco años después me gustaría preguntarle: «¿Te acuerdas de dónde empezaste? Viste a toda aquella gente perdida, sentiste el corazón dolido por ellos y querías que vinieran a Alá y se salvaran. ¿Y ahora terroristas suicidas y sangre inocente? ¿Es esto lo que te proponías hacer?» Pero hablar de estas cosas con un progenitor no es algo que se haga en nuestra cultura. Así que él continuó en ese peligroso camino hacia la cima.

Capítulo tres

LOS HERMANOS MUSULMANES

1977-1987

CUANDO MI PADRE REGRESÓ a los territorios ocupados después de completar sus estudios en Jordania, estaba lleno de optimismo y esperanza hacia todos los musulmanes. En su mente veía un futuro brillante que venía de la mano de una manifestación moderada de los Hermanos Musulmanes.

Acompañándole venía Ibrahim Abu Salem, uno de los fundadores de los Hermanos Musulmanes en Jordania. Abu Salem había venido para ayudar a insuflar vida a la hermandad estancada de Palestina. Él y mi padre trabajaban muy bien juntos, reclutando a jóvenes que compartían su pasión y constituyéndolos en pequeños grupos activos.

En 1977, con sólo cincuenta dinares en el bolsillo, Hassan se casó con la hermana de Ibrahim Abu Salem, Sabha Abu Salem. Yo nací al año siguiente.

Cuando tenía siete años nuestra familia se mudó a Al-Bireh, la ciudad hermanada de Ramala, y mi padre se convirtió en el imán del campo de refugiados Al-Amari, que estaba establecido dentro de las fronteras del municipio de Al-Bireh. Diecinueve campos salpicaban Cisjordania, y Al-Amari había sido levantado en 1949 en un terreno que ocupaba unas nueve hectáreas. En 1957, sus raídas tiendas habían sido reemplazadas por casas de hormigón adosadas y alineadas. Las calles tenían la anchura de un coche y de las alcantarillas fluían las aguas residuales como si fuera un río de lodo. El campamento estaba superpoblado; el agua, imbebible. Un árbol solitario se erguía en el centro del campamento. Los refugiados dependían de las Naciones Unidas para todo: vivienda, comida, ropa, cuidados médicos y educación.

Cuando mi padre fue a la mezquita por primera vez se decepcionó al encontrar sólo dos filas de gente orando, con veinte hombres en cada hilera. Sin embargo, tan solo unos meses después de que él empezara a predicar en el campamento, la gente empezó a abarrotar la mezquita y a inundar las calles. Además de su devoción a Alá, mi padre tenía un gran amor y una profunda compasión por los musulmanes. Y éstos, a su vez, también acabaron apreciándole mucho.

Hassan Yousef era así de agradable porque era como todos los demás. No se creía mejor que aquellos a quienes servía. Vivía igual que ellos, comía lo mismo, oraba de la misma manera. No llevaba ropa de lujo. Recibía un pequeño salario del gobierno jordano (lo justo para cubrir sus gastos), que apoyaba el funcionamiento y el mantenimiento de los lugares religiosos. Oficialmente, su día libre era el lunes, pero jamás se lo tomó. Él no trabajaba para ganar un salario: trabajaba para agradar a Alá. Para él ésta era su tarea sagrada, el propósito de su vida.

En septiembre de 1987 mi padre tomó un segundo trabajo enseñando religión a los estudiantes musulmanes que asistían a una escuela privada cristiana en Cisjordania. Por supuesto, eso significó que le veíamos menos que antes, no porque no amara a su familia, sino porque amaba a Alá por encima de todas las cosas. De lo que no nos dimos cuenta, sin embargo, fue de que se acercaba el tiempo en que ya apenas le veríamos.

Mientras mi padre trabajaba, mi madre cargaba con la responsabilidad de criar a los hijos sola. Nos enseñó a ser buenos musulmanes, despertándonos para la oración matutina cuando ya éramos suficientemente mayores y alentándonos a ayunar durante el mes sagrado para el Islam, el Ramadán. Ahora éramos seis: mis hermanos Sohayb, Seif y Oways; mis hermanas Sabeela y Tasneem; y yo. Incluso con los ingresos de los dos trabajos de mi padre apenas teníamos dinero para pagar las facturas. Mi madre hacía grandes esfuerzos para alargar los dinares hasta que desaparecían.

Sabeela y Tasneem empezaron desde muy pequeñas a ayudar a mi madre con las tareas domésticas. Dulces, puras y hermosas, mis hermanas jamás se quejaron, ni siquiera cuando sus juguetes se llenaban de polvo al no tener tiempo de jugar con ellos. En vez de eso, sus nuevos juguetes eran los utensilios de la cocina.

—Haces demasiado, Sabeela —decía mi madre a la mayor de mis hermanas—. Necesitas parar y descansar.

Pero Sabeela sólo sonreía y seguía trabajando.

Mi hemano Sohayb y yo aprendimos bien pronto cómo hacer un fuego y usar el horno. Hacíamos nuestra parte cocinando y lavando los platos, y todos cuidábamos de Oways, el más pequeño.

Nuestro juego favorito se llamaba «Estrellas». Mi madre escribía nuestros nombres en una hoja de papel y cada noche, antes de acostarnos, nos reunía en círculo para premiarnos con «estrellas», basándose en lo que habíamos hecho ese día. Cuando terminaba el mes, el que tuviera más estrellas era el ganador; normalmente era Sabeela. No teníamos dinero para premios reales, por supuesto, pero eso no importaba. El juego de las estrellas trataba más del honor y de ganarnos el agradecimiento de nuestra madre que de cualquier otra cosa, y nosotros siempre esperábamos ansiosos nuestros pequeños momentos de gloria.

La mezquita de Ali estaba sólo a ochocientos metros de nuestra casa, y yo me sentía muy orgulloso de poder ir andando sin compañía hasta ella. Me afanaba por ser como mi padre, al igual que él había querido ser como su padre.

Al otro lado de la calle, donde estaba la mezquita de Ali, se asentaba uno de los cementerios más grandes que jamás había visto. Dando servicio a Ramala, a Al-Bireh y al campo de refugiados, el cementerio era cinco veces mayor que nuestro propio vecindario y estaba rodeado por un muro de medio metro de alto. Cinco veces al día, cuando el *adhan* nos llamaba a la oración, yo me dirigía a la mezquita y regresaba caminando al lado de miles de tumbas. Para un niño de mi edad el lugar era espeluznante, especialmente por la noche, cuando estaba oscuro. No podía evitar imaginarme las raíces de los grandes árboles alimentándose de los cuerpos enterrados.

Una vez, cuando el imán nos llamó para la oración nocturna, me purifiqué, me puse un poco de colonia, me vestí con ropa buena como la que llevaba mi padre y salí para la mezquita. Era un día precioso. Según me iba acercando me di cuenta de que había más coches de lo habitual aparcados en el exterior y que un grupo de gente estaba de pie junto a la entrada. Me quité los zapatos como hacía siempre y entré. Justo en la puerta había un cuerpo muerto, envuelto en una tela de algodón blanco en una caja abierta. Nunca antes había visto un cadáver, y aunque sabía que no debería mirar no podía apartar los ojos de él. Estaba envuelto en una sábana; sólo la cara quedaba descubierta. Miré de cerca su pecho, a medias esperando que empezara a respirar de nuevo.

El imán nos pidió que nos pusiéramos en fila para orar y yo fui al frente como todos los demás, aunque me quedé mirando hacia atrás para ver el cuerpo en la caja. Cuando terminamos nuestras recitaciones el imán pidió que trajeran el cuerpo al frente para recibir la oración. Ocho hombres levantaron el féretro sobre sus hombros, y uno gritó *«La ilaha illallah!»* [¡No hay Dios fuera de Alá!]. Como si se hubieran puesto de acuerdo, todos los demás empezaron también a gritar: *«La ilaha illallah! La ilaha illallah!»*

Me puse los zapatos tan rápido como pude y seguí a la multitud mientras entraba en el cementerio. Como yo era tan bajito, tenía que correr entre las piernas de los chicos más mayores para mantener el ritmo. Nunca había entrado en el cementerio, pero razoné que estaría seguro puesto que estaba con mucha más gente.

—No piséis las tumbas —gritó alguien—. ¡Está prohibido!

Con cuidado seguí mi camino a través de la multitud hasta que llegamos al borde de una profunda tumba abierta. Traté de ver el fondo del agujero de más de dos metros, donde un hombre viejo estaba de pie. Había oído hablar a algunos chicos del vecindario sobre este hombre, Juma'a. Decían que nunca iba a la mezquita y que no creía en el dios del Corán, pero enterraba a todo el mundo, algunas veces incluso a dos o tres cuerpos en un solo día.

¿No le da miedo la muerte?, me preguntaba.

Los hombres bajaron el cadáver hasta los fuertes brazos de Juma'a. Entonces le tendieron un frasco de colonia y unas cosas verdes que olían a fresco y agradable. Él abrió la sábana que lo envolvía y vertió el líquido por encima del cuerpo.

Juma'a giró el cuerpo sobre su lado derecho, de cara a La Meca, y construyó un pequeño cajón a su alrededor con piezas de hormigón. Cuando cuatro hombres con palas empezaron a rellenar el agujero el imán empezó a predicar. Empezó como mi padre.

—Este hombre se ha ido —decía mientras la tierra caía sobre los brazos, el cuello y la cara el hombre muerto—. Lo ha dejado todo atrás: dinero, casa, hijos, hijas y esposa. Éste es el destino de cada unos de nosotros.

Nos instó a arrepentirnos y a dejar de pecar. Y entonces dijo algo que jamás había escuchado en boca de mi padre:

—El alma de este hombre pronto volverá a él y dos terribles ángeles llamados Munkar y Nakir bajarán del cielo para examinarle. Agarrarán su cuerpo y le zarandearán preguntándole «¿Quién es tu Dios?» Si responde incorrectamente, le golpearán con un gran martillo y le mandarán de vuelta a la tierra durante setenta años. ¡Alá, te pedimos que nos des las respuestas correctas cuando llegue nuestra hora!

Miré fijamente hacia abajo, a la tumba abierta, horrorizado. El cuerpo ya estaba casi todo cubierto y me preguntaba cuánto debía faltar para que empezara el interrogatorio.

—Y si sus respuestas no son satisfactorias, el peso de la tierra que hay encima de él le aplastará las costillas. Los gusanos devorarán su carne lentamente. Será atormentado por una serpiente con noventa y nueva cabezas y por un escorpión del tamaño del cuello de un camello hasta la resurrección de los muertos, cuando su sufrimiento tal vez obtenga el perdón de Alá.

No podía creer que todo eso ocurriera justo al lado de mi casa cada vez que enterraban a alguien. Nunca me había sentido muy bien respecto a este cementerio; ahora me sentía aún peor. Decidí que necesitaba memorizar las preguntas para que cuando los ángeles me interrogaran después de mi muerte yo pudiese responder correctamente.

El imán dijo que el interrogatorio empezaría tan pronto como la última persona abandonara el cementerio. Me fui a casa, pero no pude dejar de pensar en lo que había oído. Decidí volver al cementerio y escuchar la tortura. Fui por el vecindario intentando convencer a mis amigos para que vinieran conmigo, pero todos pensaron que estaba loco. Tendría que ir yo solo. Pasé todo el camino al cementerio temblando de miedo. No podía controlarlo. Pronto me encontré de pie en medio de un océano de tumbas. Quería correr, pero mi curiosidad era más fuerte que mi terror. Quería escuchar las preguntas, gritos, algo. Pero no oí nada. Me acerqué hasta tocar una lápida. Nada, sólo silencio. Una hora más tarde estaba aburrido y volví a casa.

Mi madre estaba ocupada en la cocina. Le conté que había ido al cementerio, donde el imán había dicho que tendría lugar la tortura.

—¿Y...?

—Volví al lugar donde la gente dejó al hombre muerto, pero no pasó nada.

—La tortura sólo pueden oírla los animales —me explicó—, no los humanos.

Para un niño de ocho años esa explicación tenía sentido.

Cada día, después de aquello, miraba cómo más cuerpos eran llevados al cementerio. De hecho, después de un tiempo empecé a acostumbrarme y solía merodear por ahí sólo para ver quién había fallecido. Ayer, una mujer. Hoy, un hombre. Un día trajeron a dos personas y un par de horas más tarde trajeron a alguien más. Cuando no venía nadie nuevo caminaba entre las tumbas y leía las lápidas de los que ya estaban enterrados allí. Fallecido a los cien años. Fallecido a los veinticinco años. ¿Cómo se llamaba? ¿De dónde era? El cementerio se convirtió en mi patio de recreo.

Como yo, mis amigos al principio tenían miedo del cementerio. Pero nos desafiábamos los unos a los otros para entrar por la noche, y como ninguno de nosotros quería parecer un cobarde, poco a poco vencimos nuestros temores. Incluso jugábamos fútbol en los espacios abiertos.

Al igual que nuestra familia, así crecían también los Hermanos Musulmanes. En poco tiempo habían pasado de ser una organización formada por pobres y refugiados a incluir hombres y mujeres jóvenes y cultos, empresarios y profesionales que daban dinero de sus propios bolsillos para construir escuelas, centros de beneficencia y clínicas.

Viendo tal crecimiento, muchos jóvenes dentro del movimiento islámico, particularmente los que habitaban en Gaza, decidieron que la hermandad necesitaba posicionarse en contra de la ocupación israelí. «Hemos cuidado de la sociedad», dijeron, «y seguiremos haciéndolo. ¿Pero vamos a tolerar la ocupación para siempre? ¿No nos ordena el Corán expulsar a los invasores judíos?» Estos jóvenes no estaban armados, pero eran agresivos, rudos y buscaban pelea.

Mi padre y los demás líderes de Cisjordania no estuvieron de acuerdo. No estaban preparados para repetir los errores cometidos en Egipto y Siria, donde la hermandad había intentado sendos golpes de estado y había fracasado. «En Jordania —argumentaron— nuestros hermanos no combaten. Participan en elecciones y tienen una gran influencia sobre la sociedad». Mi padre no se oponía a la violencia, pero no creía que su gente estuviera en condiciones de enfrentarse al ejército israelí.

Durante varios años el debate dentro de la hermandad continuó, y se incrementó la presión por parte de las bases del partido para entrar en acción. Frustrado por la pasividad de los Hermanos Musulmanes, Fathi Shaqaqi había fundado la Yihad Islámica

Palestina a finales de los años 70. No obstante, aun así, los Hermanos Musulmanes fueron capaces de mantener su postura no violenta durante otra década.

En 1986 tuvo lugar un encuentro secreto e histórico en Hebrón, al sur de Belén. Mi padre estuvo allí, aunque no me lo contó hasta muchos años después. Al contrario de lo que aseguran algunas versiones históricas no muy precisas, los siguientes son los nombres de los siete hombres que estuvieron presentes en dicha reunión:

- Sheikh Ahmed Yassin, en silla de ruedas, que sería el líder espiritual de la nueva organización.
- Muhammad Jamal al-Natsheh, de Hebrón.
- Jamal Mansour, de Nablus.
- Sheikh Hassan Yousef (mi padre).
- Mahmud Muslih, de Ramala.
- Jamil Hamami, de Jerusalén.
- Ayman Abu Taha, de Gaza.

Los hombres que asistieron a este encuentro estaban decididos a luchar. Acordaron empezar con una simple desobediencia civil, lanzando piedras o quemando neumáticos. Su objetivo era despertar, unificar y movilizar a los palestinos, haciéndoles entender su necesidad de independencia bajo la bandera de Alá y el Islam.[1]

Acababa de nacer Hamás. Y mi padre había subido unos cuantos peldaños más hacia lo alto de la escalera del Islam.

Capítulo cuatro

TIRANDO PIEDRAS

1987-1989

HAMÁS NECESITABA UNA ACCIÓN, cualquier tipo de acción que pudiera justificar un levantamiento. Y la excusa llegó a principios de diciembre del año 1987, a pesar de que todo fue un trágico malentendido.

En Gaza, un vendedor de productos plásticos llamado Shlomo Sakal fue apuñalado hasta morir. Sólo unos días después, cuatro personas del campo de refugiados de Jabalia, en Gaza, murieron en un accidente de tráfico común. Sin embargo, se corrió la voz de que habían sido asesinados por los israelíes como venganza por la muerte de Sakal. Los altercados estallaron en Jabalia. Un joven de diecisiete años lanzó un cóctel molotov y un soldado israelí le disparó causándole la muerte. En Gaza y en Cisjordania la gente ocupó las calles. Hamás tomó el liderazgo, estimulando los disturbios, que se convirtieron en una nueva forma de lucha en Israel. Los niños tiraban piedras a los tanques israelíes, y sus fotos aparecieron en las portadas de las revistas y periódicos de toda la comunidad internacional aquella misma semana.

La Primera Intifada había empezado, y la causa palestina se convirtió en noticia en todo el mundo. Cuando la Intifada empezó todo cambió en nuestro patio-cementerio. Cada día llegaban más cuerpos, muchos más que antes. La ira y la rabia iban de la mano del dolor. Las multitudes palestinas empezaron a apedrear a los judíos que tenían que pasar con el coche junto al cementerio para llegar al asentamiento israelí que distaba kilómetro y medio. Los colonos judíos, fuertemente armados, mataban a discreción. Y cuando las Fuerzas de Defensa de Israel (FDI) entraron a escena hubo más tiroteos, más heridos y más muertes.

Nuestra casa estaba justo en el centro de todo el caos. Muchas veces nuestros depósitos de almacenamiento de agua, que estaban en el tejado, fueron destruidos por las balas israelíes. Los cuerpos muertos de los fedayines enmascarados, o guerreros por la libertad, que traían a nuestro cementerio ya no eran de gente mayor. A veces, cuando llegaban, eran cadáveres aún sangrantes en una camilla, sin lavar y sin amortajar. Cada mártir era enterrado inmediatamente para que nadie pudiera llevarse los cuerpos, robar los órganos y devolver los cadáveres a las familias rellenados con trapos.

Era tal la violencia que, de hecho, yo llegaba a aburrirme durante los raros períodos en que las cosas estaban tranquilas. Mis amigos y yo también empezamos a tirar piedras tanto para mantener los ánimos caldeados como para ser respetados como luchadores por la resistencia. Podíamos ver el asentamiento israelí desde el cementerio, levantado en lo alto de la montaña, rodeado por una alta cerca y torres de vigía. Yo hacía especulaciones sobre las quinientas personas que vivían allí y conducían coches nuevos, muchos de ellos blindados. Llevaban armas automáticas y parecían sentirse libres para disparar a quienes quisieran. Para un niño de diez años parecían habitantes de otro planeta.

Una noche, justo antes de la oración vespertina, algunos amigos y yo nos escondimos al lado de la carretera y esperamos. Decidimos dirigir nuestro ataque a un autobús de los colonos, porque era un objetivo más grande que un coche y sería más fácil acertar. Sabíamos que el autobús pasaba cada día a la misma hora. Mientras esperábamos, la voz familiar del imán recitaba por los altavoces: «*Hayya 'alās-salāh*» [Acudan a la oración].

Cuando por fin oímos el rugido de un motor diésel, cada uno de nosotros agarró dos piedras. Aunque estábamos escondidos y no podíamos ver la calle, sabíamos exactamente dónde estaba el autobús por el sonido. En el momento exacto saltamos de nuestro escondite y lanzamos la munición. El sonido inconfundible de la piedra golpeando el metal nos aseguró que al menos unos cuantos de nuestros proyectiles habían dado en el blanco.

Pero no era el autobús. Era un enorme vehículo militar cargado con soldados israelíes tensos y furiosos. Cuando el vehículo paró corrimos a agacharnos en nuestros escondrijos de la cuneta. No podíamos ver a los soldados y ellos tampoco podían vernos a nosotros. Así que se limitaron a disparar al aire. Siguieron con el tiroteo inofensivo durante un par de minutos y, arrastrándonos, huimos con rapidez hacia una mezquita cercana.

La oración ya había empezado, pero no creo que ninguno estuviera realmente concentrado en lo que estaban diciendo. Todos escuchaban el tartamudeo de las armas automáticas allá afuera preguntándose qué estaba pasando. Mis amigos y yo nos deslizamos sigilosamente hasta la última fila, esperando que nadie lo notara. Sin embargo, cuando el imán terminó sus plegarias un sinfín de ojos enfadados se posaron sobre nosotros.

Al cabo de unos segundos los vehículos de las FDI chirriaron al detenerse delante de la mezquita. Los soldados irrumpieron en la habitación, obligándonos a salir y ordenándonos que nos echáramos al suelo boca abajo mientras comprobaban nuestra identidad. Yo fui el último, y estaba aterrorizado pensando en que los soldados supieran que yo era el responsable de todo el jaleo. Pensé que con seguridad me apalearían hasta matarme. Pero nadie me prestó atención. Quizá pensaron que un niño como yo no habría tenido el valor de tirar piedras a un vehículo de las FDI. Fuera cual fuese el motivo, estaba feliz de que no estuvieran pendientes de mí. El interrogatorio se alargó varias horas, y sabía que mucha de aquella gente estaba enfadada conmigo. Quizá no sabían exactamente lo que había hecho, pero no cabía ninguna duda de que yo había sido el causante de la redada. No me importaba. De hecho, estaba contento. Mis amigos y yo habíamos desafiado el poder de las armas israelíes y habíamos salido impunes. La acción fue adictiva, haciéndonos incluso más audaces.

Otro día, un amigo y yo nos escondimos de nuevo, esta vez más cerca de la carretera. Llegó el coche de un colono, me puse en pie y tiré una piedra todo lo fuerte que pude. Le di al parabrisas y sonó como si hubiera explotado una bomba. El cristal no se rompió, pero pude ver la cara del conductor y supe que estaba aterrorizado. Circuló unos treinta metros más, pisó el freno y entonces dio marcha atrás.

Yo corrí hacia el cementerio. Él me siguió pero se quedó fuera, apoyando su M16 sobre el murete y escudriñando las tumbas, buscándome. Mi amigo había corrido en la dirección opuesta, dejándome solo frente a un colono israelí encolerizado y armado.

Me tendí en el suelo entre las sepulturas consciente de que el conductor estaba esperando a que levantara la cabeza por encima de las lápidas más bajas. Finalmente, la tensión estalló; no podía quedarme quieto por más tiempo. Salté y eché a correr tan fuerte y rápido como pude. Por suerte estaba anocheciendo y el hombre parecía asustado ante la idea de entrar en el cementerio.

No había llegado muy lejos cuando sentí que mis pies dejaban de tocar el suelo y caía. Me encontré en el fondo de una tumba abierta que había sido preparada para la siguiente persona en morir. ¿Iba a ser yo?, me preguntaba. Encima de mí, el israelí rociaba el cementerio con balas. Dentro de la tumba llovían fragmentos de piedra.

Me quedé allí en cuclillas, sin poder moverme. Después de una media hora escuché gente hablando, por lo que supe que ya se había ido y que ya era seguro trepar para salir.

Un par de días más tarde, mientras iba caminando por la carretera, pasó el mismo coche. Esta vez había dos personas dentro, pero el conductor era el mismo. Me reconoció y salió rápidamente. Intenté correr, pero esta vez no tuve tanta suerte. Me agarró, me abofeteó con fuerza la cara y me arrastró dentro del vehículo. Nadie dijo nada mientras conducíamos hacia el asentamiento. Ambos hombres parecían nerviosos y asían con fuerza sus armas, girándose hacia el asiento trasero de vez en cuando para mirarme. Yo no era un terrorista; sólo era un niño pequeño asustado. Ellos actuaban como cazadores expertos que se habían embolsado un tigre como trofeo.

En la entrada, un soldado comprobó la identidad del conductor y le hizo señas para que avanzara. ¿No le extrañó que los hombres llevaran a un niño pequeño palestino con ellos? Sabía que debía estar asustado (y lo estaba), pero no podía hacer otra cosa más que observar lo que me rodeaba. Nunca antes había estado dentro de un asentamiento israelí. Era precioso. Calles limpias, piscinas, una magnífica vista del valle desde lo alto de la montaña.

El conductor me llevó a la base de las FDI dentro del asentamiento, donde los soldados me quitaron los zapatos y me hicieron sentar en el suelo. Pensé que iban a dispararme y a dejar mi cuerpo en algún lugar perdido del campo. Sin embargo, cuando empezó a oscurecer me dijeron que me fuera a casa.

—Pero no sé cómo volver a casa —protesté.

—Empieza a andar o te dispararé —dijo uno de los hombres.

—¿Podrían devolverme mis zapatos, por favor?

—No. Camina. Y la próxima vez que tires una piedra, te mataré.

Mi casa estaba a más de un kilómetro. Hice todo el camino de vuelta sólo con los calcetines, apretando los dientes cuando las rocas y la gravilla se me clavaban en la planta de los pies. Cuando mi madre me vio llegar corrió por la acera y me abrazó con fuerza, tanta que casi me deja sin aire en los pulmones. Le habían dicho que me habían secuestrado los colonos israelíes y tenía miedo de que me asesinaran. No dejó de reprenderme por ser tan insensato, a la vez que me besaba la cabeza y me apretaba contra su pecho.

Uno podría pensar que había aprendido la lección, pero yo era un niño pequeño muy testarudo. No podía esperar para contarles a mis cobardes amigos mi heroica aventura. En 1989 era un hecho frecuente que los soldados israelíes llamaran a nuestra puerta y se abrieran camino hacia el interior de nuestra casa. Siempre parecían estar buscando a alguien que había tirado piedras y había huido por nuestro patio trasero. Los soldados siempre iban fuertemente armados, y no podía entender por qué se preocupaban tanto por unas cuantas piedras.

Como Israel controlaba las fronteras, fue casi imposible que los palestinos consiguieran armas durante la Primera Intifada. No recuerdo haber visto a un solo palestino con una pistola en aquellos días, sólo piedras y cócteles molotov. No obstante, todos habíamos oído historias de cómo las FDI abrían fuego sobre multitudes desarmadas y golpeaban a la gente con porras. Algunas noticias decían que hasta treinta mil niños palestinos habían resultado heridos de gravedad y requerían asistencia médica. Todo aquello no tenía ningún sentido para mí.

Una noche mi padre llegaba especialmente tarde. Yo me senté junto a la ventana esperando ver su pequeño coche doblar la esquina, con el estómago ronroneando de hambre. Aunque mi madre había insistido en que comiera con mis hermanos pequeños, yo me negué, decidido a esperar a mi padre. Al final oí el motor de su viejo coche y grité que papá estaba en casa. Mi madre empezó a llenar la mesa de cuencos y platos humeantes.

—Siento llegar tarde —dijo—. He tenido que salir de la ciudad para resolver una disputa entre dos familias. ¿Por qué no has comido?

Se cambió rápidamente de ropa, se lavó las manos y se sentó a la mesa.

—Me muero de hambre —dijo con una sonrisa—. No he comido nada en todo el día.

Aquello no era extraño, ya que nunca podía permitirse comer fuera. El delicioso aroma de los calabacines rellenos de mi madre inundó la casa.

Cuando nos acomodamos a la mesa y empezamos a comer, sentí un arrebato de admiración por mi padre. Podía ver el agotamiento en su cara, aunque era consciente de lo mucho que amaba lo que hacía. La gracia que le demostraba a la gente a la que servía sólo era comparable con su devoción por Alá. Mientras le miraba hablar con mi madre y con mis hermanos, pensé en lo distinto que era de la mayoría de hombres musulmanes. No pensaba dos veces para ayudar a mi madre en las tareas del hogar o en cuidar de nosotros. De hecho, lavaba sus propios calcetines en el fregadero cada noche para que no tuviera que hacerlo mi madre. Aquello era inédito en una cultura donde las mujeres consideraban que era un privilegio restregar las piernas de sus maridos después de un largo día.

Cuando estábamos en la mesa, cada uno de nosotros, por turnos, le contaba a nuestro padre lo que habíamos aprendido en la escuela y qué habíamos hecho en nuestro tiempo libre. Como yo era el mayor, dejé que los pequeños hablaran primero. Sin embargo, cuando llegó mi turno para hablar fui interrumpido por un golpe en la puerta de atrás. ¿Quién podía venir de visita a estas horas? Quizá alguien estaba en apuros y había venido para pedir ayuda.

Corrí hacia la puerta y abrí la pequeña ventana que hacía las veces de mirilla. No reconocí al hombre que vi.

—¿*Abuk mawjūd?* —preguntó en un fluido árabe, que significaba «¿Está tu padre aquí?» Vestía a la manera árabe, pero había algo en él que parecía fuera de lugar.

—Sí, está —dije—. Ahora le llamo.

No abrí la puerta.

Mi padre estaba de pie detrás de mí. Abrió la puerta y varios soldados israelíes entraron en nuestra casa. Mi madre se puso rápidamente un pañuelo en la cabeza. No pasaba nada por llevar la cabeza descubierta delante de la familia, pero jamás delante de los desconocidos.

—¿Es usted Sheikh Hassan? —preguntó el extraño.

—Sí —dijo mi padre—. Soy Sheikh Hassan.

El hombre se presentó como el capitán Shai y le dio la mano a mi padre.

—¿Cómo está? —le preguntó el soldado educadamente—. ¿Cómo va todo? Somos de las FDI y nos gustaría que viniese con nosotros. Sólo serán cinco minutos.

¿Qué podían querer de mi padre? Observé la cara de mi padre, intentando descifrar su expresión. Sonreía amablemente, sin pizca de desconfianza o enfado en los ojos.

—Está bien, puedo ir con ustedes —dijo, asintiendo con la cabeza a mi madre mientras se dirigía a la puerta.

—Espera aquí en casa, tu padre estará de vuelta pronto —me dijo el soldado.

Les seguí al exterior escudriñando el vecindario para ver si había más soldados. No los había. Me senté en las escaleras de la puerta delantera a esperar el regreso de mi padre. Pasaron diez minutos. Una hora. Dos horas. Pero no regresó.

Nunca habíamos pasado la noche sin nuestro padre. Aunque estuviese ocupado todo el día, siempre estaba en casa por la noche. Cada mañana nos despertaba para la oración matutina y era él quien nos llevaba a la escuela. ¿Qué haríamos si no regresaba a casa aquella noche?

Cuando entré, mi hermana Tasneem estaba dormida en el sofá. Aún tenía las mejillas húmedas por las lágrimas. Mi madre intentaba entretenerse en la cocina, pero con el paso de las interminables horas se encontraba cada vez más nerviosa y angustiada.

Al día siguiente fuimos a la Cruz Roja para ver si podíamos conseguir alguna información sobre la desaparición de mi padre. El hombre del mostrador nos dijo que efectivamente había sido arrestado, pero que las FDI no le darían más información a la Cruz Roja hasta pasados al menos dieciocho días.

Volvimos a casa para hacer la cuenta atrás de las dos semanas y media que quedaban de espera. Durante ese tiempo no escuchamos nada. Cuando pasaron los dieciocho días regresé a la Cruz Roja para ver qué habían descubierto. Me dijeron que no sabían nada nuevo.

—¡Pero me dijeron dieciocho días! —grité luchando para que no se me escaparan las lágrimas—. Sólo díganme dónde está mi padre.

—Hijo, vuelve a casa —dijo el hombre—. Puedes regresar la semana que viene.

Y lo hice. Volví una y otra vez durante cuarenta días y siempre recibía la misma respuesta: «No sabemos nada nuevo. Vuelve la semana que viene». Aquello no era nada corriente. La mayoría de las veces las familias de los prisioneros palestinos descubrían dónde estaban retenidos sus seres queridos apenas un par de semanas después de su detención.

Cuando algún prisionero era puesto en libertad nos ocupábamos de preguntarle si había visto a mi padre. Todos sabían que había sido arrestado, pero nadie sabía más. Ni siquiera su abogado sabía nada, porque no le permitían visitarle.

Sólo con el tiempo supimos que había sido llevado a Maskobiyeh, un centro de interrogatorios israelí donde le habían torturado e interrogado. El Shin Bet, el servicio de seguridad interno de Israel, sabía que mi padre era un alto cargo de Hamás y supuso que sabía todo lo que pasaba o se estaba planeando. Y estaban decididos a sacárselo.

No fue hasta muchos años después que me contó lo que había sucedido realmente. Durante días había estado esposado colgando del techo. Le habían aplicado descargas eléctricas hasta que se había desmayado. Le pusieron con colaboracionistas, conocidos como «pájaros», esperando que hablara con ellos. Cuando eso fracasó le golpearon un poco más. Pero mi padre era fuerte. Permaneció en silencio y nunca les dio a los israelíes ningún tipo de información que pudiera perjudicar a Hamás o a sus hermanos palestinos.

Capítulo cinco

SUPERVIVENCIA

1989-1990

Los israelíes pensaban que si capturaban a uno de los líderes de Hamás las cosas irían a mejor. Sin embargo, durante el tiempo que mi padre estuvo en prisión la Intifada sólo se volvió más violenta. A finales de 1989, Amer Abu Sarhan, de Ramala, ya había visto todas las muertes de palestinos que podía soportar. Como nadie tenía armas, agarró un cuchillo de cocina y apuñaló a tres israelíes hasta la muerte, provocando, de hecho, una revolución. Este incidente marcó el inicio de una significativa escalada de violencia.

Sarhan se convirtió en un héroe para los palestinos que habían perdido amigos o familiares, para aquellos a los que se les habían confiscado las tierras o para quien tuviera cualquier otra razón para vengarse. Ellos no eran terroristas por naturaleza. Sólo eran personas que habían perdido toda esperanza y oportunidad. Estaban contra la pared. No tenían nada, ni nada que perder. No les importaba la opinión del mundo, ni siquiera les importaban sus propias vidas.

Para los que éramos niños en aquellos días ir a la escuela se convirtió en un auténtico problema. No era extraño salir de clase y ver *jeeps* israelíes circulando de un lado a otro por las calles, anunciando un toque de queda inminente a través de los altavoces. Los soldados israelíes se tomaban los toques de queda muy en serio. No eran como los toques de queda de las ciudades estadounidenses, donde las autoridades llaman a los padres si encuentran a un adolescente conduciendo más tarde de las once de la noche. En Palestina, si se declaraba un toque de queda y tú estabas en la calle por alguna razón, te disparaban. Sin avisos, sin arrestos. Sólo te disparaban.

La primera vez que se declaró uno mientras yo estaba en la escuela no supe qué hacer. Tenía una caminata de seis kilómetros ante mí y sabía que no podría llegar a casa antes de que empezara el toque de queda. Las calles ya estaban vacías; tenía miedo. No podía quedarme donde estaba, y aunque sólo era un niño intentando volver a casa desde la escuela, si los soldados me veían sabía que me dispararían. Habían disparado a un montón de niños palestinos.

Empecé a escabullirme de casa en casa, arrastrándome a través de los patios traseros y escondiéndome en los arbustos que había a lo largo del camino. Intenté evitar a los perros que ladraban y a los hombres con metralletas lo mejor que pude, y cuando por fin doblé la esquina de nuestra calle me sentí muy agradecido al ver que mis hermanos ya habían llegado a casa sanos y salvos.

No obstante, los toques de queda sólo fueron uno de los cambios a los que nos tuvimos que acostumbrar como resultado de la Intifada. En ocasiones, un hombre enmascarado se presentaba en la escuela y le decía a todo el mundo que se había convocado una huelga y que debíamos irnos a casa. Las huelgas, convocadas por una de las facciones palestinas, estaban planeadas para dañar la economía de Israel reduciendo los ingresos por los impuestos sobre las ventas que el gobierno recaudaba de los propietarios de los negocios. Si las tiendas no estaban abiertas, los propietarios tendrían que pagar menos impuestos. Pero los israelíes no eran estúpidos. Empezaron a arrestar a los comerciantes por evasión de impuestos. Así que, ¿quién salía perjudicado por las huelgas?

En medio de todo esto, las distintas organizaciones de la resistencia luchaban sin cesar unas con otras por conseguir poder y prestigio. Eran como niños peleándose por una pelota de fútbol.

Y a pesar de todo, Hamás seguía creciendo con paso firme en el poder, y había empezado a desafiar la hegemonía de la Organización para la Liberación de Palestina (OLP).

La OLP se había fundado en 1964 para representar a los palestinos. Las tres organizaciones con mayor número de miembros que la componen son: Fatah, un grupo nacionalista de izquierda el Frente Popular para la Liberación de Palestina (FPLP), un grupo comunista; y el Frente Democrático para la Liberación de Palestina (FDLP), también comunista en su ideología.

La OLP exigía que Israel devolviera toda la tierra que había pertenecido a los territorios palestinos antes de 1948 y le reconocía a Palestina el derecho a la autodeterminación. Para este fin lanzó una campaña global de relaciones públicas, guerrillas y terrorismo desde su base, primero en la vecina Jordania y después en el Líbano y Túnez.

A diferencia de Hamás y la Yihad Islámica, la OLP nunca fue una organización intrínsecamente islámica. Sus grupos estaban compuestos por nacionalistas, y no todos ellos eran musulmanes practicantes. De hecho, muchos de ellos no creían en Dios. Incluso de pequeño yo veía la OLP como una organización corrupta y que hacía las cosas por interés. Sus líderes enviaban gente, muchos de ellos adolescentes, a realizar uno o dos ataques terroristas al año para justificar el levantamiento de fondos para la lucha contra Israel. Los jóvenes fedayines eran poco más que gasolina para avivar los fuegos de la ira y el odio, y para mantener el flujo entrante de donaciones en las cuentas bancarias personales de los líderes de la OLP.[2]

En los comienzos de la Primera Intifada, las diferencias ideológicas mantuvieron a Hamás y a la OLP en caminos separados. A Hamás se le animaba en gran parte desde las filas del fervor religioso y la teología de la *yihad*, mientras que la OLP seguía la corriente del nacionalismo y la ideología del poder. Si Hamás anunciaba una huelga y amenazaba con quemar los negocios que permanecieran abiertos, los líderes de la OLP amenazaban con quemar las tiendas de los que cerraran.

Sin embargo, lo que los dos grupos compartían era un profundo odio por quienes ellos etiquetaban como «la entidad sionista». Finalmente, las dos organizaciones acordaron que Hamás convocaría su huelga el día nueve de cada mes, y que Fatah (la facción más amplia de la OLP) convocaría la suya el día uno. Siempre que había un paro convocado todo se detenía. Las clases, los comercios, los vehículos, todo. Nadie trabajaba, nadie ganaba dinero ni aprendía.

Cisjordania entera estaba cerrada, con hombres enmascarados manifestándose, quemando neumáticos, pintando grafitis en las paredes o cerrando negocios. Sin embargo, cualquiera podía ponerse un pasamontañas y decir que era de la OLP. Nadie sabía en realidad quién había debajo de las máscaras; todos se dejaban llevar por sus asuntos privados y por venganzas personales. Reinaba el caos.

E Israel tomó ventaja de la confusión. Como cualquiera podía ser un combatiente de la Intifada, las tropas de seguridad de Israel se pusieron máscaras y se infiltraron en las manifestaciones. Podían circular por cualquier ciudad de Palestina a la luz del día y llevar a cabo operaciones sorprendentes vestidos como fedayines encapuchados. Y puesto que nadie podía saber con exactitud qué enmascarado era, la gente hacía lo que se le ordenaba antes de arriesgarse a ser golpeados, a que les quemaran los negocios o les llamaran colaboradores israelíes, cosa que a menudo tenía como consecuencia la ejecución en la horca.

Después de un tiempo, el caos y la confusión alcanzaron el grado de la estupidez. Una o dos veces, cuando teníamos examen, mis compañeros de clase y yo persuadimos a los chicos mayores para que entraran en la escuela con máscaras y dijeran que había una huelga. Pensábamos que era divertido.

En poco tiempo nos convertimos en nuestros peores enemigos.

Aquellos años fueron especialmente difíciles para nuestra familia. Mi padre aún estaba en la prisión y la interminable sucesión de huelgas nos dejó a los chavales sin escuela durante cerca de un año entero. Por lo visto, tanto mis tíos, líderes religiosos, como todos los demás, decidieron que era su tarea disciplinarme. Puesto que yo era el primer hijo varón de Sheikh Hassan Yousef tenían grandes expectativas para mí. Y cuando yo no cumplía sus expectativas, me pegaban. No importaba lo que hiciera; incluso cuando iba a la mezquita cinco veces al día, nunca era suficiente.

Una vez estaba corriendo por la mezquita, jugando con un amigo, y el imán me encontró. Me agarró, me levantó por encima de su cabeza y me lanzó al suelo golpeándome la espalda. El golpe me dejó sin respiración y pensé que iba a morir. Entonces empezó a darme puñetazos y patadas. ¿Por qué? No estaba haciendo nada que no hicieran los otros chicos. Pero como yo era el hijo de Hassan Yousef, se esperaba de mí que estuviera por encima de tales chiquilladas.

Era amigo de un chico cuyo padre era líder religioso y un hombre importante en Hamás. Este hombre solía alentar a la gente a que tirara piedras. Para él estaba bien que los hijos de los demás disparasen piedras a los colonos, pero no era aceptable que lo hiciera su único hijo. Cuando descubrió que habíamos estado tirando piedras nos llamó a su casa. Pensamos que querría hablar con nosotros. Sin embargo, arrancó el cable de la estufa y empezó a azotarnos hasta que sangramos. Rompió nuestra amistad para salvar a su hijo, aunque mi amigo al final se acabaría yendo de casa, odiando a su padre más que al propio diablo.

Aparte de intentar mantenerme a raya, nadie ayudó a mi familia mientras mi padre estuvo en la cárcel. Con su arresto perdimos los ingresos extra que ganaba dando clases en la escuela cristiana. La escuela prometió guardarle el trabajo hasta que fuese liberado, pero mientras tanto no teníamos suficiente dinero para comprar lo que necesitábamos.

Mi padre era el único de nuestra familia con permiso de conducir, así que no podíamos usar nuestro coche. Mi madre tenía que andar grandes distancias para ir al mercado, y a menudo yo la acompañaba para ayudarla a traer los paquetes. Creo que la vergüenza fue peor que la miseria. Cuando estábamos en el mercado me arrastraba debajo de los carros para recoger los productos rotos o podridos que habían caído al suelo. Mi madre negociaba un precio más bajo para aquellas verduras poco apetitosas que nadie más quería, diciéndoles a los vendedores que las comprábamos para alimentar al ganado. Ella, al día de hoy, aún tiene que negociar por todo, porque mi padre ha estado en prisión trece veces: más que ningún otro líder de Hamás. (Él está en la cárcel mientras escribo este libro.)

Creo que tal vez nadie nos ayudó porque todo el mundo creía que nuestra familia tenía mucho dinero. Después de todo, mi padre era un prominente líder religioso y político. Y la gente, sin duda, confiaba en que nuestra familia extensa nos ayudaría. Seguro que Alá proveería. Pero nuestros tíos nos ignoraron. Alá no hizo nada. Así que mi madre cuidó de sus siete hijos ella sola (nuestro hermano menor, Mohammad, había nacido en 1987).

Finalmente, cuando las cosas se pusieron realmente mal, mi madre le pidió un préstamo a un amigo de mi padre, no para poder irse de compras y gastarse el dinero en ropa y cosméticos para ella, sino para poder alimentar a sus hijos al menos con una comida al día. Pero él se lo denegó. Y en vez de ayudarnos les contó a sus amigos musulmanes que mi madre había ido a verle para mendigar dinero.

—Tiene un salario del gobierno jordano —dijeron, juzgándola—. ¿Por qué está pidiendo más dinero? ¿Es que esta mujer quiere aprovecharse de que su marido está en la cárcel para hacerse rica?

Nunca más volvió a pedir ayuda.

—Mosab —me dijo un día—, ¿qué te parece si preparo *baklava* y otros dulces caseros y tú los vendes a los trabajadores del área industrial?

Le dije que estaría encantado de hacer cualquier cosa para ayudar a nuestra familia. Así que todos los días, después de la escuela, me cambiaba de ropa, llenaba una bandeja con los pastelitos de mi madre y salía a vender tantos como pudiera. Al principio era un poco tímido, pero poco a poco fui aprendiendo a acercarme descaradamente a los trabajadores para pedirles que me compraran algo.

Un día de invierno salí como siempre a vender mis pastelitos. Sin embargo, cuando llegué al área industrial me encontré con que todo estaba vacío. Nadie había ido a trabajar ese día porque hacía muchísimo frío. Tenía las manos congeladas y había empezado a llover. Sosteniendo la bandeja de pastelitos tapada con plástico sobre mi cabeza como si fuera un paraguas, me di cuenta de que había un coche con varias personas dentro aparcado a un lado de la calle. El conductor se fijó en mí, abrió su ventana y se asomó.

—¡Eh, chico! ¿Qué llevas?

—Tengo *baklava* —dije acercándome al vehículo.

Cuando miré dentro me sorprendió ver a mi tío Ibrahim. Sus amigos también se sobresaltaron al ver al sobrino de Ibrahim mendigando en un frío día lluvioso, y me avergoncé de ser un bochorno para mi tío. No sabía qué decir. Ellos tampoco.

Mi tío compró toda la *baklava*, me dijo que me fuera a casa y que nos veríamos más tarde. Cuando llegó a nuestra casa estaba furioso con mi madre. No pude oír qué le dijo, pero cuando se fue ella estaba llorando. Al día siguiente, después de las clases, me cambié de ropa y le dije a mi madre que estaba listo para salir a vender los pastelitos.

—No quiero que vendas *baklava* nunca más —dijo.

—¡Pero lo estoy haciendo mejor cada día! Y soy bueno. Créeme.

Las lágrimas inundaron sus ojos. Y yo nunca más salí a vender.

Estaba enfadado. No entendía por qué nuestros vecinos y nuestra familia no nos ayudaban. Además se creían con derecho a juzgarnos por intentar salir adelante solos. Me preguntaba si la verdadera razón por la que no ayudaban a nuestra familia era el miedo de meterse en problemas si los israelíes pensaban que estaban ayudando a terroristas. Pero nosotros no éramos terroristas. Y tampoco lo era mi padre. Desgraciadamente, eso también iba a cambiar.

Capítulo seis

EL REGRESO DE UN HÉROE

1990

Cuando al fin liberaron a mi padre nuestra familia pasó a ser tratada como parte de la realeza, después de haber sido rechazados durante un año y medio. El héroe había regresado. Ya no éramos la oveja negra, y yo me convertí en el supuesto heredero. Mis hermanos eran príncipes, mis hermanas eran princesas y mi madre era la reina. Nadie osó juzgarnos otra vez.

Mi padre recuperó su trabajo en la escuela cristiana, además de su puesto en la mezquita. Ahora que estaba en casa intentaba ayudar a mi madre en las tareas del hogar todo lo que podía. Esto aligeró la carga que nosotros, los niños, habíamos llevado hasta entonces. En verdad no éramos ricos, pero teníamos suficiente dinero para comprar comida decente e incluso, de vez en cuando, un premio para el ganador de las Estrellas. Y éramos prósperos en honor y respeto. Y lo mejor de todo: nuestro padre estaba con nosotros. No necesitábamos nada más.

Todo volvió a la normalidad con rapidez. Bueno, *normalidad* es un término relativo, claro. Aún vivíamos bajo la ocupación israelí y a diario se cometían asesinatos en las calles. Nuestra casa estaba en la calle que llevaba a un cementerio atiborrado de cadáveres sangrientos. Nuestro padre tenía recuerdos espantosos de la prisión israelí en la que había estado encarcelado durante dieciocho meses como presunto terrorista. Y los territorios ocupados estaban degenerando en una jungla sin ley.

La única ley que respetan los musulmanes es la islámica, definida por las fatuas o normas religiosas sobre un tema en particular. El propósito de las fatuas es guiar a los musulmanes cuando aplican el Corán a su vida cotidiana; sin embargo, como no existe un legislador central que las unifique, es el *shayj* de cada región quien a menudo dicta fatuas dispares sobre el mismo tema. Como resultado, todo el mundo vive bajo un conjunto diferente de normas, algunas mucho más estrictas que otras.

Una tarde estaba jugando en casa con mis amigos y oímos voces fuera. Los gritos y las peleas no eran nada nuevo en nuestro mundo, pero cuando corrimos fuera vimos a nuestro vecino, Abu Saleem, agitando un gran cuchillo. Estaba intentando matar a su primo, que hacía todo lo que podía para evitar el reluciente acero que daba estocadas en el aire. El vecindario entero intentaba detener a Abu Saleem, pero era un hombre muy grueso. Era carnicero de profesión y una vez le vi matar un toro en su patio, lo que le dejó cubierto de pies a cabeza de sangre pegajosa y húmeda. No pude evitar pensar en lo que le había hecho a ese animal mientras le veía corriendo detrás de su primo.

Sí, pensé, *ciertamente estamos viviendo en una jungla.*

No había policía a quien llamar, nadie con autoridad. ¿Qué podíamos hacer aparte de mirar? Por suerte su primo escapó y no volvió.

Cuando mi padre llegó a casa aquella noche le contamos lo que había pasado. Mi padre sólo mide un metro y medio y no es lo que llamaríamos atlético. Pero fue a la casa del vecino y dijo:

—Abu Saleem, ¿qué ha pasado hoy? He oído que ha habido una pelea.

Y Abu Saleem estuvo hablando sin cesar sobre querer matar a su primo.

—Sabes que estamos bajo ocupación —dijo mi padre—. Y sabes que no podemos perder el tiempo con estas tonterías. Tienes que sentarte y disculparte con tu primo, y él tiene que pedirte perdón a ti. No quiero más discusiones como ésta.

Como todos los demás, Abu Saleem respetaba a mi padre. Confiaba en su sabiduría, incluso en asuntos como aquel. Estuvo de acuerdo en resolver los problemas con su primo y después se unió a mi padre en un encuentro con los demás hombres del vecindario.

—Así están las cosas —dijo mi padre con calma—. No tenemos gobierno y las cosas se nos están yendo de las manos. No podemos continuar luchando unos contra otros, derramando la sangre de nuestra propia gente. Estamos luchando en las calles, en nuestros hogares, en las mezquitas. ¡Ya basta! Vamos a tener que sentarnos al menos una vez a la semana para intentar resolver nuestros problemas como hombres. No tenemos policía y no hay lugar para que nadie mate a nadie. Tenemos problemas más grandes con los que lidiar. Quiero vuestra unidad. Quiero que os ayudéis los unos a los otros. Debemos ser como una familia.

Los hombres estuvieron de acuerdo en que lo que decía mi padre tenía sentido. Decidieron reunirse cada jueves por la noche para discutir los asuntos locales y resolver los conflictos que pudieran haber surgido con los demás.

Como imán de la mezquita, era trabajo de mi padre darle a la gente esperanza y ayudar a resolver los problemas. Él era lo más parecido que tenían a un gobierno. Se había convertido en alguien como su padre. Sin embargo, ahora hablaba con la autoridad de Hamás, con la autoridad de un *shayj*. Un *shayj* tiene más autoridad que un imán y se parece más a un general que a un sacerdote.

Desde que mi padre había regresado a casa hacía tres meses yo procuraba pasar todo el tiempo que podía con él. Ahora yo era el presidente del movimiento estudiantil islámico de nuestra escuela y quería aprender todo lo que pudiera sobre el Islam y el estudio del Corán. Un jueves por la noche le pregunté si podía acompañarle a la reunión con los hombres del vecindario. Yo ya casi era un hombre, le expliqué, y quería ser tratado como tal.

—No —dijo—, tú te quedas aquí. Esto es para hombres. Más tarde te contaré de lo que hayamos hablado.

Estaba decepcionado, pero lo entendí. Tampoco mis amigos tenían permiso para asistir a las reuniones semanales. Al menos yo estaría al tanto de lo que había pasado en el encuentro cuando mi padre estuviera de vuelta.

Así que se fue durante un par de horas. Mientras mi madre preparaba una apetitosa cena a base de pescado, alguien llamó a la puerta trasera. Abrí la puerta lo suficiente para vislumbrar al capitán Shai, el mismo hombre que había arrestado a mi padre hacía casi dos años.

—¿*Abuk mawjūd?*

—No, no está.

—Abre la puerta.

No sabía qué hacer, así que abrí la puerta. El capitán Shai era educado, igual que la primera vez que vino por mi padre, pero estaba seguro de que no me creyó. Preguntó si podía echar un vistazo y supe que no tenía otra opción que dejarle entrar. Mientras el soldado empezaba a registrar nuestra casa, yendo de habitación en habitación, abriendo armarios y mirando detrás de las puertas, deseé que alguien previniera a mi padre para que no viniera a casa. Entonces no teníamos teléfono móvil, así que no pude avisarle. Sin embargo, cuanto más lo pensaba más me convencía de que nada hubiera cambiado si lo hubiésemos tenido. Mi padre habría regresado de todos modos.

—Está bien, todos en silencio —dijo el capitán Shai a un grupo de soldados que estaban apostados fuera. Todos se agacharon detrás de los arbustos y tras los edificios, esperando a mi padre. Yo, sintiéndome impotente, me senté en la mesa y escuché. Después de un rato una voz fuerte gritó:

—¡No se mueva de ahí!

Entonces se escuchó el ruido de los movimientos y gente hablando. Supimos que no podía ser nada bueno. ¿Mi padre tendría que volver a prisión?

Al cabo de unos minutos mi padre entró discretamente, moviendo la cabeza y sonriéndonos como si se disculpara.

—Me llevan otra vez —dijo, y besó a mi madre y a cada uno de nosotros después—. No sé cuánto tiempo estaré fuera. Sed buenos. Cuidaos los unos a los otros.

Se puso la chaqueta y se marchó mientras el pescado frito se enfriaba en el plato.

Una vez más nos trataron como refugiados, incluso los hombres del vecindario a quienes mi padre había intentado proteger de sí mismos y de los demás. Algunas personas preguntarían por mi padre con fingida preocupación, pero ya tenía claro que en realidad no les importaba en absoluto.

Aunque sabíamos que mi padre estaba retenido en una prisión israelí, nadie nos decía en cuál. Pasamos tres meses buscándole cárcel por cárcel hasta que al final oímos que estaba preso en unas instalaciones penitenciarias especiales donde sólo interrogaban a los criminales más peligrosos. *¿Por qué?*, me pregunté. Hamás no había perpetrado ningún ataque terrorista. Ni siquiera estaba armada.

Una vez que descubrimos dónde estaba preso, los oficiales israelíes nos permitieron visitarle una vez al mes durante treinta minutos. Sólo podían entrar dos personas en cada ocasión, así que hicimos turnos para acompañar a mi madre. La primera vez que le vi me sorprendí al ver que se había dejado barba y que parecía exhausto. Sin embargo, fue muy bueno poder verle aun en aquellas condiciones. Él nunca se quejaba. Sólo quería saber cómo nos iban las cosas, pidiéndonos que le contáramos nuestras vidas al detalle.

Durante una de las visitas me dio un bolsa de caramelos. Nos explicó que cada dos días a los prisioneros les daban un caramelo y que, en vez de comérselos, los había guardado para poder regalárnoslos. Conservamos los envoltorios hasta el día en que fuera liberado de nuevo.

Al fin llegó el anhelado día. No le esperábamos, y cuando entró por la puerta todos nos aferramos a él temiendo que fuera un sueño. Pronto se corrió la voz de su llegada y durante las siguientes seis horas la gente inundó nuestra casa. Tanta gente vino a darle la bienvenida que secamos nuestros depósitos para dar a todo el mundo un vaso de agua. Me sentía orgulloso cuando veía la evidente admiración y respeto que la gente le tenía a mi padre, pero al mismo tiempo estaba enojado. ¿Dónde se había escondido toda esa multitud mientras él estuvo fuera?

Cuando todos se marcharon mi padre me dijo:

—Yo no trabajo para esta gente, para recibir su alabanza o para que cuiden de mí y de mi familia. Yo trabajo para Alá. Y sé que todos vosotros estáis pagando un alto precio, como yo. Vosotros también sois siervos de Alá y debéis ser pacientes.

Lo entendía, pero me preguntaba si sabía lo mal que iban las cosas cuando él no estaba.

Mientras hablábamos, de nuevo llamaron a la puerta trasera. Los israelíes le arrestaron otra vez.

Capítulo siete

RADICAL

1990-1992

EN AGOSTO DE 1990, cuando mi padre estaba en prisión por tercera vez, Saddam Hussein invadió Kuwait.

Los palestinos se volvieron locos. La gente salió a la calle vitoreando y buscando los misiles que iban a llover sobre Israel. ¡Al fin nuestros hermanos venían al rescate! Iban a golpear duro a Israel, en el mismo corazón. Pronto terminaría la ocupación.

Temiendo otro ataque con gas como el que había matado a cinco mil kurdos en 1988, los israelíes distribuyeron máscaras de gas a cada ciudadano. Sin embargo, los palestinos sólo recibieron una máscara por familia. Mi madre tenía una, pero nosotros siete no teníamos protección. Así que intentamos ser creativos y hacernos nuestras propias máscaras. También compramos planchas de nailon y las pegamos en las ventanas y las puertas. Por la mañana descubrimos que la humedad había hecho que la cinta adhesiva se despegara.

No le quitábamos los ojos de encima al canal de televisión israelí, y aplaudíamos cada aviso de misil. Subimos al tejado para ver cómo los *Scuds* iraquíes iluminaban Tel Aviv. Pero no vimos nada.

Quizá Al-Bireh no es el mejor sitio para obtener una buena panorámica, razoné. Decidí ir a casa de mi tío Dawood en Al-Janiya, desde donde podríamos ver todo el Mediterráneo. Sohayb, mi hermano menor, vino conmigo. Desde el tejado de mi tío vimos el primer misil. De hecho, sólo vimos la llama, ¡pero de todas formas fue una visión increíble!

Cuando en las noticias escuchamos que unos cuarenta *Scuds* habían alcanzado Israel y que sólo dos israelíes habían resultado muertos pensamos que el gobierno mentía. No obstante, resultó ser cierto. Cuando los iraquíes amañaron torpemente los misiles para hacerlos llegar más lejos, sacrificaron su potencia y su precisión.

Nos quedamos en casa de mi tío Dawood hasta que las fuerzas de la ONU hicieron regresar a Saddam Hussein a Bagdad. Yo estaba muy enfadado y tremendamente decepcionado.

«¿Por qué ha terminado la guerra? Israel aún sigue en pie. Mi padre aún está en una prisión israelí. ¡Los iraquíes tendrían que haber continuado lanzando misiles!»

Es más, todos los palestinos estaban decepcionados. Después de décadas de ocupación por fin había llegado una guerra de verdad, con bombas devastadoras cayendo sobre Israel. No obstante, nada había cambiado.

Después de la Guerra del Golfo Pérsico y la liberación de mi padre, mi madre le dijo que quería vender su dote de oro y comprar un terreno, conseguir un préstamo y construir una casa en propiedad. Hasta entonces habíamos estado en alquiler, y cuando mi padre no estaba el propietario nos estafaba y se comportaba de manera grosera y ofensiva con mi madre.

Mi padre se emocionó al ver que mi madre quería desprenderse de algo tan valioso, pero a la vez estaba preocupado temiendo que quizá no pudiera afrontar todas las letras del préstamo porque podían detenerle de nuevo en cualquier momento. Sin embargo, decidieron arriesgarse y en 1992 construimos la casa que mi familia hoy aún habita en Beitunia, cerca de Ramala. Yo tenía catorce años.

Beitunia parecía menos violenta que las vecinas Al-Bireh o Ramala. Asistía a la mezquita que estaba cerca de mi casa y me involucré en una *yalsa*, un grupo que nos alentaba a memorizar el Corán y nos enseñaba los principios que según los líderes nos llevarían a un estado islámico global.

Unos pocos meses después de mudarnos arrestaron otra vez a mi padre. Como estábamos bajo ocupación, las leyes de emergencia permitían al gobierno israelí arrestar a quien quisiera por el simple hecho de sospechar que podía estar involucrado en acciones terroristas. Como líder religioso (y, por defecto, político) mi padre era un blanco fácil.

Parecía que aquello se convertía en un patrón, y aunque no nos dimos cuenta en ese momento, la pauta de arresto, liberación y nuevo arresto continuaría durante los siguientes años, añadiendo tensión de forma gradual a nuestra familia. Mientras tanto, Hamás se estaba volviendo más violenta y agresiva, ya que los integrantes más jóvenes de la organización presionaban al liderazgo a actuar de forma más contundente.

—¡Los israelíes están matando a nuestro hijos! —gritaban—. Mientras nosotros tiramos piedras, ellos nos disparan con ametralladoras. Estamos bajo ocupación. Las Naciones Unidas, la comunidad internacional y cada hombre libre del mundo reconoce nuestro derecho a luchar. Alá mismo, glorificado sea su nombre, nos lo demanda. ¿Por qué esperamos?

La mayoría de los ataques en aquellos tiempos eran a título personal, no porque fueran ordenados por la organización. Los líderes de Hamás no tenían ningún control sobre los miembros, que seguían su propia pauta. La meta de mi padre era la libertad islámica y creía en la lucha contra Israel para poder alcanzar esa libertad. Pero para estos jóvenes la lucha se convirtió en la meta: no un medio para llegar a un fin, sino un fin en sí mismo.

Si Cisjordania se había vuelto peligrosa, Gaza aún lo era más. Por su situación, la influencia dominante allí eran los Hermanos Musulmanes fundamentalistas de Egipto. Y la superpoblación sólo empeoró las cosas. Gaza era una de las zonas más densamente pobladas del planeta: algo así como un campo de refugiados de

225 kilómetros cuadrados atestado con más de un millón de personas.

Las familias colgaban documentos de propiedad y llaves en las paredes como testigos mudos y recordatorios diarios de que una vez habían poseído casas y granjas hermosas, propiedades que Israel les había expoliado en guerras pasadas. Era el ambiente perfecto para reclutar gente. Los refugiados estaban motivados y dispuestos. Eran perseguidos no sólo por los israelíes, sino también por los palestinos, su propia gente, que los veían como ciudadanos de segunda clase. De hecho, les consideraban invasores, ya que sus campamentos se habían construido en las tierras de sus vecinos.

La mayoría de los impacientes jóvenes activistas de Hamás venían de los campos de refugiados. Entre ellos se encontraba Imad Akel. Era el menor de tres hermanos y estudiaba para ser farmacéutico cuando la injusticia y la frustración, al final, le desbordaron. Se hizo con una pistola y mató a varios soldados israelíes, tomando sus armas. La influencia de Imad creció cuando los demás siguieron su ejemplo. Obrando de forma independiente, Imad fundó una pequeña célula militar y se trasladó a Cisjordania, que ofrecía más objetivos y más margen de actuación. Por las conversaciones de los hombres de la ciudad supe que Hamás estaba muy orgulloso de él, aunque no dependía para nada de la organización. No obstante, los líderes no quisieron mezclar lo que él hacía con las demás actividades de Hamás, así que adhirieron el brazo militar, las Brigadas de Ezzeldin Al-Qassam, y nombraron a Imad su líder. Pronto se convirtió en el palestino más buscado en Israel.

Hamás ya estaba armada. Cuando las armas reemplazaron las piedras, los grafitis y los cócteles molotov, Israel se encontró con un problema con el que nunca antes había tropezado. Una cosa era manejar los ataques de la OLP desde Jordania, Líbano y Siria, pero ahora la amenaza llegaba desde el interior de sus propias fronteras.

Capítulo ocho

AVIVANDO LAS LLAMAS

1992-1994

EL 13 DE DICIEMBRE DE 1992 cinco miembros de Al-Qassam secuestraron al policía de fronteras israelí Nissim Toledano cerca de Tel Aviv. Exigieron que Israel liberase a Sheikh Ahmed Yassin. Israel se negó. Dos días más tarde se encontró el cuerpo sin vida de Toledano, e Israel tomó severas medidas de represión contra Hamás. Al poco tiempo arrestaron a más de 1,600 palestinos e Israel, en secreto, decidió deportar a 415 líderes de Hamás, la Yihad Islámica y los Hermanos Musulmanes. Entre ellos estaban mi padre (que aún seguía en prisión) y tres de mis tíos.

Yo sólo tenía catorce años por entonces, y ninguno de nosotros era consciente de que eso estaba sucediendo. Sin embargo, cuando la noticia se filtró pudimos reunir suficientes evidencias para imaginarnos que mi padre, con toda probabilidad, se encontraba dentro del gran grupo de profesores, líderes religiosos, ingenieros y trabajadores sociales que habían sido esposados, encapuchados y cargados en autobuses. A las pocas horas de saberse la noticia, los abogados y las organizaciones pro derechos humanos empezaron a presentar demandas. Los autobuses se detuvieron mientras el Tribunal Supremo israelí se reunía a las cinco de la mañana para considerar las consecuencias legales de aquella decisión. Y durante las siguientes catorce horas de debate, mi padre y los demás deportados permanecieron en los autobuses.

No les quitaron las esposas ni las capuchas. No les dieron comida ni agua. No pudieron ir al servicio. Al final, la Corte respaldó al gobierno y los autobuses reanudaron su camino hacia el norte. Más tarde supimos que habían llevado a los hombres a una tierra de nadie cubierta de nieve al sur del Líbano. Aunque estábamos en medio de un crudo invierno, les descargaron allí sin cobijo ni provisiones. Ni Israel ni el Líbano darían permiso para que las agencias de socorro llevaran comida o medicinas. Beirut se negó a transportar a los enfermos y heridos a sus hospitales.

El 18 de diciembre, el Consejo de Seguridad de la ONU adoptó la resolución 799, haciendo una llamada al «retorno inmediato y sin riesgo» de los deportados. Israel la rechazó. Siempre habíamos podido visitar a mi padre cuando estaba en la cárcel, pero desde que cerraron la frontera libanesa no teníamos forma de ir a verle en el exilio. Un par de semanas más tarde le vimos en la televisión por primera vez desde su deportación. Por lo visto, los miembros de Hamás le habían nombrado secretario general del campamento, el segundo de Abdel Aziz al-Rantissi, otro líder de Hamás.

A partir de entonces todos los días mirábamos las noticias esperando poder vislumbrar su cara de nuevo. De vez en cuando le veíamos con un megáfono dando instrucciones a los deportados. Cuando llegó la primavera se las apañó para enviarnos correo y algunas fotos tomadas por los reporteros y los miembros de las organizaciones de socorro. Finalmente los deportados consiguieron el acceso a los teléfonos móviles y pudimos hablar con él unos minutos cada semana.

Con el objetivo de despertar la compasión internacional hacia los deportados, los medios de comunicación entrevistaban a sus familias. Mi hermana Tasneem conmocionó al mundo entero cuando gritó «*Baba! Baba!*» [¡Papá! ¡Papá!] a la cámara. No sé cómo nuestra familia se convirtió en la representante no oficial de todas las demás familias. Nos invitaban a asistir a todas las protestas, incluyendo la manifestación que tendría lugar delante de la oficina del primer ministro israelí en Jerusalén. Mi padre nos dijo que estaba muy orgulloso y nos consoló mucho el apoyo que recibíamos de gente de todo el mundo, incluso de los pacifistas israelíes. Unos seis meses después escuchamos la noticia de que 101 deportados tenían permiso para volver a casa. Como todas las familias, teníamos la esperanza de que mi padre estuviera entre ellos.

Pero no lo estaba.

Al día siguiente visitamos a los héroes que habían vuelto del Líbano para ver si podíamos averiguar algo sobre mi padre. Sin embargo, sólo nos pudieron decir que estaba bien y que regresaría pronto. Aún pasarían tres meses hasta que Israel aprobara el regreso de los que seguían deportados. Estábamos jubilosos ante la perspectiva.

El día elegido esperábamos con impaciencia en el exterior de la prisión de Ramala donde los restantes deportados iban a ser liberados. Salieron diez. Veinte. Él no estaba entre ellos. Salió el último hombre y los soldados dijeron que eso era todo. No había señal alguna de mi padre ni ninguna pista sobre su paradero. Las demás familias se llevaron a sus seres queridos a casa con alegría, pero nosotros nos quedamos de pie, solos, en mitad de la noche, sin saber dónde estaba mi padre. Volvimos a casa desanimados, frustrados y preocupados. ¿Por qué no le habían liberado con el resto de los prisioneros? ¿Dónde se encontraba ahora?

Al día siguiente, el abogado de mi padre nos llamó para contarnos que mi padre y otros deportados habían sido devueltos a la prisión. Dijo que parecía que la deportación había demostrado ser contraproducente para Israel. Durante el exilio mi padre y otros líderes palestinos habían aparecido en las noticias, ganándose la compasión internacional porque el castigo era percibido como un exceso y una violación de los derechos humanos. En todo el mundo árabe se veía a estos hombres como héroes de la causa y, como tales, se hicieron más importantes e influyentes.

La deportación también había tenido otro efecto tan imprevisto como desastroso. Los prisioneros habían usado el tiempo en el exilio para forjar una relación sin precedentes entre Hamás y Hezbolá, la organización islámica política y paramilitar más importante del Líbano. Estos lazos conllevaban importantísimas ramificaciones geopolíticas e históricas. Mi padre y otros líderes de Hamás a menudo salían del campamento a escondidas para evitar a la prensa y encontrarse con Hezbolá y los dirigentes de los Hermanos Musulmanes, algo que no podían hacer en territorio palestino.

Mientras mi padre y los demás estaban en el Líbano, los miembros más radicales de Hamás seguían libres, volviéndose cada vez más violentos. Y como estos nuevos jóvenes radicalizados ocupaban temporalmente los puestos de liderazgo dentro de Hamás, se abría una brecha aún más grande entre la organización y la OLP.

En esas fechas, Israel y Yasser Arafat iniciaron unas negociaciones secretas que dieron como resultado los acuerdos de Oslo de 1993. El 9 de septiembre, Arafat le escribió una carta al primer ministro israelí Isaac Rabin en la que oficialmente reconocía «el derecho del Estado de Israel a existir en paz y seguridad» y renunciaba al «uso del terrorismo y otros actos de violencia».

Entonces Rabin reconoció formalmente a la OLP como «representante de los palestinos», y el presidente Bill Clinton levantó en Estados Unidos la prohibición de establecer contactos con la organización. El 13 de septiembre el mundo miró con asombro la fotografía de Arafat y Rabin dándose la mano en la Casa Blanca. Una encuesta de aquellos días revelaba que una vasta mayoría de palestinos en Gaza y Cisjordania apoyaban los términos de los acuerdos, también conocidos como la Declaración de Principios. Este documento conducía a la creación de la Autoridad Nacional Palestina (ANP) y hacía un llamado a la retirada de las tropas israelíes en Gaza y Jericó; también reconocía la autonomía de estas zonas y abría la puerta al regreso de Arafat y de la OLP del exilio en Túnez.

Sin embargo, mi padre estaba en contra de la Declaración de Principios. No creía en Israel ni en la OLP y, por consiguiente, no depositó su confianza en el proceso de paz. Otros líderes de Hamás, explicó, tenían sus propias razones para oponerse, incluyendo el riesgo de que un acuerdo de paz pudiera de hecho suponer la extinción de la organización. Una coexistencia pacífica significaría el fin de Hamás. Desde su perspectiva, la organización no podría prosperar en una atmósfera de paz. Otros grupos de la resistencia también tenían interés en la continuación del conflicto. Es difícil conseguir la paz en un sitio donde se dan cita tantos objetivos e intereses.

Así que los ataques siguieron:

- Un hombre israelí fue apuñalado hasta la muerte el 24 de septiembre por un fedayín de Hamás en un huerto cerca de Basora.
- El Frente Popular para la Liberación de Palestina y la Yihad Islámica reivindicaron su autoría en las muertes de dos israelíes en el desierto de Judea dos semanas más tarde.
- Dos semanas después Hamás disparó y asesinó a dos soldados de las FDI en las afueras de un asentamiento judío en Gaza.

No obstante, ninguna de estas muertes llamó tanto la atención de los titulares como la masacre de Hebrón del viernes 25 de febrero de 1994.

Durante la fiesta judía del Purim y el mes sagrado islámico del Ramadán, un médico nacido en Estados Unidos, de nombre Baruk Goldstein, entró en la mezquita Al-Haram Al-Ibrahimi en Hebrón donde, según la tradición local, están enterrados Adán y Eva, Abraham y Sara, Isaac y Rebeca y Jacob y Lea. Sin previo aviso, Goldstein abrió fuego matando a veintinueve palestinos que habían ido a orar e hiriendo de gravedad a más de un centenar antes de ser abatido por una turba enfurecida y desconsolada.

Nos sentamos y vimos a través de las cámaras de televisión cómo sacaban un cadáver ensangrentado tras otro de aquel lugar santo. Yo estaba en estado de *shock*. Parecía que todo se moviera a cámara lenta. Al momento mi corazón palpitó con una furia que nunca antes había sentido, una rabia que me sobresaltó y que después se aplacó. Un minuto después el dolor me inmovilizó.

Me enfurecí otra vez y de nuevo llegó la insensibilidad. Y yo no era el único. Parecía que las emociones de todos los habitantes de los territorios ocupados subían y bajaban a ese ritmo surrealista, dejándonos exhaustos.

Como Goldstein llevaba el uniforme militar israelí y la presencia de las FDI era menor de lo habitual, los palestinos estaban convencidos de que el gobierno en Jerusalén le había amparado, o quizá incluso enviado. Para nosotros, los soldados de gatillo fácil y los colonos locos eran todos iguales. Entonces Hamás habló con una tremenda determinación. Sólo podían pensar en vengarse de tal traición, de tal atrocidad.

El 6 de abril un coche bomba destruyó un autobús en Afula, matando a ocho personas e hiriendo a cuarenta y cuatro. Hamás dijo que fue la represalia por lo de Hebrón. Aquel mismo día dispararon y mataron a dos israelíes y otros cuatro resultaron heridos cuando Hamás atacó una parada de autobús cerca de Asdod.

Una semana después se cruzó un histórico y horrible umbral, e Israel vivió el impacto del primer terrorista suicida oficial. La mañana del miércoles 13 de abril de 1994 (el mismo día que mi padre era puesto en libertad después de su deportación al Líbano) Amar Salah Diab Amarna, un joven de veintiún años, entraba en la estación de autobuses de Hadera entre Haifa y Tel Aviv. Llevaba una bolsa que contenía metralla y casi dos kilos de explosivo casero de peróxido de acetona. A las nueve y media en punto subió al autobús con destino a Tel Aviv. Diez minutos más tarde, cuando el autobús salía de la estación, puso la bolsa en el suelo y la detonó.

La metralla desgarró a los pasajeros del autobús, provocando la muerte de seis personas e hiriendo a treinta más. Una segunda bomba de tubo hizo explosión en el mismo escenario cuando llegaron los servicio de rescate. Este era «el segundo de una serie de cinco ataques» en venganza por lo que pasó en Hebrón, anunció más tarde un panfleto de Hamás.

Yo estaba orgulloso de Hamás y viví los ataques como una gran victoria contra la ocupación israelí. Con quince años, para mí todo era blanco o negro. Estaban los buenos y los malos. Y los malos se merecían todo lo que les pasara. Vi lo que una bomba de dos kilos rellena de clavos y cojinetes podía hacer en la carne humana, y esperaba que esto sirviera de una clara advertencia a la comunidad israelí.

Y sirvió.

Después de cada ataque suicida, los judíos ortodoxos voluntarios conocidos como ZAKA (Identificación de Víctimas de Desastres, por sus siglas en hebreo) llegaban al escenario con sus chalecos de color amarillo fluorescente. Su trabajo era recoger muestras de sangre y trozos de cuerpos (incluyendo los de los no judíos y los del suicida) y llevarlos a la oficina forense en Jaffa. Allí la tarea de los patólogos era volver a unir lo que quedaba de los cuerpos para proceder a su identificación. Con frecuencia, la prueba de ADN era el único método que servía para juntar los restos.

Las familias que no habían podido encontrar a sus seres queridos entre los heridos distribuidos por los hospitales locales iban directamente a Jaffa, donde a menudo se mostraban aturdidos por el dolor.

A menudo los patólogos aconsejaban a las familias que no vieran los restos, diciéndoles que era mejor recordar a sus seres queridos tal como eran cuando estaban vivos. Sin embargo, la mayoría quería tocar el cuerpo una vez más, incluso aunque sólo quedara un pie.

Como la ley judía exigía que el cuerpo entero debía ser enterrado el mismo día que tenía lugar el deceso, a menudo las partes más grandes de los cuerpos eran enterradas en primer lugar. Más tarde se añadían los trozos pequeños, una vez confirmada la identificación mediante el ADN, reabriendo las heridas de las afligidas familias.

Aunque Hadera fue el primer ataque terrorista suicida oficial, en realidad fue el tercer intento de atentado, parte de un ciclo de ensayo y error durante el cual el fabricante de bombas de Hamás Yahya Ayyash perfeccionó su arte. Ayyash era estudiante de ingeniería de la Universidad de Birzeit. No era un musulmán radical ni un fanático nacionalista. Estaba resentido porque había pedido permiso para continuar sus estudios en otro país y el gobierno de Israel había denegado su petición. Así que se puso a fabricar bombas y se convirtió en un héroe para los palestinos y en uno de los hombres más buscados de Israel.

Además de los dos intentos fallidos y de los atentados consumados los días 6 y 13 de abril, Ayyash sería el responsable de las muertes de al menos treinta y nueve personas en cinco ataques posteriores. También enseñaría a otros, como a su amigo Hassan Salameh, a fabricar bombas.

Durante la Guerra del Golfo Yasser Arafat había respaldado que Saddam Hussein invadiera Kuwait, hecho que le distanció tanto de las Naciones Unidas como de los estados árabes que habían dado su apoyo a la coalición encabezada por los estadounidenses. Por esa razón aquellos estados empezaron entonces a trasladar su soporte financiero de la OLP a Hamás.

Sin embargo, después del éxito de los acuerdos de Oslo, Arafat volvía a estar otra vez en la cima de la popularidad. Y al año siguiente compartió el Premio Nobel de la Paz con el primer ministro israelí Isaac Rabin y el ministro de asuntos exteriores israelí Shimon Peres.

Los acuerdos de Oslo instaban a Arafat a establecer la Autoridad Nacional Palestina en la franja de Gaza y Cisjordania. Así que el 1 de julio de 1994 se aproximó a la frontera egipcia de Rafah, cruzó a Gaza y se instaló.

«La unidad nacional», le dijo a la multitud que se había congregado para celebrar su regreso, «es... nuestro escudo, el escudo de nuestra gente. Unidad. Unidad. Unidad».[3] Pero los territorios palestinos estaban lejos de la unificación.

Hamás y sus partidarios estaban enfadados por el hecho de que Arafat se hubiera reunido en secreto con Israel y le hubiera prometido que los palestinos no lucharían más para conseguir la autodeterminación. Nuestros hombres seguían en prisiones israelíes. El estado de Palestina no existía. La única autonomía que teníamos era sobre la ciudad cisjordana de Jericó (una pequeña población en la que no había nada) y Gaza, un gran campo de refugiados superpoblado en la costa.

Y ahora Arafat se sentaba con los israelíes en la misma mesa y se daban la mano. «¿Qué pasa con toda la sangre palestina derramada?», se preguntaba nuestra gente. «¿Tan poco valor tiene para él?»

Por otro lado, algunos palestinos reconocían que al menos la ANP nos había conseguido Gaza y Jericó. ¿Qué nos había conseguido Hamás? ¿Acaso habían ellos conseguido liberar algún pequeño pueblo palestino?

Quizá tuvieran razón. Pero Hamás no se fiaba de Arafat, en gran parte porque estaba listo para conformarse con un estado palestino dentro de Israel en vez de recuperar los territorios palestinos que existían antes de Israel.

«¿Qué habrían hecho en nuestro lugar?», argumentaban Arafat y sus portavoces siempre que eran acuciados. «Durante décadas luchamos contra Israel y vimos que no podíamos vencer. Nos echaron de Jordania y del Líbano y acabamos a 1,600 kilómetros de distancia, en Túnez. La comunidad internacional estaba en contra de nosotros. No teníamos poder. La Unión Soviética fracasó, dejando a Estados Unidos como la única potencia mundial. Y ellos respaldaban a Israel. Se nos dio la oportunidad de recuperar lo que teníamos antes de la Guerra de los Seis Días en 1967 y de autogobernarnos. Y la tomamos».

Algunos meses después de su llegada a Gaza, Arafat visitó Ramala por primera vez. Mi padre, junto con docenas de líderes políticos, religiosos y empresariales, se pusieron en fila para recibirle. Cuando el líder de la OLP llegó a Sheikh Hassan Yousef, besó la mano de mi padre, reconociéndole como líder político y religioso.

Durante el año siguiente, mi padre y otros dirigentes de Hamás se reunieron con frecuencia con Arafat en la ciudad de Gaza en un intento de reconciliar y unificar la ANP y Hamás. Sin embargo, las conversaciones terminaron en fracaso cuando Hamás, en última instancia, se negó a participar en el proceso de paz. Nuestras ideologías y metas aún estaban lejos de llegar a la reconciliación.

———

La transición de Hamás hacia una verdadera organización terrorista se había completado. Muchos de sus miembros habían subido la escalera del Islam y habían alcanzado la cima. Los líderes políticos moderados como mi padre no les iban a decir a los militantes que lo que estaban haciendo estaba mal. No podían; ¿en basé a qué declararían que era incorrecto? Todo el peso del Corán corroboraba lo que hacían.

Así que, aunque nunca había matado a nadie personalmente, mi padre estuvo de acuerdo con los ataques. Y los israelíes, incapaces de encontrar y arrestar a los jóvenes militantes violentos, siguieron persiguiendo a los blancos fáciles como mi padre. Creo que pensaron que al ser mi padre un líder de Hamás, la organización responsable de los atentados, su encarcelamiento pondría punto final a las acciones violentas. Pero nunca hicieron el esfuerzo de averiguar quién o qué era Hamás en realidad. Y pasarían muchos cruentos años antes de que empezaran a comprender que Hamás no era una organización tal y como la mayoría de la gente se las imagina, con normas y una jerarquía de poder. Era un fantasma. Una idea. Y no es posible destruir una idea, sólo estimularla. Hamás era como una hidra: si se le corta una cabeza, le crecen dos más.

El problema era que la meta y premisa central y aglutinadora de Hamás era una ilusión. Siria, Líbano, Irak, Jordania y Egipto habían intentado y fracasado repetidas veces en su intento de echar a los israelíes al mar y transformar sus tierras en un estado palestino. Incluso Saddam Hussein y sus misiles *Scud* habían fallado. Para que los millones de palestinos refugiados pudieran recuperar las casas, granjas y propiedades que habían perdido más de medio siglo antes, Israel prácticamente tendría que intercambiarse el sitio con ellos. Y como estaba claro que aquello nunca iba a pasar, Hamás era como el Sísifo de la mitología griega: condenado eternamente a empujar una roca por la ladera de una empinada colina sólo para ver cómo rodaba de nuevo hacia abajo, sin alcanzar jamás la meta.

No obstante, incluso aquellos que reconocían la imposibilidad de llevar a término la misión de Hamás se aferraban a la creencia de que un día Alá derrotaría a Israel, aunque tuviera que hacerlo de forma sobrenatural.

Para Israel, los nacionalistas de la OLP habían sido tan sólo un problema político necesitado de una solución política. Hamás, por otra parte, islamizó el problema palestino convirtiéndolo en un problema religioso. Y este problema sólo podía ser solventado por medio de una solución religiosa, cosa que significaba que nunca podría ser resuelto, porque nosotros creíamos que la tierra le pertenecía a Alá. Punto. Fin de la discusión. Por tanto, para Hamás el problema último no era la política de Israel, sino la misma existencia del estado de Israel.

¿Y qué pasaba con mi padre? ¿Se había vuelto, él también, un terrorista? Una tarde leí un titular en un periódico sobre un reciente atentado suicida (o, como lo llamaban algunos dentro de Hamás, «operación de martirio») que había matado a muchos civiles, incluyendo mujeres y niños. A mí me era imposible reconciliar mentalmente la bondad y el carácter de mi padre con su liderazgo en una organización que llevaba a cabo tales acciones. Señalé el artículo y le pregunté cómo se sentía al respecto.

—Una vez —me contestó— salí de casa y encontré un insecto. Lo pensé seriamente antes de decidir si matarlo o no. Y no pude hacerlo.

La respuesta indirecta fue su forma de decirme que él nunca podría participar personalmente en aquella matanza sin sentido. Pero los civiles israelíes no eran insectos.

No, mi padre no fabricaba las bombas, ni se las ataba a la cintura a los terroristas, ni seleccionaba los objetivos. Pero años más tarde pensaría en su respuesta al tropezarme en una Biblia cristiana con una historia que describía el apedreamiento de un joven inocente llamado Esteban. Decía: «Y Saulo consentía en su muerte» (Hechos 8.1).

Yo amaba a mi padre profundamente y admiraba mucho quien era y lo que representaba. Sin embargo, aquel hombre que era incapaz de hacerle daño a un insecto había encontrado el modo de racionalizar la idea de que estaba bien que otros hicieran volar a las personas en pedazos siempre y cuando él no se manchara las manos de sangre.

En aquel momento la opinión que tenía de mi padre se tornó un poco más complicada.

Capítulo nueve

ARMAS

INVIERNO DE 1995 - PRIMAVERA DE 1996

DESPUÉS DE LOS ACUERDOS DE OSLO la comunidad internacional esperaba que la Autoridad Nacional Palestina mantuviera a Hamás bajo control. El sábado 4 de noviembre de 1995 yo estaba mirando la televisión cuando interrumpieron la programación para emitir un boletín informativo de última hora. Isaac Rabin había sido tiroteado durante un mitin por la paz en la Plaza de los Reyes en Tel Aviv. Parecía serio. Un par de horas más tarde se anunciaba oficialmente su muerte.

—¡Caramba! —dije en voz alta sin dirigirme a nadie en particular—. ¡Algunas facciones palestinas aún tienen suficiente poder para asesinar al primer ministro israelí! Debería haber sucedido hace tiempo.

Me alegraba mucho de esta muerte y del daño que ello causaría a la OLP y a su paulatina capitulación a Israel.

Entonces sonó el teléfono. Al instante reconocí la voz del hombre que llamaba: era Yasser Arafat, y pidió hablar con mi padre.

Yo escuchaba mientras mi padre hablaba por teléfono. No dijo mucho; se mostraba amable y respetuoso, y por lo general asentía a todo lo que Arafat decía al otro lado del teléfono.

—Entiendo —dijo—. Adiós.

Se giró hacia mí.

—Arafat pide que intentemos reprimir las celebraciones de Hamás por la muerte del primer ministro —dijo—. Este asesinato ha representado una gran pérdida para él porque Rabin era todo un ejemplo de coraje político al involucrarse en las negociaciones de paz con la OLP.

Más tarde supimos que, después de todo, Rabin no había sido asesinado por un palestino. Un estudiante de derecho israelí le había disparado por la espalda. Muchos en Hamás se decepcionaron al saberse esto; personalmente, yo encontraba divertido que los judíos fanáticos compartieran metas con Hamás.

El asesinato puso nervioso al mundo, que presionó aún más a Arafat para que tomara el control de los territorios palestinos. Así que tomó medidas drásticas contra Hamás. La policía de la ANP vino a nuestra casa y le pidió a mi padre que hiciera la maleta, y le encerraron bajo custodia en el complejo de Arafat (eso sí, durante todo el proceso le trataron con el mayor respeto y amabilidad).

Así pues, por primera vez los palestinos encarcelaban a otros palestinos. Era desagradable, pero al menos trataban a mi padre con dignidad. A diferencia de muchos otros, a mi padre le asignaron una habitación confortable, y Arafat le hacía una visita de vez en cuando para tratar algunos asuntos.

Muy pronto toda la cúpula del liderazgo de Hamás, junto con miles de sus miembros, estaban encerrados en las prisiones de Palestina. A muchos de ellos les torturaron para obtener información. Algunos murieron. Otros escaparon de la detención y se convirtieron en fugitivos, continuando sus ataques contra Israel.

Ahora mi odio tenía múltiples destinatarios. Odiaba a la Autoridad Nacional Palestina y a Yasser Arafat, odiaba a Israel y odiaba a los palestinos laicos. ¿Por qué mi padre, que amaba a Alá y a su gente, debía pagar un precio tan alto mientras que hombres sin dios como Arafat y la OLP les regalaban una gran victoria a los israelíes (a quienes el Corán comparaba con los cerdos y los monos)? Y la comunidad internacional aplaudía a Israel porque había conseguido que los terroristas reconocieran su derecho a existir.

En aquel tiempo yo tenía diecisiete años y sólo faltaban unos meses para que me graduara del instituto. Siempre que visitaba a mi padre en la cárcel o le llevaba comida casera y otras cosas para hacer su vida un poco más cómoda, él me animaba diciéndome: «Todo lo que tienes que hacer es aprobar los exámenes. Céntrate en la escuela. No te preocupes por mí. No quiero que esto interfiera en tu vida». Pero la vida ya no significaba nada para mí. No podía pensar en nada más que no fuera alistarme en el brazo militar de Hamás y vengarme de Israel y de la Autoridad Nacional Palestina. Pensaba en aquello que había visto a lo largo de mi vida. ¿Es que toda la lucha y el sacrificio iban a terminar así, en una paz comprada a Israel? Si moría luchando al menos moriría como un mártir e iría al cielo.

Mi padre nunca me había enseñado a odiar, pero yo no sabía qué hacer para no sentirme así. Aunque él luchaba contra la ocupación de forma apasionada, y a pesar de que no creo que hubiera vacilado ni un momento para dar la orden de atacar a Israel con armas nucleares si hubiera tenido la bomba atómica, nunca habló en contra de los judíos, cosa que sí hacían otros líderes racistas de Hamás. A él le interesaba mucho más el dios del Corán que la política. Alá nos había dado la responsabilidad de erradicar a los judíos y mi padre no se lo cuestionaba, aunque él personalmente no tuviera nada en contra de ellos.

«¿Cómo es tu relación con Alá?», me preguntaba cada vez que le visitaba. «¿Has orado hoy?, ¿has llorado?, ¿has pasado tiempo con él?» Él nunca me decía: «Quiero que te conviertas en un buen *muyahidín* [soldado de la guerrilla]». Su amonestación para mí como su hijo mayor era: «Sé muy bueno con tu madre, muy bueno con Alá y muy bueno con tu gente».

No entendía cómo podía ser tan compasivo e indulgente incluso con los soldados que venían una y otra vez a arrestarlo. Les trataba como si fueran niños. Cuando le llevaba comida a las instalaciones de la ANP él solía invitar a los guardias a que se unieran a nosotros para compartir el delicioso plato de carne con arroz que mi madre preparaba de forma especial. Al cabo de unos meses hasta los guardias de la ANP le apreciaban. Aunque para mí era muy fácil amarle, a la vez era un hombre difícil de entender.

Lleno de odio y movido por el deseo de venganza, empecé a ir en busca de armas. Aunque ya las había en nuestro territorio, eran muy caras, y yo no era más que un estudiante sin dinero.

Ibrahim Kiswani, un compañero de clase que vivía en una aldea cerca de Jerusalén, compartía mi mismo interés y me dijo que podía conseguir el dinero que necesitábamos (no lo suficiente para hacernos con armas pesadas, pero lo justo para comprar algunos fusiles baratos y quizá una pistola). Le pregunté a mi primo Yousef Dawood si sabía dónde conseguir algunas armas.

Yousef y yo no éramos muy íntimos pero sabía que él tenía contactos de los que yo no disponía.

—Tengo un par de amigos en Nablus que nos podrían ayudar —me dijo—. ¿Para qué quieres un arma?

—Todas las familias tienen su propia arma —le mentí—. La quiero para proteger a mi gente.

Bueno, de hecho no era exactamente una mentira. Ibrahim vivía en un pueblo donde las familias sí tenían armas para protegerse, y él era como un hermano para mí.

Y además de querer vengarme, pensé que molaría ser un adolescente armado. Ya no me importaba la escuela. ¿Por qué seguir yendo a la escuela en un país desquiciado como éste?

Una tarde, finalmente, recibí una llamada de mi primo Youssef.

—Muy bien, nos vamos a Nablus. Conozco a un tipo que trabaja para las fuerzas de seguridad de la ANP. Creo que puede conseguirnos algunas armas —dijo.

Cuando llegamos a Nablus un hombre nos recibió en la puerta de una pequeña casa y nos dejó entrar. Nos mostró algunos M45 semiautomáticos del modelo sueco Carl Gustav y otros del modelo Port Said, que era una versión egipcia de la misma arma. Nos llevó a un remoto lugar en las montañas y nos enseñó cómo funcionaban. Cuando me preguntó si quería probarlo mi corazón se desbocó. Nunca antes había disparado una metralleta, y de pronto me entró miedo.

—No, te creo —le dije.

Le compré un par de Gustav y un revólver. Los escondí en la puerta de mi coche, espolvoreando pimienta negra sobre ellos para despistar a cualquier perro israelí que pudiera estar olfateando en busca de armas en los puntos de control.

Mientras conducía de vuelta a Ramala llamé a Ibrahim.

—¡Eh, lo tengo!

—¿De verdad?

—De verdad.

Sabíamos que era mejor no utilizar palabras como *pistolas* o *armas* porque había muchas probabilidades de que los israelíes estuvieran escuchando todo lo que decíamos. Establecimos una hora para que Ibrahim viniera a buscar sus «cosas» y rápidamente nos despedimos.

Era la primavera de 1996. Yo acababa de cumplir dieciocho años y estaba armado.

———

Una noche Ibrahim me llamó y, por el tono de su voz, deduje que estaba realmente enfadado.

—¡Las armas no funcionan! —me gritó por teléfono.

—¿De qué estás hablando? —le corté, esperando que nadie estuviera escuchando nuestra conversación.

—Las armas no funcionan —repitió—. ¡Nos han engañado!

—Ahora no puedo hablar —le dije.

—De acuerdo, pero quiero verte esta noche.

Cuando llegó a mi casa le increpé.

—¿Estás loco, cómo hablas así por el teléfono? —le dije.

—Lo sé, pero es que las armas no funcionan. Con el revólver no hay ningún problema, pero los fusiles no disparan.

—Vale, no funcionan. ¿Estás seguro de que sabes cómo se usan?

Me aseguró que sabía lo que hacía, así que le dije que ya me ocuparía yo de ello. Los exámenes finales comenzaban en dos semanas y realmente no tenía tiempo para nada de aquello, pero seguí y me las apañé para devolverle las armas que funcionaban mal a Youssef.

—Esto es un desastre —le dije cuando le vi—. El revólver funciona a la perfección, pero los fusiles no. Llama a tus amigos de Nablus para que al menos podamos recuperar el dinero.

Prometió intentarlo.

Al día siguiente mi hermano Sohayb me tenía terribles noticias.

—Las fuerzas de seguridad israelíes vinieron a casa ayer por la noche. Te buscaban —me dijo con un deje de preocupación en la voz.

Mi primer pensamiento fue: *¡Si aún no hemos matado a nadie!* Estaba asustado y, a la vez, me sentía importante, como si empezara a resultarle un estorbo peligroso a Israel. Cuando volví a visitar a mi padre ya se había enterado de que los israelíes me estaban buscando.

—¿Qué está pasando? —preguntó con severidad.

Le conté la verdad y se enfadó muchísimo. Sin embargo, a través de su enfado me di cuenta de que más bien estaba decepcionado y preocupado.

—Esto es algo muy serio —me advirtió—. ¿Cómo te metiste en este lío? Deberías estar cuidando de tu madre y de tus hermanos, no huyendo de los israelíes. ¿No entiendes que te matarán?

Volví a casa, improvisé un pequeño equipaje con un poco ropa y los libros de la escuela y les pedí a algunos estudiantes miembros de los Hermanos Musulmanes que me escondieran hasta que pudiera hacer los exámenes y terminar la escuela.

Estaba claro que Ibrahim no entendía la gravedad de la situación. Continuó llamándome, sobre todo al móvil de mi padre.

—¿Qué pasa? ¿Qué problema tienes? Te di todo mi dinero. Lo necesito.

Le conté que las fuerzas de seguridad habían estado en mi casa y empezó a gritar y a decir cosas comprometidas por teléfono. Colgué rápidamente antes de que pudiera implicarse él o implicarme a mí en algo más gordo. Sin embargo, al día siguiente las FDI se personaron en su casa, la registraron y encontraron el revólver. Le arrestaron de inmediato.

Yo me sentía perdido. Había confiado en la persona equivocada. Mi padre estaba en la cárcel y le había defraudado. Mi madre estaba preocupadísima por mí. Yo tenía que estudiar para los exámenes. Y los israelíes me buscaban.

¿Acaso algo podía empeorar?

Capítulo diez

EL MATADERO

1996

Aunque yo había tomado precauciones, las fuerzas de seguridad israelíes dieron conmigo. Habían escuchado las conversaciones con Ibrahim y ahora estaba aquí, esposado, con los ojos vendados e intentando esquivar los culatazos de un rifle lo mejor que podía en la parte trasera de un *jeep* militar.

El vehículo se detuvo. Habíamos conducido durante lo que a mí me habían parecido horas. Las esposas se me clavaron en la carne alrededor de las muñecas cuando los soldados me levantaron por los brazos y me empujaron hacia unos escalones. Ya no me sentía las manos. A mi alrededor oía gente moverse y gritar en hebreo.

Me llevaron a un pequeño cuarto donde me quitaron la venda de los ojos y las esposas. Intenté orientarme parpadeando bajo la luz. Con la excepción de un escritorio en la esquina, el lugar estaba vacío. Me preguntaba qué tendrían reservado para mí los guardias. ¿Interrogatorios? ¿Más palizas? ¿Tortura? No tuve que esperar mucho para saber la respuesta. Después de unos pocos minutos un soldado joven abrió la puerta. Llevaba un aro en la nariz y reconocí su acento ruso. Era uno de los soldados que me había golpeado en el *jeep*. Agarrándome del brazo me llevó por una serie de largos pasillos sinuosos hasta llegar a otra habitación. Encima de una vieja mesa había un tensiómetro y un monitor, un ordenador y una pequeña televisión. Al entrar un hedor penetrante llenó mis fosas nasales. Tuve náuseas y estaba convencido de que volvería a vomitar.

Un hombre con bata de médico entró después de nosotros con el semblante cansado y descontento. Parecía sorprendido de ver mi cara maltrecha y mi ojo, que ahora ya duplicaba su tamaño original. Sin embargo, si estaba preocupado por mi bienestar ciertamente no lo demostró. Yo había visto veterinarios más amables con los animales de lo que era este doctor conmigo mientras me examinaba.

Entró un guardia con uniforme de policía. Me giró de espaldas; me puso las esposas y una capucha de color verde oscuro en la cabeza. Había descubierto de donde venía el hedor. La capucha olía como si nunca la hubieran lavado. Apestaba al aliento nauseabundo de las bocas podridas de cientos de prisioneros. Me dieron nauseas e intenté aguantar la respiración. Pero cada vez que tomaba una bocanada de aire la mugrienta tela se me metía en la boca. Me entró pánico y sentí que iba a sofocarme si no podía deshacerme de aquella bolsa.

El guardia me registró, quitándomelo todo, incluido el cinturón y los cordones de las botas. Me agarró por la capucha y me arrastró por los corredores. Un giro a la derecha. Uno a la izquierda. Otro a la izquierda. Derecha. Otra vez derecha. Ya no sabía dónde estaba ni adónde me llevaba.

Al final nos detuvimos y le oí buscar una llave. Abrió una puerta que sonó pesada y gruesa. «Escaleras», dijo. Y bajé a tientas varios escalones. A través de la capucha podía ver una especie de luces centelleantes, como las que llevan los coches de policía.

El guardia me quitó la capucha y vi que estaba de pie ante unas cortinas. A mi derecha había un cesto lleno de capuchas. Esperamos durante unos minutos hasta que una voz al otro lado del cortinaje nos dio permiso para entrar. El guardia me puso grilletes en los tobillos y metió mi cabeza en otra bolsa. Entonces me agarró por delante y tiró de mí hacia el otro lado.

De los conductos de ventilación salía aire frío, y se escuchaba música a gran volumen en algún lugar en la distancia. Tenía que haber caminado por un pasillo muy estrecho, porque me había ido golpeando contra el muro a los dos lados. Me sentía mareado y exhausto. Finalmente volvimos a parar. El soldado abrió una puerta y me empujó dentro. Entonces me liberó de la capucha y se fue, cerrando con llave la pesada puerta detrás de él.

Miré a mi alrededor, inspeccionando el entorno una vez más. La celda tenía unos dos metros cuadrados, lo justo para que cupiera un pequeño colchón y dos sábanas. Quien fuera que la había ocupado antes que yo las había enrollado haciendo un cojín. Me senté en el colchón; estaba pegajoso y olía como la capucha. Me tapé la nariz con el cuello de la camisa, pero también mis ropas hedían a vómito. Del techo colgaba una bombilla que emitía una luz muy débil, pero no pude encontrar el interruptor para encenderla o apagarla. Una pequeña abertura en la puerta era la única ventana de la habitación. El ambiente era bochornoso, el suelo estaba mojado y el hormigón estaba cubierto de moho. Las chinches pululaban por doquier. Todo era asqueroso, podrido, feo.

Estuve sentado durante un largo tiempo, sin saber qué hacer. Tenía que ir al baño y me puse de pie para usar el inodoro oxidado que había en la esquina. Vacié la cisterna y en ese mismo instante deseé no haberlo hecho. Los residuos no se fueron por el agujero, en vez de eso salieron hacia fuera y cayeron al suelo, empapando todo el colchón.

Me senté en la única esquina seca de la habitación e intenté pensar. ¡Menudo sitio para pasar la noche! Sentía un dolor punzante en el ojo y me escocía. Me era difícil respirar sin asfixiarme por el olor de la habitación. El calor era inaguantable y mis ropas sudadas se me pegaban al cuerpo.

No había comido ni bebido nada desde la leche de cabra que había tomado en casa de mi madre. Y aquello, ahora, estaba agriándose por encima de la camisa y los pantalones. Una tubería sobresalía de la pared y giré el grifo esperando que saliera un poco de agua. El líquido que brotó era marrón y espeso.

¿Qué hora era? ¿Iban a dejarme aquí toda la noche?

Mi cabeza estaba a punto de estallar. Sabía que no podría dormir. Lo único que podía hacer era orar a Alá.

Protégeme, le pedí. *Mantenme a salvo y déjame volver con mi familia pronto.*

A través de la gruesa puerta de acero podía escuchar música sonando a un volumen muy alto en la distancia: la misma cinta una y otra vez. Utilicé aquella música repetitiva para ayudarme a medir el tiempo. Una y otra vez Leonard Cohen cantaba:

Me sentenciaron a veinte años de aburrimiento
    por intentar cambiar el sistema desde dentro.
Ahora vengo, vengo para recompensarlos.
    Primero tomamos Manhattan, y después Berlín.[4]

A lo lejos se oían muchas puertas abriéndose y cerrándose. Poco a poco el ruido se iba acercando. Entonces alguien abrió la puerta de mi celda, empujó una bandeja azul hacia dentro y cerró con un portazo. Miré la bandeja mientras me sentaba en las aguas residuales que habían rezumado después de usar el inodoro. Contenía un huevo hervido, un trozo de pan, una cucharada de yogur que olía a agrio y tres olivas. A un lado había un cuenco de plástico con agua, pero cuando me lo llevé a los labios me di cuenta de que no olía nada bien. Bebí un poco, pero usé el resto para lavarme las manos. Me comí todo lo que había en la bandeja, pero aún estaba hambriento. ¿Aquello era el desayuno? ¿Qué hora sería? Supuse que era por la tarde.

Mientras seguía intentando adivinar cuánto tiempo había pasado, la puerta de mi celda se abrió. Alguien (o algo) estaba de pie allí. ¿Era humano? Era bajo, parecía tener unos veinticinco años y me recordaba a un simio jorobado. Me gritó con un fuerte acento ruso, me maldijo, maldijo a Dios y me escupió en la cara. No podía imaginarme algo más grotesco.

Por lo visto aquella cosa era un guardia, porque me lanzó otra capucha hedionda y me dijo que me la pusiera en la cabeza. Después me agarró por delante y con brusquedad me llevó a través de los pasillos. Abrió la puerta de una oficina, me empujó dentro y me obligó a sentarme en una diminuta silla de plástico; parecía la silla de un niño pequeño en una clase de escuela primaria. La silla estaba clavada al suelo.

Me esposó un brazo entre las patas de la silla y otro en el respaldo. Entonces me puso grilletes en las piernas. El pequeño asiento quedaba torcido, obligándome a inclinarme hacia delante. A diferencia de mi celda, aquella habitación estaba helada. Pensé que debían haber puesto el aire acondicionado a cero grados.

Estuve allí sentado durante horas, temblando incontroladamente por el frío, doblado en un ángulo martirizante e incapaz de moverme a una postura más cómoda. Intentaba respirar a través de la fétida bolsa sin tomar una bocanada de aire entera. Tenía hambre, estaba exhausto y aún tenía el ojo hinchado y sangrante.

Se abrió la puerta y alguien me quitó la capucha. Me sorprendí al ver que era un civil, no un soldado o un guardia. Se sentó en la esquina del escritorio. Mi cabeza quedaba al nivel de sus rodillas.

—¿Cómo te llamas? —preguntó.

—Soy Mosab Hassan Yousef.

—¿Sabes dónde estás?

—No.

Sacudió la cabeza y prosiguió:

—Algunos lo llaman la Noche Oscura. Otros el Matadero. Tienes serios problemas, Mosab.

Intenté no mostrar ningún tipo de emoción, manteniendo los ojos centrados en una mancha que había en la pared detrás de la cabeza de aquel hombre.

—¿Qué tal le va a tu padre en la prisión de la ANP? —inquirió—. ¿La encuentra más divertida que las prisiones israelíes?

Me moví ligeramente en el asiento, aún rehusando contestar.

—¿Te das cuenta de que ahora estás en el mismo sitio al que llevaron a tu padre cuando lo arrestaron por primera vez?

Así que ahí era donde me encontraba: en el centro de detenciones de Maskobiyeh, en Jerusalén Oeste. Mi padre me había contado cosas sobre aquel lugar. Antaño había sido una iglesia ortodoxa rusa encaramada en lo alto de seis milenios de historia. El gobierno de Israel la había convertido en unas instalaciones de alta seguridad que incluían el cuartel general de la policía, oficinas y un centro de interrogatorios para el Shin Bet.

Bajo tierra se encontraba el antiguo laberinto que servía como prisión. Negro, manchado y oscuro, como las mazmorras medievales infestadas de ratas que salen en las películas, Maskobiyeh tenía una pésima reputación.

Ahora yo sufría el mismo castigo que mi padre había soportado. Estos eran los mismos hombres que le habían pegado y torturado hacía algunos años. Habían pasado mucho tiempo intentado persuadirlo, y le conocían bien. Pero no habían podido doblegarlo nunca. Él permaneció firme y la experiencia sólo le volvió aún más fuerte.

—Dime por qué estás aquí.

—No tengo ni idea.

Obviamente asumí que estaba allí porque había comprado aquellas malditas armas que ni siquiera funcionaban. Parecía que tuviera fuego en la espalda. Mi interrogador me levantó la barbilla.

—¿Así que quieres ser duro como tu padre? No tienes ni idea de lo que te espera fuera de esta habitación. ¡Dime qué sabes sobre Hamás! ¿Qué secretos conoces? ¡Háblame del movimiento islámico estudiantil! ¡Quiero saberlo todo!

¿Realmente aquel hombre pensaba que yo era tan peligroso? No podía creerlo. Pero entonces, al pensar en ello, me di cuenta de que probablemente así era. Desde su punto de vista, el hecho de que yo fuera el hijo de Sheikh Hassan Yousef y estuviera comprando armas automáticas era motivo más que suficiente para provocar sospechas.

Aquellos hombres habían encarcelado y torturado a mi padre y estaban a punto de hacer lo mismo conmigo. ¿De verdad creían que eso me haría aceptar su derecho a existir? Mi perspectiva era muy distinta. Mi gente estaba luchando por nuestra libertad, por nuestra tierra.

Cuando no contesté a sus preguntas el hombre dio un puñetazo en la mesa. De nuevo me levantó la barbilla.

—Me voy a casa a pasar la noche con mi familia. Diviértete por aquí.

Estuve sentado en la pequeña silla durante horas, aún inclinándome hacia delante torpemente. Al final vino un guardia, me quitó las esposas y los grilletes, me encapuchó de nuevo y me llevó a rastras por los pasillos. La voz de Leonard Cohen se hacía cada vez más fuerte.

Nos paramos y el guardia me ladró que me sentara. La música era ensordecedora. Una vez más me encadenaron las manos y los pies a una silla baja que vibraba con el ritmo despiadado de aquel *First we take Manhattan, then we take Berlin!*

Tenía los músculos agarrotados por el frío y por la incómoda postura. Probé el hedor de la capucha. Esta vez, sin embargo, no estaba solo. Aun por encima de Leonard Cohen podía oír a otras personas clamando con gran dolor.

—¿Hay alguien ahí? —grité a través de la tela grasienta.

—¿Quién eres? —chilló sobre la música una voz cercana.

—Me llamo Mosab.

—¿Cuánto tiempo llevas aquí?

—Dos días.

Durante un par de minutos no dijo nada.

—Llevo sentado en esta silla tres semanas —habló al final—. Me dejan dormir cuatro horas a la semana.

Me quedé atónito. Aquello era lo último que quería escuchar. Otro hombre me dijo que llevaba arrestado el mismo tiempo que yo. Calculé que éramos unas veinte personas en la habitación.

Nuestra conversación fue de súbito interrumpida cuando alguien me golpeó (muy fuerte) en la parte posterior de la cabeza. El dolor me atravesó el cráneo, obligándome a contener las lágrimas dentro de la capucha.

—¡Nada de hablar! —gritó un guardia.

Cada minuto parecía una hora, pero de todos modos tampoco podía recordar cómo era una hora. Mi mundo se había parado. En el exterior sabía que la gente se levantaba, iba a su trabajo y volvía a casa con sus familias. Mis compañeros de clase estaban estudiando para los exámenes finales. Mi madre estaba cocinando y limpiando y dando besos a mis hermanos pequeños.

Pero en aquella sala todos estábamos sentados. Nadie se movía.

¡Primero Manhattan, luego Berlín! ¡Primero Manhattan, luego Berlín! ¡Primero Manhattan, luego Berlín!

Algunos de los hombres a mi alrededor gemían, pero yo estaba decidido a no llorar. Estaba seguro de que mi padre nunca había derramado ni una lágrima. Él era fuerte. No cedió.

—*Shoter! Shoter!* [¡Guardia! ¡Guardia!] —gritó uno de los hombres. Nadie le contestó, porque la música estaba muy alta. Al final, después de un rato, el guardia vino.

—¿Qué quieres?

—Necesito ir al baño. ¡Necesito ir al baño!

—No hay baño ahora. No es hora de ir al baño.

Y se fue.

—*Shoter! Shoter!* —chilló el hombre.

Media hora más tarde el *shoter* regresó. El hombre estaba perdiendo el control. Maldiciéndole, el *shoter* abrió sus cadenas y le arrastró. Unos minutos después le volvió a traer, le encadenó a la pequeña silla y salió.

—*Shoter! Shoter!* —gritó otro hombre.

Yo estaba agotado y me sentía muy mal. Me dolía el cuello. Nunca me había dado cuenta de lo que pesaba mi cabeza. Intentaba apoyarme en la pared que tenía cerca, pero justo cuando estaba a punto de quedarme dormido venía un guardia y me golpeaba en la cabeza para despertarme. Su único trabajo, parecía, era mantenernos despiertos y callados. Me sentía como si me hubieran enterrado vivo y estuviera siendo torturado por los ángeles Munkar y Nakir después de dar las respuestas incorrectas.

Debía ser por la mañana cuando oí a un guardia moviéndose a mi alrededor. Uno por uno, abría las esposas y los grilletes de los prisioneros y se los llevaba. Después de unos minutos les volvía a traer, los encadenaba de nuevo a las pequeñas sillas e iba a por otro. Finalmente fue mi turno.

Después de quitarme las cadenas me agarró de la capucha y me llevó por los pasillos. Abrió la puerta de una celda y me dijo que entrara. Cuando me quitó la capucha vi que era el mismo guardia jorobado y con aspecto de simio, y que tenía mi desayuno. Me acercó la bandeja azul con huevo, pan, yogur y olivas con el pie. Casi quince centímetros de agua hedionda cubrían el suelo y salpicaron todo el interior de la bandeja. Habría preferido morirme de hambre antes que comer aquello.

—Tienes dos minutos para comer y usar el baño —me dijo.

Todo lo que quería era estirarme, tumbarme y dormir un par de minutos. Sin embargo, me quedé allí de pie mientras los segundos se escurrían.

—¡Venga! ¡Ven aquí!

Antes de poder tomar un bocado el guardia me puso la capucha en la cabeza otra vez, me guió a través de los pasillos y me encadenó a la pequeña silla.

First we take Manhattan, then we take Berlin!

Capítulo once

LA OFERTA

1996

DURANTE TODO EL DÍA se oían puertas abriéndose y cerrándose mientras se arrastraba a los prisioneros encapuchados de un interrogador a otro. Les quitaban las esposas, se las ponían, les interrogaban, les pegaban. A veces los guardias zarandeaban demasiado fuerte a un prisionero. Por lo general, unas pocas sacudidas bastaban para hacerles perder el conocimiento. Y de nuevo el ritual empezaba: les quitaban las esposas, se las ponían, les interrogaban. Las puertas seguían abriéndose y cerrándose.

Cada mañana nos llevaban a tomar el desayuno de dos minutos servido en la bandeja azul y entonces, horas después, era el turno de los dos minutos de la cena en bandeja naranja. Hora tras hora. Día tras día. Bandeja azul con el desayuno. Bandeja naranja con la cena. Pronto aprendí a esperar las horas de la comida, pero no porque tuviera hambre, sino por la oportunidad de permanecer erguido unos minutos.

Por la noche, cuando ya todos habíamos comido, se detenía el abrir y cerrar de puertas. Los interrogadores se iban a casa. La jornada laboral había terminado y empezaba la noche sin fin. La gente lloraba, gemía y gritaba. No parecían seres humanos. Algunos ni siquiera sabían qué estaban diciendo. Los musulmanes recitaban versículos del Corán, suplicando fuerza a Alá. Yo también oraba, pero no recibí nuevas fuerzas. Pensaba en el estúpido de Ibrahim, en las malditas armas y en las malditas llamadas al teléfono móvil de mi padre.

Pensé en él. Me dolió el corazón cuando me di cuenta de todo lo que había soportado mientras estaba encarcelado. Sin embargo, yo sabía cómo era mi padre. Aun en medio de la tortura y la humillación, él habría aceptado su destino en silencio y de buena gana. Seguro que incluso entabló amistad con los guardias que le golpeaban. Él se habría interesado genuinamente por ellos como personas, preguntándoles sobre sus familias, sus historias, sus *hobbies*.

Mi padre era un gran ejemplo de humildad, amor y devoción; aunque sólo medía un metro y medio, estaba por encima de cualquier otra persona que yo hubiera conocido jamás. Yo deseaba ser como él, pero sabía que aún debía recorrer un largo camino.

Una tarde mi rutina fue interrumpida inesperadamente. Un guardia entró en la celda y me desencadenó de la silla. Sabía que era demasiado pronto para la cena, pero no hice preguntas. Estaba contento de ir a cualquier lado, aunque fuera al infierno, si eso significaba liberarse de aquella silla. Me llevaron a una pequeña oficina donde me encadenaron de nuevo, pero al menos esta vez la silla era de tamaño normal. Un oficial del Shin Bet entró en la sala y me miró de arriba abajo. Aunque el dolor ya no era tan agudo como antes, sabía que mi cara aún reflejaba las marcas de las culatas de los rifles de los soldados.

—¿Cómo estás? —me preguntó el oficial—. ¿Qué le ha pasado a tu ojo?

—Me pegaron.

—¿Quién?

—Los soldados que me trajeron aquí.

—Eso no está permitido. Va contra la ley. Investigaré y descubriré por qué sucedió.

Parecía alguien en quien se podía confiar y me hablaba con amabilidad y respeto. Me preguntaba si era una trampa para hacerme hablar.

—Tienes exámenes dentro de poco. ¿Por qué estás aquí?

—No lo sé.

—Claro que lo sabes. No eres estúpido, y nosotros tampoco. Soy Loai, el capitán del Shin Bet de tu zona. Lo sé todo de tu familia y de tu vecindario. Y lo sé todo sobre ti.

Y era verdad. Por lo visto estaba a cargo de todas las personas de mi barrio. Sabía quién trabajaba dónde, quién iba a la escuela y lo que estudiaban; sabía si la esposa de alguien había dado a luz y cuánto pesaba el bebé. Todo.

—Tienes una oportunidad. Hoy he venido aquí para sentarme contigo y hablar. Sé que los otros interrogadores no han sido tan atentos.

Miraba su rostro con detenimiento intentando leer entre líneas. Rubio y de piel clara, su tono de voz denotaba una tranquilidad que no había escuchado antes. Su expresión era afable, e incluso parecía un poco preocupado por mí. Me preguntaba si aquello formaba parte de la estrategia israelí: despistar al prisionero pegándole primero y tratándole con amabilidad después.

—¿Qué quieres saber? —pregunté.

—Mira, sabes por qué te trajimos aquí. Tienes que contarlo todo, todo lo que sepas.

—No tengo ni idea de lo que hablas.

—De acuerdo, quiero ponértelo fácil.

En una pizarra blanca detrás del escritorio escribió tres palabras: *Hamás*, *armas* y *organización*.

—Venga, empieza a hablarme de Hamás. ¿Qué sabes de la organización? ¿Cuál es tu implicación en ella?

—No sé nada.

—¿Sabes algo del armamento que tienen, de dónde lo han sacado o cómo lo han conseguido?

—No.

—¿Sabes algo del movimiento islámico juvenil?

—No.

—Está bien, es cosa tuya. No sé qué decirte, pero estás escogiendo el mal camino... ¿Puedo traerte algo de comer?

—No, no quiero nada.

Loai salió de la habitación y regresó al cabo de unos minutos con un plato humeante de pollo y arroz y un poco de sopa. Olía de maravilla y mi estómago gruñó involuntariamente. No había duda de que era la comida preparada para los interrogadores.

—Por favor, Mosab, come. No te hagas pasar por un tipo duro. Sólo come y descansa un poco. Ya lo sabes, conozco a tu padre desde hace tiempo. Es un buen hombre. Él no es un fanático y no entendemos cómo tú te has metido en este lío. No queremos torturarte, pero debes entender que estás en contra de Israel. Somos un país pequeño y debemos protegernos. No podemos permitir que nadie haga daño a los ciudadanos israelíes. Ya sufrimos bastante en el pasado, y no mostraremos clemencia con aquellos que quieren dañar a nuestra gente.

—Yo nunca he lastimado a ningún israelí. Ustedes nos hieren. Ustedes arrestaron a mi padre.

—Cierto. Él es un buen hombre, pero también está en contra de Israel. E inspira a la gente a luchar contra nosotros. Por eso debe estar en la cárcel.

Creo que Loai de verdad pensaba que yo era peligroso. Por conversaciones con otros hombres que habían estado en prisiones israelíes sabía que a los palestinos no siempre se les dispensaba aquel trato tan cruel que yo había recibido. Tampoco la duración de los interrogatorios era la misma.

Lo que no sabía entonces era que Hassan Salameh había sido arrestado en las mismas fechas que yo.

Salameh había llevado a cabo numerosos ataques en venganza por el asesinato de Yahya Ayyash, el hombre que había diseñado las bombas de los primeros atentados palestinos. Y cuando el Shin Bet me escuchó hablar por el teléfono móvil de mi padre con Ibrahim sobre conseguir armas, supusieron que yo no trabajaba solo. De hecho, estaban seguros que el Al-Qassam me había reclutado.

Finalmente Loai dijo:

—Es la última vez que te haré esta oferta, después me iré. Tengo muchas cosas que hacer. Tú y yo podemos resolver esta situación ahora mismo. Podemos entendernos. No tienes que pasar por más interrogatorios. Sólo eres un niño y necesitas ayuda.

Sí, yo había querido ser peligroso y tenía ideas peligrosas. Pero estaba claro que no se me daba muy bien hacer de radical. Estaba harto de la pequeña silla de plástico y de las capuchas malolientes. La inteligencia israelí me estaba dando más mérito del que yo merecía. Así que le conté toda la historia, obviando la parte en que yo quería las armas para poder matar israelíes. Le dije que había comprado las armas para ayudar a mi amigo Ibrahim a proteger su familia.

—Así que sí hay armas.

—Sí, hay armas.

—¿Y dónde están esas armas?

Deseé que hubieran estado en mi casa, porque de buena gana se las hubiera entregado a los israelíes. Sin embargo, ahora tenía que involucrar a mi primo.

—De acuerdo, aquí está el problema: alguien que no tiene nada que ver con esto tiene las armas.

—¿Quién es?

—Las tiene mi primo Yousef. Está casado con una estadounidense y acaban de tener un bebé.

Esperaba que tomaran en cuenta a su familia y que fueran sólo por las armas, pero las cosas nunca son tan fáciles.

Dos días más tarde oí una escaramuza al otro lado de la pared de mi celda. Me incliné hacia la tubería enmohecida que sobresalía del muro y que conectaba mi calabozo con el de al lado.

—Hola —llamé—. ¿Hay alguien ahí?

Silencio.

Y entonces...

—¿Mosab?

¡¿Qué?! No podía creer lo que escuchaba. ¡Era mi primo!

—¿Yousef? ¿Eres tú?

Me emocioné al escuchar su voz. El corazón se me desbocó. ¡Era Yousef! Pero entonces empezó a insultarme.

—¿Por qué lo has hecho? Tengo una familia...

Empecé a llorar. Había deseado tanto tener a alguien con quien hablar mientras estaba en prisión... Ahora un miembro de mi propia familia estaba sentado justo al otro lado de la pared y me estaba gritando. Y entonces súbitamente recordé: los israelíes nos escuchaban; habían puesto a Yousef a mi lado para poder escuchar nuestra conversación y averiguar si yo les había dicho la verdad. Sin embargo, eso no suponía un problema para mí. Le había dicho a Yousef que quería las armas para proteger a mi familia, así que no estaba preocupado porque se descubriese alguna incoherencia en mi relato.

Una vez que el Shin Bet vio que mi historia era verdadera me cambiaron a otra celda. Aislado una vez más, pensé en cómo había arruinado la vida de mi primo, en cómo había dañado a mi familia y en cómo había echado por la borda doce años de escuela... ¡y todo porque había confiado en un zoquete como Ibrahim!

Me quedé en esa celda durante varias semanas, sin ningún tipo de contacto humano. Los guardias deslizaban la bandeja de la comida por debajo de la puerta, pero nunca me decían ni una sola palabra. Incluso empecé a echar de menos a Leonard Cohen. No tenía nada que leer y lo único que me ayudaba a saber que el tiempo pasaba era la rotación diaria de las bandejas de colores de la comida. Nada más que hacer aparte de pensar y orar.

Por fin un día me llevaron a una oficina en la que de nuevo Loai estaba esperando para hablar conmigo.

—Si decides cooperar con nosotros, Mosab, haré todo lo que esté en mi mano para que salgas de la prisión.

Un destello de esperanza. Quizá podía hacerle creer que iba a cooperar y entonces me sacaría de allí.

Hablamos un poco de cosas generales. Entonces dijo:

—¿Qué te parecería si te ofrezco un trabajo con nosotros? Al fin y al cabo, los líderes israelíes se sientan a negociar con los líderes palestinos. Han luchado durante mucho tiempo, y al final del día se dan la mano y cenan juntos.

—El Islam me prohíbe trabajar con ustedes.

—En algún momento, Mosab, incluso tu padre vendrá y se sentará a hablar con nosotros, y nosotros con él. Trabajemos juntos y traigamos la paz a la gente.

—¿Es así como traemos la paz? La paz llegará cuando cese la ocupación.

—No, Mosab, la paz llega a través de la gente que tiene la valentía de cambiar las cosas.

—No estoy de acuerdo. Así no merece la pena.

—¿Tienes miedo de que te maten por ser un colaborador?

—No es eso. Después de todo nuestro sufrimiento sencillamente no puedo sentarme y hablar contigo como si fueses mi amigo, y mucho menos trabajar juntos. No se me permite hacer tal cosa. Va en contra de todo aquello en lo que creo.

Aún odiaba todo lo que me rodeaba. La ocupación. La ANP. Me había vuelto radical porque quería destruir algo. Sin embargo, fue esa misma impulsividad lo que me había metido en todo aquel desastre. Y allí estaba yo, sentado en una prisión israelí mientras aquel hombre me pedía que trabajara para ellos. Si decía que sí sabía que tendría que pagar un precio muy alto, tanto en esta vida como en la siguiente.

—Está bien, necesito pensarlo —me oí decir.

Volví a mi celda y consideré la oferta de Loai. Había escuchado historias sobre gente que había accedido a trabajar para los israelíes pero que en realidad eran agentes dobles. Mataban a sus adiestradores, hacían contrabando con las armas y aprovechaban cada oportunidad para perjudicarles en todo lo que podían. Imaginé que si decía que sí probablemente Loai me liberaría. Quizá incluso me diera la oportunidad de llevar armas de verdad, y entonces, con esas armas, yo le mataría.

El fuego de la ira me ardía por dentro. Quería vengarme del soldado que me había golpeado de forma tan brutal. Quería vengarme de Israel. No me importaba el coste, aunque fuera mi propia vida.

Pero trabajar para el Shin Bet sería mucho más arriesgado que ir a comprar armas. Quizá lo mejor fuera olvidarme de aquello, acabar mi condena en la prisión, regresar a casa y estudiar, estar cerca de mi madre y cuidar de mis hermanos.

Al día siguiente el guardia me llevó de nuevo a la oficina, una última vez, y al cabo de unos minutos Loai entró.

—¿Cómo estás hoy? Parece que te encuentras mucho mejor. ¿Quieres algo para beber?

Nos sentamos y tomamos café como si fuéramos dos viejos amigos.

—¿Qué pasa si me matan? —pregunté, aunque de hecho no me preocupaba que sucediera. Sólo quería hacérselo creer para que pensara que hablaba en serio.

—Déjame decirte algo, Mosab —dijo Loai—. He trabajado para el Shin Bet durante dieciocho años y durante todo ese tiempo sólo supe de una persona que fuera descubierta. Ninguno de aquellos a los que viste que asesinaban tenía relación con nosotros. La gente desconfiaba de ellos porque no tenían familia y hacían cosas sospechosas, así que les mataban. Nadie sabrá nada de ti. Te encubriremos para que no te descubran. Te protegeremos y te cuidaremos.

Le miré fijamente durante un buen rato.

—Está bien —dije—. Lo haré. ¿Me soltarán ahora?

—Eso es fantástico —contestó Loai con una gran sonrisa—. Desgraciadamente no podemos liberarte ahora mismo. Como tú y tu primo fuisteis arrestados justo después de que le echáramos el guante a Salameh, la historia trascendió a la portada del *Al-Quds* (el principal periódico palestino). Todo el mundo piensa que te arrestaron porque estabas relacionado con un fabricante de bombas. Si te soltamos tan pronto la gente sospechará y podrían acusarte de colaborador. El mejor modo de protegerte es mandarte a la prisión; no por mucho tiempo, no te preocupes. Veremos si hay algún tipo de intercambio de prisioneros o un acuerdo de liberación que podamos aprovechar para sacarte. Una vez que estés allí estoy seguro de que Hamás cuidará de ti, especialmente porque eres el hijo de Hassan Yousef. Nos veremos después de tu liberación.

Me llevaron de vuelta a la celda, donde estuve durante otras dos semanas. Estaba impaciente por salir de Maskobiyeh. Al fin, una mañana el guardia me dijo que era hora de irse. Me esposó, pero esta vez con las manos delante. Nada de capuchas apestosas. Y por primera vez en cuarenta y cinco días vi el sol y sentí el aire fresco. Tomé una gran bocanada de aire, llenando mis pulmones y deleitándome con la brisa que me acariciaba el rostro. Subí a la parte trasera de una furgoneta Ford y me senté en el asiento. Era un día de verano caluroso y el banco metálico al cual estaba esposado abrasaba, pero no me importaba. ¡Me sentía libre!

Dos horas más tarde llegamos a la prisión en Meguido, pero tuvimos que esperar sentados en la furgoneta una hora más hasta que nos autorizaron a entrar. Una vez dentro un doctor de la prisión me examinó y dictaminó que estaba bien. Tomé una ducha con jabón de verdad y me proporcionaron ropa limpia y otros artículos de aseo. A la hora de comer me dieron comida caliente por primera vez en semanas.

Me preguntaron a qué organización estaba afiliado.

—Hamás —respondí.

En las prisiones israelíes a cada organización se le permitía supervisar a su propia gente. La idea era cortar así de raíz algunos de los problemas sociales que tenían, o que eso crearía más conflictos entre las distintas facciones. Si los prisioneros focalizaban su ira contra las otras organizaciones tendrían menos energía para luchar contra los israelíes.

Al llegar era obligatorio que todos los prisioneros manifestasen una afiliación. Teníamos que escoger alguna: Hamás, Fatah, la Yihad Islámica, el Frente Popular para la Liberación de Palestina (FPPL), el Frente Democrático para la Liberación de Palestina (FDLP), o cualquier otra. Sencillamente, no podíamos decir que no pertenecíamos a ninguna. A los prisioneros que de verdad no pertenecían a ninguna de estas organizaciones se les daban unos días para que eligiesen a cuál querían afiliarse. En Meguido Hamás tenía el control absoluto dentro de la prisión. Era la organización más fuerte y numerosa. Hamás dictaba las normas y todos los demás respetaban las reglas del juego.

Cuando yo entré los otros prisioneros me dispensaron una cálida bienvenida, dándome golpecitos en la espalda y felicitándome por haberme alistado en sus filas. Al anochecer nos sentábamos en círculo y compartíamos nuestras historias. Después de un tiempo, no obstante, empecé a sentime un poco incómodo. Uno de los hombres, que parecía ser una especie de líder para los reclusos, estaba haciendo muchas preguntas, demasiadas. Aunque era el emir (el líder de Hamás dentro de la prisión) no confiaba en él. Había oído muchas historias sobre los «pájaros», una palabra que designaba a los espías dentro de la prisión.

Si es un espía del Shin Bet, pensé, *¿por qué no confía en mí? Se supone que ahora soy uno de ellos.* Decidí jugar sobre seguro y no decir nada más de lo que les había contado a los interrogadores del centro de detención.

Estuve en la prisión de Meguido dos semanas, orando y ayunando y leyendo el Corán. Cuando llegaron nuevos prisioneros yo les previne sobre el emir.

—Id con cuidado —les dije—. Me parece que ese tipo y sus amigos podrían ser pájaros.

Los recién llegados le contaron inmediatamente al emir mis sospechas, y al día siguiente me llevaron de vuelta a Maskobiyeh. Por la mañana me condujeron a la oficina.

—¿Qué tal el viaje a Meguido? —me preguntó Loai.

—Bien —contesté con sarcasmo.

—¿Sabes? No todo el mundo puede identificar a un pájaro la primera vez que se encuentra con uno. Ahora ve y descansa. Pronto te mandaremos allí de vuelta a pasar otra temporada. Y un día haremos algo juntos.

Sí, un día te meteré una bala entre ceja y ceja, pensé cuando le miraba marcharse. Me sentía orgulloso de tener tales pensamientos radicales.

Pasé otros veinticinco días en el centro de detención, pero esta vez en una celda con tres prisioneros más, incluido mi primo

Yousef. Pasábamos el tiempo hablando y contándonos historias. Uno de los hombres nos contó cómo había matado a alguien. Otro se jactaba de haber enviado terroristas suicidas. Todos teníamos algo interesante que contar. Nos sentábamos, orábamos, cantábamos e intentábamos pasárnoslo bien. Cualquier cosa para evadir nuestra mente de lo que nos rodeaba. Aquel no era lugar para seres humanos.

Finalmente, todos excepto mi primo fuimos enviados a Meguido. Esta vez no estaríamos con los pájaros; nos llevaron a una prisión de verdad. Y nada volvería a ser lo mismo.

Capítulo doce

EL NÚMERO 823

1996

EL HEDOR ANUNCIABA NUESTRA LLEGADA.

Después de tres meses sin tijeras ni navaja de afeitar teníamos el pelo y la barba muy largos. Nuestra ropa estaba mugrienta. Nos costó casi dos semanas deshacernos de la fetidez del centro de detención. Frotar no funcionó. Lo único que sirvió fue desecharla.

La mayoría de los prisioneros empezaban su condena en la *mi'var*, la unidad encargada de recibir a todos los reclusos antes de ser trasladados a un campamento con mayor población. No obstante, algunos prisioneros eran considerados demasiado peligrosos para estar con la población general y vivían en la *mi'var* durante años. Todos estos hombres, cosa nada sorprendente, estaban afiliados a Hamás. Algunos de ellos me reconocieron y vinieron a darnos la bienvenida.

Como hijo de Sheikh Hassan estaba acostumbrado a que me reconocieran dondequiera que fuera. Si él era el rey, yo era el príncipe, el presunto heredero. Y como tal era tratado.

—Oímos que estuviste aquí hace un mes. Tu tío está aquí. Vendrá a visitarte pronto.

Teníamos comida caliente y en abundancia, aunque no era tan sabrosa como la que me habían servido cuando estaba con los pájaros. Aun así, era feliz. Aunque estaba en prisión, me sentía libre. Cuando estaba solo me asaltaban las dudas sobre mi trato con el Shin Bet. Les había prometido trabajar con ellos, pero aún no se habían puesto en contacto conmigo. Nunca me explicaron cómo nos comunicaríamos o qué significaría exactamente trabajar juntos. Me dejaron a mi aire sin ningún tipo de consejo sobre cómo comportarme. Estaba totalmente perdido. Ya no sabía quién era. Me preguntaba si quizá me habrían estafado.

La *mi'var* se dividía en dos grandes dormitorios, la habitación ocho y la habitación nueve, con literas alineadas. Los dormitorios formaban una L y alojaban cada uno a veinte prisioneros. En el ángulo de la L había un patio de ejercicios con suelo de hormigón pintado y una mesa de ping-pong rota que había sido donada por la Cruz Roja. Dos veces al día nos dejaban salir para hacer un poco de ejercicio.

Mi cama estaba en el otro extremo de la habitación, al lado de los servicios. Compartíamos dos lavabos y dos duchas. Los lavabos sólo eran un agujero en el suelo sobre el que nos poníamos de pie o en cuclillas y en el cual después nosotros mismos, cuando habíamos terminado, debíamos echar agua con un cubo. Hacía calor y había humedad, y además olía fatal.

De hecho, todo el dormitorio era así. Había hombres enfermos tosiendo; otros nunca se molestaban en ducharse. Todos tenían mal aliento. El humo de los cigarrillos aplastaba la débil acción del ventilador. Y no había ventanas para airear la habitación.

Nos despertaban cada mañana a las cuatro para que pudiéramos prepararnos para la oración de antes del amanecer. Esperábamos en fila con nuestras toallas, observando el aspecto que tienen los hombres a primera hora de la mañana y respirando el olor que desprenden cuando no se dispone de buenos ventiladores ni de ventilación natural. Entonces llegaba la hora del *abdesto*. Para empezar el ritual islámico de la purificación, nos lavábamos las manos hasta las muñecas, nos enjuagábamos la boca y sorbíamos agua por los orificios nasales. Nos frotábamos la cara con las dos manos desde la frente hacia la barbilla y de una oreja a la otra, nos lavábamos los brazos hasta los codos y nos humedecíamos la cabeza desde la frente hasta la nuca una vez con la mano mojada. Para finalizar, nos mojábamos los dedos y nos humedecíamos los oídos de dentro hacia fuera, y también el cuello, y nos lavábamos ambos pies hasta los tobillos. Entonces repetíamos el proceso entero dos veces más.

A las cuatro y media, cuando todos habían acabado, el imán (un tipo grande y fuerte que tenía una barba inmensa) recitaba el *adhan*. Después leía la *Fatiha* (la *azora* de apertura, o pasaje, del Corán) y meditábamos sobre cuatro *rakats* (repeticiones de las oraciones y de las posturas de erguidos, arrodillados e inclinados).

La mayoría de los prisioneros éramos musulmanes afiliados a Hamás o a la Yihad Islámica, así que de todos modos ésta era nuestra rutina cotidiana. Pero también aquellos que eran miembros de las organizaciones seculares y comunistas debían levantarse a la misma hora, aunque no tuviesen que rezar. Y no estaban muy contentos al respecto.

Había un tipo que había cumplido la mitad de su sentencia de quince años. Estaba más que harto de toda la rutina islámica, y costaba una eternidad hacer que se levantara por la mañana. Algunos de los prisioneros le daban codazos, puñetazos y le chillaban «¡Despiértate!» Siempre tenían que acabar echándole agua en la cabeza. A mí me daba pena. La purificación, la plegaria y la lectura nos llevaba más o menos una hora. Entonces todos nos volvíamos a la cama. Nada de hablar. Era tiempo de silencio.

A mí siempre me costaba volverme a dormir, y por lo general no me entraba el sueño hasta que se acercaban las siete. Para cuando había conseguido dormirme de nuevo, alguien gritaba «*Adad! Adad!*» [¡Número! ¡Número!], el aviso de que era hora de prepararnos para el recuento.

Nos sentábamos en la litera de espaldas al soldado israelí que nos contaba, porque iba desarmado. Esto duraba unos cinco minutos, y después se nos permitía volver a la cama.

«*Yalsa! Yalsa!*», gritaba el emir a las ocho y media. Era la hora de la reunión de organización de Hamás y la Yihad Islámica que tenía lugar dos veces al día. ¡Dios los librara de dejar dormir a nadie un par de horas seguidas! Realmente era un fastidio. De nuevo nos poníamos en fila para usar los aseos, para que todos pudiéramos estar a punto para la *yalsa* de las nueve en punto.

Durante la primera *yalsa* de Hamás del día estudiábamos las reglas para leer el Corán. Mi padre ya me las había enseñado, pero la mayoría de los prisioneros las desconocían. La segunda *yalsa* del día trataba sobre Hamás, la disciplina dentro la prisión, anuncios de nuevas llegadas y noticias de lo que pasaba en el exterior. Nada de secretos ni de planes, sólo noticias generales.

Después de cada *yalsa* a menudo pasábamos el tiempo mirando la televisión en el aparato que había al otro lado de la habitación, enfrente de los baños. Una mañana estaba viendo dibujos cuando dieron paso a la publicidad.

¡BANG!

Una gran tabla de madera se desplegó delante de la pantalla. Yo salté y miré a mi alrededor.

—¡¿Qué ha pasado?!

Me di cuenta de que la tabla estaba atada a una gruesa cuerda que colgaba del techo. En un lado de la habitación un prisionero agarraba con fuerza el final de la cuerda. Aparentemente su trabajo era vigilar que no apareciera nada impuro en la programación y, si aparecía, dejar caer la pantalla delante del televisor para protegernos.

—¿Por qué has soltado la tabla? —le pregunté.

—Para protegerte —dijo el hombre con brusquedad.

—¿Protegerme? ¿De qué?

—De la mujer que aparecía en el anuncio —explicó el tío de la tabla—. No llevaba el pañuelo en la cabeza.

Me giré hacia el emir.

—¿Está hablando en serio?

—Sí, claro que sí —contestó el emir.

—Pero todos tenemos televisión en casa y no hacemos esto. ¿Por qué aquí sí?

—Estar en la prisión conlleva algunos desafíos, digamos, inusuales —explicó—. No hay mujeres. Y lo que se muestra en la televisión podría causar problemas a los prisioneros y llevarles a mantener relaciones entre ellos que no queremos. Así que ésta es la regla y así es como lo entendemos.

Pero no todos lo veían igual. Lo que nos estaba permitido ver dependía en gran medida de quién sujetara la cuerda. Si el tipo era de Hebrón, dejaría caer la tabla para tapar incluso a un personaje de dibujos animados que fuera hembra y no llevara pañuelo; si era de la liberal Ramala nos dejaba ver mucho más. Se suponía que hacíamos turnos para sujetar la cuerda, pero yo me negué a tocar aquel estúpido objeto.

Tras la comida llegaba la hora de la oración del mediodía, seguida de otro período de silencio. La mayoría de prisioneros aprovechaban ese tiempo para dormir la siesta. Yo solía leer un libro. Y al anochecer se nos permitía salir al patio de ejercicio para andar un poco, movernos y hablar.

La vida en la prisión era muy aburrida para los que pertenecíamos a Hamás. No nos dejaban jugar a las cartas y se suponía que debíamos limitar nuestras lecturas al Corán u otros libros islámicos. Las otras facciones tenían mucha más libertad que nosotros.

Finalmente, una tarde apareció mi primo Yousef y me alegré mucho de verle. Los israelíes nos dejaban tener maquinillas para cortar el pelo, así que le afeitamos la cabeza para ayudarle a deshacerse del olor del centro de detención.

Yousef no era de Hamás; él era socialista. No creía en Alá, pero tampoco era un incrédulo. Aquello le hacía encajar bastante bien en el Frente Democrático para la Liberación de Palestina. El FDLP luchaba para conseguir un estado palestino, a diferencia de Hamás y de la Yihad Islámica, que reclamaban un estado islámico.

Unos días después de que llegara Yousef, mi tío, Ibrahim Abu Salem, vino a visitarme. Llevaba dos años bajo arresto administrativo, si bien nunca se habían presentado cargos oficiales contra él. Y como suponía un peligro para la seguridad de Israel, pasaría allí aún mucho tiempo. Como persona de gran importancia dentro de Hamás, a mi tío Ibrahim se le permitía desplazarse libremente entre la *mi'var* y el campo de prisioneros real y de una sección del campamento a la otra. Así que vino a la *mi'var* para comprobar

cómo estaba su sobrino, asegurarse de que todo iba bien y traer-
me algo de ropa (todo un gesto que parecía fuera de lugar para
un hombre que me había pegado y había abandonado a nuestra
familia cuando mi padre estuvo en prisión).

De metro ochenta de estatura, Ibrahim Abu Salem era tan grande
como una montaña. Su ponderosa barriga (evidencia de su pasión
por la comida) le hacía parecer una especie de alegre *gourmet*. Pero
yo le conocía bien. Mi tío Ibrahim era un hombre mezquino y
egoísta, un mentiroso y un hipócrita: todo lo contrario a mi padre.

Incluso dentro de los muros de Meguido mi tío Ibrahim era
tratado como un rey. Todos los prisioneros, sin importar a qué
facción perteneciesen, le respetaban por su edad, su habilidad para
enseñar, su trabajo en las universidades y sus logros políticos y
académicos. Muchos líderes aprovechaban su visita y le pedían
que diera una charla.

A todos les gustaba escuchar a Ibrahim cuando enseñaba. Más
que conferenciante, él era una especie de comediante. Le gustaba
hacer reír a la gente, y cuando enseñaba el Islam lo presentaba
usando un lenguaje sencillo que todos pudieran entender.

Aquel día, sin embargo, nadie se reía. Al contrario: todos los
prisioneros estaban sentados en silencio, con los ojos bien abiertos,
mientras Ibrahim hablaba con dureza sobre los colaboradores, de
cómo decepcionaban y avergonzaban a sus familias y de que eran
enemigos de los palestinos. Por su manera de hablar yo tenía la
sensación de que se dirigía a mí y que me decía «Mosab, si hay
algo que no me hayas contado, hazlo ahora».

Evidentemente, no lo hice. Aunque Ibrahim sospechara de mi
relación con el Shin Bet, no se habría atrevido a acusar de modo
tan directo al hijo de Sheikh Hassan Yousef.

—Si necesitas algo —me dijo antes de marcharse— házmelo
saber. Intentaré que te trasladen más cerca de mí.

Era el verano de 1996. Aunque sólo contaba con dieciocho años,
me sentía como si en los últimos meses hubiera vivido varias vidas.
Un par de semanas después de la visita de mi tío un representante
de los prisioneros, o *shaweesh*, entró en la habitación nueve y gritó:

«¡Ocho veintitrés!» Me acerqué a ver qué pasaba, sorprendido de escuchar mi número. Entonces llamó a tres o cuatro números más y nos dijo que recogiéramos nuestras pertenencias.

Cuando dejamos la *mi'var* y entramos en el desierto, el calor me golpeó como el aliento de un dragón y me mareé un poco. En el amplio terreno que se desplegaba ante mis ojos no se veía nada excepto la parte superior de unas grandes tiendas marrones. Desfilamos ante la primera sección, la segunda, la tercera. Centenares de prisioneros corrieron hacia la alta alambrada metálica para ver a los recién llegados. Llegamos a la sección cinco y las puertas se abrieron. Más de cincuenta personas se agolparon a nuestro alrededor, nos abrazaron y nos dieron la mano.

Nos llevaron a una tienda administrativa y otra vez nos preguntaron a qué organización estábamos afiliados. Me llevaron a la tienda de Hamás, donde el emir me recibió y me tendió la mano.

—Bienvenido —dijo—. Me alegro de verte. Estamos muy orgullosos de ti. En breve te prepararemos una cama y tendrás toallas y todo lo que necesites.

Entonces, con el típico humor carcelario, añadió:

—Ponte cómodo y disfruta de tu estancia.

En cada sección de la prisión había doce tiendas. Cada tienda alojaba veinte camas y otros tantos baúles pequeños. La capacidad máxima de la sección era de 240 prisioneros. Hay que dibujar un marco rectangular bordeado por una alambrada. La sección cinco estaba dividida en cuartos. Un muro, coronado con alambres, la dividía en dos partes de norte a sur, y una valla baja separaba el este del oeste.

Los cuadrantes uno y dos (arriba a la derecha y a la izquierda) alojaban tres tiendas de Hamás cada uno. El cuadrante tres (abajo a la derecha) contenía cuatro tiendas: para Hamás, Fatah, el combinado FDLP/FPLP y la Yihad Islámica. Y en el cuadrante cuatro (abajo a la izquierda) había dos tiendas, una para Fatah y otra para el FDLP/FPLP.

En el cuadrante cuatro también estaban la cocina, los lavabos y las duchas, además de una zona para los *shaweesh* y los trabajadores de la cocina, y lavamanos para el *abdesto*. Nos alineábamos en hileras para la oración en un espacio al aire libre en el cuadrante dos. Y, por supuesto, también había torres de vigía en cada esquina. La entrada principal de la sección cinco estaba en la valla que dividía los cuadrantes tres y cuatro.

Un último detalle: la cerca que iba de este a oeste tenía puertas entre los cuadrantes uno y tres y entre el dos y el cuatro. Durante la mayor parte del día estaban abiertas, excepto a la hora del recuento. Entonces se cerraban para que los oficiales pudieran aislar a media scección de una sola vez.

A mí me asignaron a la tienda de Hamás en la esquina superior del cuadrante uno, la tercera litera de la derecha. Después del primer recuento estábamos sentados hablando cuando una voz en la distancia gritó «*Bareed ya muyahidín! Bareed!*» [¡Un correo de los Guerreros por la Libertad! ¡Un correo!].

Era el *sawa'ed* de la sección de al lado, dándole la noticia a todo el mundo. Los *sawa'ed* eran agentes de seguridad de Hamás dentro de la prisión, que distribuían los mensajes de una sección a la otra. El nombre venía de las palabras árabes que significan «levantar los brazos».

A su llamada, un par de hombres salieron corriendo de sus tiendas, extendieron sus manos y miraron hacia el cielo. Como hecho a propósito, una pelota que parecía no haber salido de ninguna parte cayó en sus manos expectantes. Así era como los líderes de Hamás de nuestra sección recibían información u órdenes codificadas de los líderes de otras secciones. Cada organización palestina representada en la prisión usaba este método de comunicación. Cada una tenía un nombre en clave; así, cuando se gritaba el aviso, los receptores adecuados sabían que debían correr al punto de recogida.

Las bolas se hacían con pan ablandado con agua. El mensaje se insertaba en el interior y se enrollaba la masa en forma de pelota, del tamaño de una bola de *softball*, se secaba y se endurecía. Lógicamente, sólo los mejores lanzadores y receptores eran seleccionados como «carteros».

La algarabía cesó tan rápido como comenzó. Era la hora de comer.

Capítulo trece

NO CONFÍES EN NADIE

1996

DESPUÉS DE HABER ESTADO BAJO TIERRA durante tanto tiempo era maravilloso volver a ver el cielo. Era como si no hubiera visto las estrellas en años. Eran hermosas, a pesar de que las potentes luces del campamento atenuaban su brillo. Cuando aparecían las primeras estrellas significaba que era hora de dirigirnos hacia nuestras respectivas tiendas y prepararnos para el recuento y para ir a la cama. Y era ahí cuando las cosas se tornaban un poco confusas.

Mi número era el 823 y los prisioneros se alojaban en orden numérico. Eso quería decir que yo debía estar en la tienda de Hamás del cuadrante tres. Sin embargo, como el lugar ya estaba repleto, me habían asignado a la tienda de la esquina en el cuadrante uno.

Aun así, cuando llegaba la hora del recuento debía personarme en el lugar pertinente del cuadrante tres. De este modo, cuando el guardia repasaba la lista de prisioneros, no tenía que andar acordándose de todos los reajustes de alojamiento que se habían hecho para mantener las cosas en orden.

Cada movimiento del recuento era como una coreografía.

Veinticinco soldados, con los M16 listos para ser utilizados ante cualquier eventualidad, entraban en el cuadrante uno y se desplazaban de una tienda a otra. Todos nosotros estábamos de pie de cara a la lona, dándole la espalda a las tropas. Nadie osaba moverse por miedo a que le disparasen.

Cuando terminaban allí, los soldados iban al cuadrante dos. Después de eso cerraban ambas puertas de la valla para evitar que alguien de los cuadrantes uno o dos se deslizara al tres o al cuatro para encubrir a algún prisionero que no estuviera.

La primera noche que pasé en la sección cinco me di cuenta de que tenía lugar un extraño juego de triles. Cuando tomé mi lugar por primera vez en la sección tres, a mi lado había un hombre con aspecto enfermizo. Tenía muy mala cara, casi como si estuviera a punto de morir. Llevaba la cabeza afeitada y se veía claramente que estaba agotado. Nunca miraba a los ojos. *¿Quién es este tipo y qué le ha pasado?*, me preguntaba.

Cuando los soldados terminaban el recuento en el cuadrante uno y se iban al dos, alguien agarraba al hombre, le arrastraba fuera de la tienda y otro prisionero tomaba su lugar a mi lado. Más tarde descubrí que habían abierto un pequeño boquete en la valla entre los cuadrantes uno y tres y que era así como podían intercambiar a un prisionero con otro.

Era obvio que nadie quería que los soldados vieran al hombre calvo, pero ¿por qué?

Aquella noche, acostado en mi lecho, oí a alguien gemir a lo lejos, alguien que parecía estar sufriendo mucho. Pero el ruido no duró mucho y caí dormido casi al instante.

La mañana solía llegar demasiado rápido, y antes de darme cuenta ya nos estaban despertando para la oración de antes del alba. De los 240 prisioneros de la sección cinco, 140 hombres se levantaban y se ponían en fila para usar los seis lavabos; bueno, de hecho eran seis agujeros con una pequeña mampara para salvaguardar la intimidad sobre una fosa séptica común y ocho lavamanos para el *abdesto*. Teníamos treinta minutos.

Entonces nos poníamos en hileras para la oración. La rutina diaria era prácticamente la misma que había seguido en la *mi'var*. Con la diferencia de que ahora éramos doce veces más prisioneros. Yo aún me sorprendía por lo bien que marchaban las cosas habiendo tanta gente. Nadie parecía cometer nunca un error. Era casi inquietante.

Todos parecían estar aterrados. Nadie osaba quebrantar una regla. Nadie se quedaba ni un minuto de más en el servicio. Ninguno se atrevía a establecer contacto visual con un prisionero que estuviera bajo investigación o con un soldado israelí. Ni siquiera se quedaba nadie deambulando cerca de la valla.

Sin embargo, no pasó mucho tiempo hasta que empecé a comprender. Hamás manejaba su propio negocio por debajo de las autoridades de la prisión, y llevaba muy bien las cuentas. Si infringías una norma tenías un punto rojo. Si acumulabas suficientes puntos rojos tenías que vértelas con el *maj'd*, el brazo de Hamás dedicado a la seguridad: tipos duros que ni se reían ni bromeaban.

La mayor parte del tiempo ni siquiera veíamos a los *maj'd* porque estaban ocupados recopilando información. Las pelotas con mensajes que se lanzaban de una sección a la otra eran de ellos y para ellos.

Un día estaba sentado en mi cama y entró el *maj'd* gritando:

—¡Que todo el mundo salga de la tienda!

Nadie dijo ni una palabra. El lugar se vació en segundos. Metieron a un hombre en el interior de la tienda desahuciada, cerraron la entrada y apostaron dos guardias a cada lado. Alguien subió el volumen del televisor. Los demás hombres empezaron a cantar y a hacer ruido.

No tenía ni idea de lo que estaba pasando dentro de la tienda, pero jamás había escuchado gritar a un ser humano como lo hacía aquel hombre. *¿Qué habrá hecho para merecer esto?*, me preguntaba. La tortura duró unos treinta minutos. Después dos *maj'd* le sacaron y le llevaron a otra tienda, donde empezó de nuevo el interrogatorio.

Cuando nos desalojaron de la tienda yo estaba hablando con un amigo llamado Akel Sorour, que era de un pueblo cerca de Ramala.

—¿Qué está pasando en esa tienda? —le pregunté.

—Oh, es un hombre malo —dijo simplemente.

—Ya sé que es un hombre malo, pero, ¿qué le están haciendo? ¿Y qué ha hecho?

—Aquí en la prisión no ha hecho nada —me explicó Akel—. Pero dicen que cuando estuvo en Hebrón dio a los israelíes información sobre los miembros de Hamás, y parece que habló demasiado. Así que de vez en cuando le torturan.

—¿Cómo lo hacen?

—Por lo general le clavan agujas debajo de las uñas y le derriten bandejas de plástico sobre la piel desnuda. O le queman el vello corporal. A veces le ponen una barra detrás de las rodillas y le obligan a sentarse de cuclillas durante horas, y no le dejan dormir.

Ahora ya entendía por qué todo el mundo era tan meticuloso a la hora de acatar la disciplina, y también qué le había pasado al hombre calvo que vi a mi llegada. Los *maj'd* odiaban a los colaboradores, y hasta que pudiésemos probar lo contrario todos éramos sospechosos de ser colaboradores, espías para los israelíes.

Como Israel había tenido tanto éxito identificando células de Hamás y encarcelando a sus miembros, los *maj'd* suponían que la organización debía estar plagada de espías, y estaban decididos a desenmascararlos. Vigilaban todos nuestros movimientos y escuchaban nuestras conversaciones. Y anotaban todos los puntos. Nosotros sabíamos quiénes eran ellos, pero no conocíamos a sus espías. Alguien a quien yo considerara amigo podía trabajar con los *maj'd*, y en pocas horas podía verme envuelto en una investigación.

Decidí que lo mejor era ser reservado y muy cuidadoso a la hora de decidir en quién confiaba. Una vez que comprendí la atmósfera de sospecha y traición que flotaba en el campamento mi vida entera cambió de manera drástica. Sentía que estaba en una prisión totalmente distinta, una en la que no podía moverme ni hablar con libertad, ni confiar en nadie, ni relacionarme o tener amigos. Tenía miedo de cometer algún error, llegar tarde, no despertarme por las mañanas cuando nos llamaban o quedarme dormido en la *yalsa*.

Si alguien era «condenado» por el *maj'd*, acusado de ser un colaborador, podía decirse que su vida había terminado. Su vida familiar desaparecía. Sus hijos, su esposa, todos le abandonaban. Ser conocido como colaborador era la peor reputación que se podía tener. Entre 1993 y 1996 más de 150 sospechosos de colaboración fueron investigados por Hamás dentro de las prisiones israelíes. Dieciséis fueron asesinados.

Como yo sabía escribir rápido y de forma clara, el *maj'd* me preguntó si quería ser su secretario. La información que llegaría a mis manos sería alto secreto, dijeron. Y me avisaron de que no la compartiera con nadie.

Me pasaba el día copiando informes sobre prisioneros. Éramos muy cuidadosos a la hora de mantener esta información fuera del alcance de los oficiales de la prisión. Nunca usábamos nombres, sólo códigos numéricos. Escritos en el papel más fino que podíamos encontrar, los archivos se leían como la peor clase de pornografía. Había hombres que confesaban haber tenido relaciones sexuales con sus propias madres. Uno contó que había tenido sexo con una vaca. Otro había abusado de su hija. Otro incluso había mantenido relaciones con su vecina, lo había grabado con una cámara oculta y había facilitado las imágenes a los israelíes. Éstos, según decía el informe, le enseñaron las fotos a la vecina y la amenazaron con enviárselas a su familia si rehusaba trabajar para ellos como espía. Así que siguieron manteniendo relaciones sexuales entre ellos y con otras personas a las que también grababan para chantajearles y recopilar información, hasta que el pueblo entero parecía colaborar con los israelíes. Y éste era sólo el primer informe que tuve que copiar.

Me parecía de locos. Mientras seguía copiando archivos me di cuenta de que a los sujetos torturados se les preguntaban cosas que eran incapaces de saber, y daban las respuestas que pensaban que sus torturadores querían oír. Era obvio que dirían cualquier cosa con tal de acabar con el suplicio. También sospechaba que algunos de aquellos interrogatorios sin sentido no servían para nada más que alimentar las fantasías sexuales de los *maj'd* encarcelados.

Entonces, un día mi amigo Akel Sorour se convirtió en una de sus víctimas. Era miembro de una célula de Hamás y le habían arrestado muchas veces, pero por alguna razón los prisioneros urbanitas de Hamás nunca le habían aceptado. Akel sólo era un granjero. Su manera de hablar y de comer les parecía divertida, y se aprovecharon de eso. Hizo todo lo que pudo para ganarse su confianza y su respeto cocinando y limpiando para ellos, pero aun así le trataban como basura porque sabían que lo hacía por miedo.

Y es que Akel tenía motivos para estar aterrorizado. Sus padres habían fallecido. Su hermana era la única familia que le quedaba. Esto le hacía extremadamente vulnerable porque no había nadie que vengara su tortura. Además, uno de sus compañeros de celda había sido interrogado por los *maj'd* y había mencionado el nombre de Akel bajo tortura. Me sentía muy mal por él. Pero, ¿cómo podía ayudarle? Yo sólo era un niño confundido sin ningún tipo de autoridad. Sabía que la única razón que me hacía inmune a recibir ese mismo trato era ser hijo de mi padre.

Una vez al mes nuestras familias tenían permiso para visitarnos. La cocina de la prisión israelí dejaba mucho que desear, así que nos solían traer comida casera y objetos personales. Como Akel y yo éramos de la misma zona, nuestras familias vinieron el mismo día.

Después de un proceso de solicitud muy largo, la Cruz Roja reunía a los familiares de una zona en particular y los amontonaba en autobuses. El viaje a Meguido sólo duraba un par de horas. Pero como los vehículos tenían que parar en todos los puntos de control y se registraba a todos los pasajeros en cada parada, nuestras familias tenían que salir de casa a las cuatro de la mañana para poder llegar a la prisión al mediodía.

Un día, después de una agradable visita con su hermana, Akel regresaba a la sección cinco con las bolsas de comida que ella le había traído. Era feliz y no tenía ni idea de lo que le esperaba. Mi tío Ibrahim había venido a dar una charla, lo que siempre era mala señal. Me había dado cuenta de que Ibrahim a menudo congregaba a la gente y predicaba para encubrir a los *maj'd* cuando se llevaban a alguien para ser interrogado. En esta ocasión ese «alguien» fue Akel. El *maj'd* le quitó los regalos y le llevó a una tienda. Desapareció detrás de una cortina, donde empezaron sus peores pesadillas.

Yo miraba a mi tío. ¿Por qué no les detenía? Había estado en la prisión con Akel muchas veces. Habían sufrido juntos. Akel había cocinado para él y le había cuidado. Mi tío conocía a aquel hombre. ¿Y todo porque Akel era un granjero pueblerino, pobre y tranquilo, y mi tío era de la ciudad?

Fueran cuales fuesen los motivos, Ibrahim Abu Salem se sentó con el *maj'd*, riendo y engullendo la comida que la hermana de Akel había traído para su hermano encarcelado. Cerca de allí, sus colegas de Hamás (árabes como él, palestinos como él, musulmanes como él) introducían agujas bajo las uñas de Akel.

Durante las siguientes semanas sólo vi a Akel unas pocas veces. Le habían afeitado la barba y la cabeza y su mirada estaba siempre fija en el suelo. Había adelgazado hasta tornarse macilento y parecía un hombre en el umbral de la muerte.

Más tarde me dieron su archivo para copiar. Había confesado haber mantenido relaciones sexuales con todas las mujeres de su pueblo y también con asnos y otros animales. Yo sabía que todo eso era mentira, pero copié el archivo y el *maj'd* lo mandó a su aldea. Su hermana lo repudió. Sus vecinos renegaron de él.

Para mí, los *maj'd* eran mucho peores que cualquier colaborador. Sin embargo, también eran muy poderosos e influyentes en el funcionamiento interno de la prisión. Pensé que tal vez podría usarlos para conseguir mis propios objetivos.

Anas Rasras era un líder *maj'd*. Su padre era profesor universitario en Cisjordania e íntimo amigo de mi tío Ibrahim. Después de que yo llegara a Meguido, mi tío le había pedido a Anas que me ayudara a adaptarme y a aprender lo básico. Anas era de Hebrón, tenía unos cuarenta años, era muy reservado e inteligente y extremadamente peligroso. Las temporadas que pasaba fuera de la cárcel siempre estaba en el punto de mira del Shin Bet. Tenía pocos amigos, pero no participaba nunca en las torturas. Es por esto que cada vez merecía más mi respeto y confianza.

Le conté cómo había aceptado colaborar con los israelíes para poder convertirme en agente doble, obtener armamento de alto nivel y destruir al enemigo desde el interior. Le pregunté si podía ayudarme.

—Tengo que comprobar lo que dices —me contestó—. No se lo diré a nadie, pero lo comprobaré.

—¿Qué significa que ya lo comprobarás? ¿Puedes ayudarme o no?

Tendría que haber conocido mejor a aquel hombre antes de decidirme a confiar en él. En vez de ayudarme fue corriendo a contarle mi plan a mi tío Ibrahim y a otros miembros del *maj'd*.

A la mañana siguiente mi tío vino a verme.

—¿Qué te crees que estás haciendo?

—No te asustes, no ha pasado nada. Tengo un plan. Y no tienes por qué formar parte de él.

—Esto es muy peligroso, Mosab, para tu reputación y para la de tu padre, y para la de toda tu familia. Deja que sean los demás los que hagan esto.

Empezó a interrogarme. ¿Me había dado el Shin Bet el nombre de algún contacto dentro de la prisión? ¿Me había reunido con aquel hombre israelí o con el oficial de seguridad? ¿Qué me habían dicho? ¿Qué les había contado yo? Cuanto más me preguntaba mi tío más me enfadaba. Al final exploté delante de sus narices.

—¡Por qué no te metes en tus asuntos religiosos y dejas en paz la seguridad! Todos estos hombres están torturando a la gente por nada. No tienen ni idea de lo que están haciendo. Mira, no tengo nada más que decir. Yo voy a hacer lo que me plazca y tú haz lo que te parezca mejor.

Sabía que las cosas no pintaban muy bien para mí. Estaba bastante convencido de que no me interrogarían ni me torturarían por ser hijo de quien era, pero sabía que mi tío Ibrahim no estaba seguro de que le estuviera contando la verdad.

Llegados a aquel punto, yo tampoco lo estaba.

Me di cuenta de que había sido una tontería confiar en el *maj'd*. ¿Había sido igual de ingenuo confiando en los israelíes? Aún no se habían puesto en contacto conmigo ni me habían dado ningún nombre. ¿Estaban jugando conmigo?

Fui a mi tienda y sentí que empezaba a desmoronarme mental y emocionalmente. Ya no confiaba en nadie. Los demás prisioneros vieron que algo no iba bien conmigo, pero no sabían de qué se trataba. Aunque los *maj'd* no contaron nada de lo que les había confesado, no me perdían de vista. Todos sospechaban de mí del mismo modo que yo desconfiaba de todos. Y todos vivíamos juntos en una jaula al aire libre donde no podíamos ir a ningún sitio. Ningún lugar al que huir o en el que esconderse.

El tiempo pasaba. El ambiente de sospecha crecía. Todos los días se oían gritos; todas las noches había torturas. ¡Hamás estaba torturando a su propia gente! Por mucho que lo intentaba no podía encontrar la manera de justificarlo.

Pronto las cosas empeoraron. En vez de una persona, ya había tres a la vez bajo investigación. Una madrugada, a las cuatro, un tipo pasó corriendo por la sección, escaló la valla que delineaba el perímetro y en veinte segundos estuvo fuera del campamento, con las ropas y la carne destrozadas por la alambrada metálica. Un guardia israelí de la torre de vigía enfiló su ametralladora y apuntó.

—¡No disparen! —gritó el hombre—. ¡No disparen! No estoy intentando escapar. ¡Sólo quiero huir de ellos!

Y señalaba al *maj'd* que, jadeante, le miraba con hostilidad a través de la valla. Los soldados salieron corriendo por la puerta, redujeron al recluso, le registraron y se lo llevaron.

¿Esto era Hamás? ¿Esto era el Islam?

Capítulo catorce

EL MOTÍN

1996-1997

MI PADRE ERA EL ISLAM PARA MÍ.

Si le pusiera en la balanza de Alá pesaría más que cualquier otro musulmán que yo hubiera conocido. Nunca se perdía la hora de la oración. Incluso cuando llegaba a casa tarde y cansado a menudo le oía orando y clamando al dios del Corán en mitad de la noche. Era humilde, afectuoso y comprensivo con mi madre, con sus hijos y también con la gente a la que no conocía de nada.

Más que un apologista del Islam, la vida de mi padre ejemplarizaba lo que un musulmán debía ser. Reflejaba la cara bonita del Islam, no el lado cruel que exigía a sus seguidores conquistar y esclavizar la tierra.

Sin embargo, durante el período de diez años que siguió a mi encarcelamiento le vería luchar con un conflicto interno e irracional. Por un lado, él no creía que estuviera mal lo que hacían aquellos musulmanes que asesinaban colonos, soldados, mujeres y niños inocentes. Creía que Alá les había dado autoridad para llevar a cabo tales actos. Pero, por otro lado, él personalmente no podía hacer lo que ellos hacían. Algo muy dentro de su alma lo rechazaba. Aquello que no podía aceptar como correcto para sí mismo era capaz de justificarlo para los demás.

Sin embargo, como niño yo sólo veía sus virtudes y suponía que eran fruto de sus creencias. Como yo quería ser como él, creía en lo que él creía sin hacerme preguntas. Lo que no sabía en aquellos tiempos era que no importaba lo que pesáramos en la balanza de Alá, porque toda nuestra justicia y nuestras buenas obras eran como trapos de inmundicia para Dios.

Aun así, los musulmanes que conocí en Meguido no tenían ni punto de comparación con mi padre. Juzgaban a la gente como si se creyeran mejores que el mismo Alá. Eran mezquinos y miserables al ocultar de la vista una pantalla de televisión para protegernos de ver a una actriz con la cabeza descubierta. Eran intolerantes e hipócritas que torturaban a los que habían obtenido demasiados puntos rojos, aunque sólo fueran los débiles, los más vulnerables, los que parecían acumular esos puntos. Los prisioneros que tenían buenos contactos caminaban bajo total inmunidad, incluso un colaborador de los israelíes confeso, si era el hijo de Sheikh Hassan Yousef.

Por primera vez empecé a cuestionarme aquello en lo que siempre había creído.

«¡Ocho veintitrés!»

Mi turno para el juicio. Había estado seis meses en la prisión. Las FDI me condujeron a Jerusalén, donde el fiscal le pidió al juez que me condenara a dieciséis meses.

¡Dieciséis meses! ¡El capitán del Shin Bet me había prometido que estaría poco tiempo en la cárcel! ¿Qué había hecho yo para merecer una sentencia tan severa? Está bien, de acuerdo, tuve la mala idea de ir a comprar algunas armas. ¡Pero no valían nada, ni siquiera funcionaban!

«Dieciséis meses».

El tribunal me reconoció el tiempo que ya había cumplido y me devolvieron a Meguido para los diez meses finales.

«Está bien», le dije a Alá, «puedo cumplir otros diez meses, pero, por favor, ¡no allí! ¡No en el infierno!» Pero no había nadie a quien pudiera quejarme, y desde luego tampoco a los hombres de la seguridad israelí que me habían reclutado y me habían abandonado a mi suerte.

Al menos podía ver a mi familia una vez al mes. Mi madre hacía el agotador viaje a Meguido cada cuatro semanas. Le permitían llevar sólo a tres de mis hermanos, así que hacían turnos. Y cada vez que venía me traía una hornada de empanadillas de espinacas y *baklava* recién hechos. Mi familia nunca se perdía una visita.

Verlos era un gran consuelo para mí, aunque no pudiera contarles lo que ocurría dentro de la valla y detrás de las cortinas. Y verme también parecía aliviar un poco su sufrimiento. Yo había sido como un padre para mis hermanos pequeños (cocinando para ellos, limpiando, bañándoles, vistiéndoles y llevándoles a la escuela) y en la prisión me había convertido también en un héroe de la resistencia. Estaban muy orgullosos de mí.

Durante una de las visitas mi madre me contó que la Autoridad Nacional Palestina había liberado a mi padre. Sabía que él siempre había querido hacer el *hajj*, el peregrinaje a La Meca, y mi madre me dijo que había partido hacia Arabia Saudí poco después de volver a casa. El *hajj* es el quinto de los pilares de la religión islámica, y todos los musulmanes que tengan las condiciones de salud y los medios económicos necesarios están obligados a hacer ese viaje al menos una vez en la vida. Más de dos millones de personas lo hacen cada año.

Sin embargo, mi padre nunca llegó a La Meca. Cuando cruzaba el puente Allenby entre Israel y Jordania fue arrestado de nuevo, esta vez por los israelíes.

Una tarde la facción de Hamás en Meguido entregó a los oficiales de la prisión una lista con exigencias insignificantes, y les dio veinticuatro horas para cumplirlas amenazándoles con un motín si no lo hacían.

Evidentemente, los oficiales de la prisión no querían un levantamiento. Un motín podía terminar en tiroteos y prisioneros muertos, y los burócratas del gobierno de Jerusalén no querían tener que manejar el escándalo que levantarían la Cruz Roja y las organizaciones pro derechos humanos si esto sucedía. En los amotinamientos todos los implicados salían perdiendo. Así que los israelíes se reunieron con el *shaweesh* principal, que se alojaba en nuestra sección.

—No podemos trabajar así —le dijeron los oficiales de la prisión—. Dadnos más tiempo para que lo solucionemos.

—No —insistió—. Tenéis veinticuatro horas.

Estaba claro que los israelíes no podían mostrar su debilidad cediendo. Y, francamente, yo no entendía el porqué de tanto alboroto. Aunque el lugar era deprimente, comparado con otras instalaciones de las que había oído hablar Meguido era una prisión de cinco estrellas. Las demandas parecían ridículas y no les encontraba el más mínimo sentido: más tiempo al teléfono, horarios de visita más amplios, etc. Ese tipo de cosas.

Durante aquel día esperamos mientras veíamos el sol seguir su camino a través del cielo. Al llegar la hora límite acordada Hamás nos dijo que nos preparásemos para amotinarnos.

—¿Qué se supone que debemos hacer? —preguntamos.

—¡Sed destructivos y violentos! Romped el pavimento y lanzad los pedazos a los soldados. Tirad pastillas de jabón. Agua caliente. ¡Lanzad todo lo que podáis arrancar!

Algunos hombres llenaron cubos con agua; así, si los soldados lanzaban bombas de gas podríamos agarrarlas y meterlas dentro de los baldes. Empezamos a hacer pedazos el patio de ejercicio. Entonces, de repente, las sirenas empezaron a sonar y las cosas se pusieron muy peliagudas. Centenares de soldados antidisturbios se desplegaron por todo el campamento y nos apuntaron con sus armas a través de la valla que marcaba el perímetro.

Lo único que me cruzó la mente en ese instante fue que todo aquello me parecía una completa locura. *¿Por qué estamos haciendo esto?*, me preguntaba. *¡Es de locos! ¿Todo por culpa de ese* shaweesh *lunático?* Yo no era cobarde, pero no tenía ningún sentido. Los israelíes estaban fuertemente armados y bien protegidos, y nosotros les íbamos a lanzar trozos de alquitrán.

Hamás dio la señal y los prisioneros de todas las secciones empezaron a tirar madera, pedazos de asfalto y jabón. En segundos un centenar de bombas de gas cayeron sobre el campamento y explotaron, llenándolo todo de una espesa capa de niebla blanca. No se veía nada. El hedor era indescriptible. Los hombres de mi alrededor se tiraban al suelo y jadeaban buscando aire fresco.

Todo esto sucedió en tres minutos. Y los israelíes acababan de empezar.

Los soldados nos apuntaron con grandes cañones que arrojaban nubes de gas amarillo. Esa cosa no flotaba alrededor como los gases lacrimógenos; como era más pesado que el aire, se pegaba al suelo y repelía el oxígeno. Los prisioneros empezaron a desmayarse.

Yo estaba intentando contener la respiración cuando vi el fuego.

La tienda de la Yihad Islámica del cuadrante tres estaba ardiendo. En segundos las llamas se elevaron a más de seis metros hacia el aire. Las tiendas estaban tratadas con algún tipo de producto impermeabilizante derivado del petróleo, y ardían como si estuviesen empapadas en gasolina. Los postes y marcos de madera, los colchones, los baúles, todo se incendió. El viento propagó el fuego a las tiendas del FDLP/FPLP y de Fatah y diez segundos más tarde también fueron consumidas por el infierno.

El devastador incendio se nos acercaba con mucha rapidez. Un gran trozo de tela chisporroteante salió volando y cruzó la alambrada. Los soldados nos rodeaban. No había forma de escapar más que atravesando las llamas.

Así que corrimos.

Me cubrí la cara con una toalla y corrí hacia la zona de la cocina. Sólo había tres metros entre las tiendas que se estaban quemando y la pared. Más de doscientos prisioneros tratábamos de cruzar a la vez mientras los soldados seguían llenando la sección de gas amarillo.

En pocos minutos la mitad de la sección cinco había desaparecido: todo lo que poseíamos, por pequeño que fuera. Sólo quedaban cenizas.

Muchos prisioneros estaban heridos. Milagrosamente, no hubo ningún muerto. Llegaron las ambulancias para llevarse a los heridos y, cuando todo terminó, aquellos de nosotros cuyas tiendas habían ardido fuimos realojados. A mí me pusieron en la tienda central de Hamás, en el cuadrante dos.

Lo único bueno que resultó de los disturbios de Meguido fue que la tortura de los líderes de Hamás cesó. La vigilancia continuó, pero nos sentíamos un poco más cómodos y nos permitimos ser menos cuidadosos. Hice un par de amigos con los que pensé que tal vez podría llegar a confiarme algún día. Aun así, por lo general, paseaba durante horas yo solo, sin hacer nada, día tras día.

«¡Ocho veintitrés!»

El 1 de septiembre de 1997 un guardia de la prisión me devolvió mis pertenencias y el poco dinero que llevaba cuando fui arrestado, me esposó y me metió en una furgoneta. Los soldados me llevaron al primer punto de control que había en territorio palestino, que era Yenín, en Cisjordania. Abrieron la puerta de la furgoneta y me quitaron las esposas.

—Eres libre para irte —me dijo uno de los hombres.

Y se alejaron por donde habíamos venido, dejándome solo de pie en mitad de la cuneta.

No me lo podía creer. Era maravilloso estar fuera. Estaba impaciente por ver a mi madre y a mis hermanos. Aún estaba a dos horas de camino de mi casa, pero no quería caminar deprisa. Quería saborear la libertad.

Fui paseando un par de kilómetros, llenando mis pulmones de aire libre y regalándome los oídos con el dulce silencio. Empezando a sentirme humano otra vez, encontré un taxi que me dejó en el centro de una ciudad. Otro taxi me llevó a Nablus, después a Ramala y finalmente a casa.

Mientras circulaba por las calles de Ramala, viendo tiendas y personas que me resultaban familiares, anhelaba saltar del taxi y perderme en medio de aquel ambiente. Antes de descender del vehículo, delante de mi casa vislumbré a mi madre, de pie en la entrada. Las lágrimas se derramaban por sus mejillas mientras gritaba mi nombre. Corrió hacia el coche y me lanzó sus brazos. Mientras se aferraba a mí con todas sus fuerzas y me daba golpecitos en la espalda, los hombros, la cara y la cabeza, derramó todo el dolor que se había ido guardando para sí durante casi un año y medio.

—Hemos contado los días que faltaban para tu regreso —dijo—. Estábamos preocupadísimos pensando que quizá no volviéramos a verte. Estamos muy orgullosos de ti, Mosab. Eres un auténtico héroe.

Al igual que mi padre, sabía que no podía contarles por lo que había pasado. Hubiera sido demasiado doloroso para ellos. Ahora yo era un héroe que había estado en una prisión israelí junto a todos los demás héroes, y había regresado a casa. Incluso lo veían como una buena experiencia para mí, como una especie de rito de iniciación. ¿Se enteró mi madre de lo de las armas? Sí. ¿Pensó que era algo estúpido? Con toda probabilidad, pero lo vio bajo la luz de la lucha por la resistencia y lo aceptó tal cual.

Pasamos el día entero celebrando mi regreso y comimos manjares deliciosos, nos reímos y nos divertimos, como hacíamos siempre que estábamos juntos. Casi parecía que nunca me hubiera ido. Y durante los siguientes días muchos de mis amigos y sus padres vinieron a regocijarse con nosotros.

Me quedé en casa unas cuantas semanas, empapándome del amor de mi familia y atiborrándome de la cocina de mi madre. Entonces salí y disfruté de todas las demás vistas, sonidos y olores que tanto había añorado. Por las tardes me iba con mis amigos al centro de la ciudad y comíamos *falafel* en Mays Al Reem y tomábamos café en Kit Kat con Basam Huri, el propietario del establecimiento. Mientras caminaba por las concurridas calles y charlaba con mis amigos, aspiraba la paz y la sencillez de la libertad.

Entre la liberación de mi padre por parte de la ANP y su nuevo arresto por los israelíes, mi madre había quedado de nuevo embarazada. Aquello fue una gran sorpresa para mis padres porque habían planeado no tener más hijos después del nacimiento de mi hermana Anhar siete años atrás. Cuando regresé a casa mi madre estaba embarazada de seis meses y el bebé seguía creciendo. Entonces se rompió el tobillo y el proceso de recuperación fue muy lento, ya que el desarrollo de nuestro hermano consumía todo su calcio. No podíamos disponer de una silla de ruedas, así que tenía que llevarla a cuestas adonde ella necesitase. Tenía muchos dolores y me partía el corazón verla sufrir de aquel modo. Me saqué el permiso de conducir para poder ir a la compra y a hacer recados. Y cuando Naser nació yo me ocupé de alimentarle, bañarle y cambiarle los pañales. Empezó su vida pensando que yo era su padre.

No hace falta decir que me perdí los exámenes y no pude graduarme en el instituto. Cuando estábamos en la cárcel nos ofrecieron hacer el examen, pero yo fui el único que suspendió. Nunca pude entender por qué, ya que los representantes del Ministerio de Educación vinieron a la prisión y nos dieron a todos la hoja de respuestas antes de hacer el examen. Fue una locura. Un tipo que tenía sesenta años y era analfabeto necesitó que alguien escribiera las respuestas por él. ¡Y aprobó! Yo también tenía las respuestas, y además había ido a la escuela durante doce años y el material no me era desconocido. Pero cuando nos dieron los resultados todos habían superado la prueba excepto yo. Lo único que pude pensar es que Alá no quería que aprobara mediante engaños.

Así que cuando volví a casa empecé a tomar clases nocturnas en Al-Ahlia, una escuela católica en Ramala. La mayoría de alumnos eran musulmanes tradicionales que asistían allí porque era la mejor escuela de la ciudad. E ir a la escuela por la noche me permitía trabajar durante el día en la hamburguesería Checkers de la ciudad y ayudar a cuidar de mi familia.

Sólo obtuve un porcentaje de 64 en mis exámenes, pero era suficiente para aprobar. No me había esforzado mucho porque no me interesaban los temas. No me importaba. Sólo estaba agradecido de haber podido superar todo aquello.

Capítulo quince

EL CAMINO DE DAMASCO

1997-1999

Dos meses después de mi liberación sonó mi teléfono móvil.

—Enhorabuena —dijo una voz en árabe.

Al instante reconocí aquel acento. Era mi fiel capitán del Shin Bet.

—Nos encantaría verte —dijo—, pero no podemos hablar mucho rato por teléfono. ¿Crees que nos podemos encontrar?

—Claro.

Me dio un número de teléfono, una contraseña y algunas indicaciones. Me sentía como un espía de verdad. Me dijo que fuera a un lugar específico, después a otro, y que le llamara desde ahí.

Seguí sus instrucciones y, cuando hice la llamada, me dieron más indicaciones. Caminé durante veinte minutos hasta que un vehículo se me acercó y paró a mi lado. Desde el interior un hombre me dijo que entrara, cosa que hice sin rechistar. Me registraron, me dijeron que me tumbara en el suelo y me taparon con una manta.

Viajamos cerca de una hora durante la cual nadie habló. Cuando nos detuvimos estábamos en el garaje de una casa particular. Estaba encantado de que no fuera una base militar o un centro de detención. En realidad, más tarde supe que era una casa propiedad del gobierno dentro de un asentamiento israelí. Tan pronto como llegamos me registraron de nuevo, esta vez más a conciencia, y me llevaron a una sala de estar amueblada con mucho gusto. Estuve allí sentado durante un rato hasta que entró Loai. Me dio la mano y me abrazó.

—¿Cómo te va todo? ¿Cómo fue tu experiencia en la prisión?

Le dije que las cosas me iban bien y que mi experiencia en la cárcel no había sido muy buena, más que nada porque él me había dicho que mi encarcelamiento no duraría mucho.

—Lo siento; tuvimos que hacerlo para protegerte.

Pensé en lo que les había dicho a los *maj'd* sobre ser un doble agente y me preguntaba qué sabía Loai sobre ellos. Supuse que sería mejor decir la verdad y protegerme.

—Mira —le dije—, allí torturaban a la gente, y no tuve más remedio que contarles que había accedido a trabajar para ustedes. Tenía miedo. Ustedes nunca me advirtieron de lo que pasaba allí dentro. Nunca me dijeron que debía tener cuidado de mi propia gente. No me prepararon para eso y estaba asustado. Así que les dije que les había prometido ser un colaborador para poder convertirme en un agente doble e ir contra ustedes.

Loai parecía sorprendido, pero no estaba enfadado. Aunque el Shin Bet no consentía la tortura dentro la prisión, sabía que existía, y entendía mi terror justificado.

Llamó a su supervisor y le contó lo que yo le había dicho. Y quizá porque era tan difícil para Israel reclutar miembros de Hamás, o tal vez porque como hijo de Sheikh Hassan Yousef yo era un premio demasiado valioso, no le dieron más importancia.

Estos israelíes no eran como yo había esperado.

Loai me dio unos centenares de dólares y me dijo que me comprara algo de ropa, me cuidara y que disfrutara de la vida.

—Estaremos en contacto —dijo.

¿Qué? ¿Ninguna misión secreta? ¿Ningún código cifrado? ¿Ningún arma? ¿Sólo un fajo de billetes y un abrazo? No tenía sentido.

Nos encontramos de nuevo un par de semanas más tarde, esta vez en una casa del Shin Bet en el corazón de Jerusalén. Todas las casas estaban bien amuebladas, dotadas de alarmas y guardias y custodiadas con tal celo que el vecino de al lado ni siquiera sospechaba lo que sucedía en el interior. La mayoría de las habitaciones estaban dispuestas como salas de reuniones. Y nunca me permitían ir de una habitación a otra sin un escolta, no porque no se fiasen de mí, sino porque no querían que los otros agentes del Shin Bet me viesen. Otra medida de seguridad.

Durante este segundo encuentro los miembros del Shin Bet fueron extremadamente amables. Hablaban buen árabe y estaba claro que me entendían a mí, a mi familia y a mi cultura. No tenía ningún tipo de información y no me pidieron ninguna. Sólo hablamos de cosas de la vida en general.

Aquello no era lo que yo esperaba. Yo quería saber lo que querían que hiciese, aunque por los archivos que había leído en la prisión tenía un poco de miedo de que me pidieran cosas como tener relaciones sexuales con mi hermana o mi vecina y llevarles la grabación. Pero nunca hubo nada de eso.

Después de la segunda reunión Loai me dio el doble de dinero que la primera vez. En un mes me había dado unos ochocientos dólares, una cantidad escandalosa para un chaval de veinte años. Y yo aún no le había dado nada a cambio al Shin Bet. De hecho, durante mis primeros meses como agente del Shin Bet recibí mucho más de lo que di.

Mi entrenamiento comenzó con algunas normas básicas. No iba a cometer adulterio porque eso podría desenmascararme (o comprometerme). De hecho, me dijeron que no tuviera ninguna relación extramatrimonial con ninguna mujer, ni palestina ni israelí, mientras trabajara para ellos. Si lo hacía, todo terminaría. Y también me advirtieron de que no le contara a nadie nunca más mi historia de ser agente doble.

Cada vez que nos encontrábamos aprendía más y más sobre la vida, la justicia y la seguridad. El Shin Bet no estaba intentando corromperme para obligarme a hacer cosas malas. Más bien parecía que hacía todo lo posible para cultivarme, hacerme más fuerte y más sabio.

Según pasaba el tiempo empecé a cuestionarme mi plan de matar a los israelíes. Esta gente estaba siendo amable. Se preocupaban genuinamente por mí. *¿Por qué querría matarles?* Me sorprendí cuando me di cuenta de que ya no lo deseaba.

La ocupación no había cesado. El cementerio de Al-Bireh seguía llenándose de cuerpos de hombres, mujeres y niños palestinos asesinados por los israelíes. Y yo no había olvidado las palizas que sufrí camino de la prisión y durante los días que estuve encadenado en aquella pequeña silla.

Sin embargo, también me acordaba de los gritos de las tiendas de tortura en Meguido y del hombre que estuvo a punto de perecer atravesado por la alambrada metálica intentado escapar de los torturadores de Hamás. Ahora estaba adquiriendo entendimiento y sabiduría. ¿Y quiénes eran mis mentores? ¡Mis enemigos! ¿Pero lo eran realmente? ¿O sólo eran amables conmigo para poder utilizarme después? Me encontraba aún más confuso que antes.

Durante uno de los encuentros, Loai dijo:

—Como estás colaborando con nosotros, estamos pensando en liberar a tu padre; así puedes estar cerca de él y ver qué ocurre en los territorios.

Ni siquiera sabía que aquello había sido una posibilidad, pero estaba contento de que mi padre regresara.

En años posteriores mi padre y yo compararíamos notas sobre nuestras experiencias. A él no le gustaba entrar en los detalles de las cosas que tuvo que sufrir, pero quería que yo supiese que había enderezado algunas cosas durante su estancia en Meguido. Me contó que una vez estaba mirando la televisión en la *mi'var* cuando alguien dejó caer la tabla sobre la pantalla.

—No voy a mirar la televisión si continúan cubriendo la pantalla con esa tabla —le dijo al emir.

Levantaron el tablón y ahí acabó la censura. Y cuando le trasladaron al campo de prisioneros fue capaz de poner fin a las torturas. Ordenó a los *maj'd* que le dieran todos los archivos, los estudió y descubrió que al menos el sesenta por ciento de los sospechosos de colaboración eran inocentes. Así que se aseguró de que sus familias y sus comunidades fueran informadas de las falsas acusaciones. Uno de los inocentes era Akel Sorour. El certificado de inocencia que mi padre envió a la aldea de Akel no pudo borrar todo su sufrimiento, pero al menos ahora podía vivir en paz y con honor.

Después de que mi padre fuese liberado de la prisión, mi tío Ibrahim vino a visitarnos. Mi padre quería informarle de que había hecho cesar la tortura en Meguido y que aquellos hombres y sus familias, cuyas vidas habían sido arruinadas por los *maj'd,* eran inocentes. Ibrahim fingió sorprenderse. Y cuando mi padre mencionó a Akel, mi tío dijo que él había intentado defenderle y les había dicho a los *maj'd* que era imposible que fuese un colaborador.

—¡Alabado sea Alá —dijo Ibrahim— que pudiste ayudarle!

Yo aborrecía tanta hipocresía y salí de la habitación.

Mi padre también me dijo que durante su estancia en Meguido había oído la historia que les había contado a los *maj'd* de que yo era un agente doble. Pero no estaba enfadado conmigo. Sólo me dijo que había sido una estupidez hablar con ellos en primer lugar.

—Lo sé, padre —dije—. Te prometo que no debes preocuparte por mí. Puedo cuidar de mí mismo.

—Me gusta escuchar eso —dijo—. Por favor, sé mas cuidadoso de ahora en adelante. No confío tanto en nadie como en ti.

Cuando más tarde aquel mismo mes me encontré de nuevo con el Shin Bet, Loai me dijo:

—Es hora de que empieces. Esto es lo que debes hacer.

Al fin, pensé.

—Tu misión es ir a la universidad y licenciarte.

Me entregó un sobre lleno de dinero.

—Esto debería bastar para cubrir tus estudios y tus gastos —dijo—.Si necesitas más házmelo saber, por favor.

No podía creerlo. Sin embargo, para los israelíes tenía sentido. Mi educación, dentro y fuera del aula, suponía una buena inversión para ellos. No hubiera sido muy prudente para la seguridad nacional trabajar con alguien inculto y sin porvenir. También era peligroso para mí que me consideraran un fracasado, porque en las calles de los territorios ocupados se decía que sólo los perdedores trabajaban con los israelíes. Aunque era obvio que esta sabiduría popular no tenía mucha lógica, porque los fracasados no tenían nada que ofrecer al Shin Bet.

Así que hice una solicitud de ingreso a la Universidad de Birzeit, pero no me aceptaron porque mis notas del instituto eran demasiado bajas. Les expliqué que se habían dado circunstancias excepcionales y que había estado en prisión. Era un joven inteligente, alegué, y sería un buen estudiante. Pero no hicieron ninguna excepción. Mi única opción era matricularme en la Universidad Abierta de Al-Quds y estudiar desde casa.

Esta vez lo hice bien. Era un poco más sabio y estaba muy motivado. ¿Y a quién debía estar agradecido? A mi enemigo.

Cada vez que me reunía con mis entrenadores del Shin Bet me decían:

—Si necesitas algo, cualquier cosa, háznoslo saber. Puedes ir a purificarte. Puedes orar. No debes tener miedo.

La comida y la bebida que me ofrecían no quebrantaban la ley islámica. Mis entrenadores eran muy cuidadosos y no hacían nada que pudiese resultarme ofensivo. No llevaban pantalón corto. No se sentaban a la mesa con las piernas encima y los pies en mi cara. Siempre eran muy respetuosos. Y por eso mismo cada vez quería aprender más y más de ellos. No se comportaban como simples autómatas militares. Eran seres humanos y me trataban como uno de ellos. Las piedras que fundaban mi visión del mundo se iban desmoronando con cada visita.

Mi cultura (no mi padre) me había enseñado que las FDI y los israelíes eran mis enemigos. Mi padre no veía soldados, él veía individuos que hacían lo que creían que era su deber como soldados. Él no tenía un problema con las personas, sino con las ideas que motivaban y movían a aquellas personas.

Loai era más parecido a mi padre que cualquier otro palestino que jamás hubiera encontrado. No creía en Alá, pero de todos modos me respetaba.

Así que, ¿quién era ahora mi enemigo?

Hablé con el Shin Bet sobre la tortura en Meguido. Me dijeron que sabían todo lo que pasaba en el campamento. Se grababa todo: cada movimiento de los prisioneros y todas las conversaciones. Sabían los de los mensajes secretos en pelotas de pan, lo de las tiendas de tortura y lo del agujero en la valla.

—¿Por qué no lo detuvieron?

—En primer lugar, no podemos cambiar ese tipo de mentalidad. No es nuestro trabajo enseñar a Hamás a amarse los unos a los otros. No podemos entrar y decir: «Eh, no se torturen; no se maten» y arreglarlo todo. En segundo lugar, Hamás se destruye más a sí misma desde el interior que con todo lo que Israel pueda hacerle desde el exterior.

El mundo que conocía se iba erosionando implacablemente, sacando a la luz otro mundo que apenas comenzaba a comprender. Cada vez que me reunía con el Shin Bet aprendía algo nuevo, algo sobre mi vida y sobre los demás. No era un lavado de cerebro que se conseguía mediante la repetición agotadora de estribillos de música, la inanición o la privación del sueño. Lo que los israelíes me estaban enseñando era más lógico y real que todo lo que había escuchado de mi gente hasta entonces.

Mi padre nunca me había enseñado nada de esto porque casi siempre estaba encarcelado. Y, con honestidad, sospecho que tampoco podría haberme enseñado mucho de estos temas porque él mismo los desconocía.

━━━

De las siete puertas antiguas que dan acceso a la Ciudad Vieja de Jerusalén a través de las murallas, hay una que está ornamentada más que las demás. La puerta de Damasco, construida por Solimán el Magnífico hace casi quinientos años, está situada cerca de la mitad del muro orientado hacia el norte. No es casualidad que esta puerta lleve a la gente a la Ciudad Vieja justo en la frontera donde el histórico cuarto musulmán se encuentra con el cuarto cristiano.

En el siglo primero, un hombre llamado Saulo de Tarso atravesó una versión primitiva de esta puerta en su camino hacia Damasco, donde planeaba liderar la salvaje represión de una nueva secta judía a la que él consideraba herética. Los objetivos de esta persecución serían llamados cristianos. Un encuentro sorprendente en el camino no sólo hizo que Saulo no llegara a su destino, sino que cambió su vida para siempre.

Con toda la historia que impregna la atmósfera de este antiguo lugar, quizá no debería haberme sorprendido el que yo mismo tuviera allí un encuentro que cambiaría mi vida entera. Un día, mi amigo Jamal y yo cruzábamos a pie la puerta de Damasco. De repente oí una voz que se dirigía directamente a mí.

—¿Cómo te llamas? —me preguntó en un árabe fluido un hombre que debía tener unos treinta años (aunque se veía claramente que no era del país).

—Me llamo Mosab.

—¿Dónde vas, Mosab?

—Vamos a casa. Somos de Ramala.

—Yo soy de Reino Unido —dijo cambiando al inglés. Aunque seguía hablando, me costaba mucho entenderle por culpa de su acento tan pronunciado. Después de hacérselo repetir una y otra vez entendí que lo que decía tenía que ver con el cristianismo y con un grupo de estudio que se reunía en el albergue de la YMCA al lado del hotel Rey David en Jerusalén Oeste.

Sabía donde estaba el lugar. Me encontraba un poco aburrido, así que pensé que podía ser interesante aprender algo sobre el cristianismo. Si los israelíes me enseñaban tantas cosas, quizá otros «infieles» tuvieran también algo valioso que enseñarme. Además, después de estar con musulmanes nominales, zelotes, ateos, cultos e ignorantes, de derechas y de izquierdas, judíos y gentiles, yo ya no era quisquilloso. Y aquel tipo parecía un hombre normal que sólo me estaba invitando a ir y hablar, no a votar por Jesús en las próximas elecciones.

—¿Qué piensas? —le pregunté a Jamal—. ¿Deberíamos ir?

Jamal y yo nos conocíamos desde pequeños. Fuimos a la escuela juntos, lanzamos piedras juntos y asistíamos juntos a la mezquita. Jamal medía un metro noventa y era muy apuesto; no hablaba mucho. Pocas veces era él quien empezaba una conversación, pero a cambio era un oyente excepcional. Y jamás habíamos discutido, ni una sola vez.

Además de haber crecido juntos, también habíamos estado juntos en la prisión de Meguido. Después de que la sección cinco ardiera durante los disturbios, Jamal fue trasladado a la sección seis con mi primo Yousef y le liberaron desde allí.

Sin embargo, la experiencia en prisión le había cambiado. Dejó de orar y de asistir a la mezquita, y empezó a fumar. Estaba deprimido y se pasaba el día sentado delante del televisor. Mientras estaba en la cárcel yo al menos tenía creencias a las que aferrarme. Pero Jamal provenía de una familia secular que no practicaba el Islam, así que su fe era demasiado débil para resistir un trance semejante.

Jamal me miró y me pareció entender que estaba interesado en asistir al estudio bíblico. Era evidente que tenía tanta curiosidad y que estaba tan aburrido como yo. Sin embargo, algo en su interior se resistió.

—Ve sin mí —dijo—. Llámame cuando llegues a casa.

Éramos unos cincuenta los que nos encontramos en el local aquella noche, la mayoría estudiantes de mi edad de distintas etnias y contextos religiosos. Un par de personas tradujeron la presentación del inglés al árabe y al hebreo.

En cuanto llegué a casa llamé a Jamal.

—¿Cómo fue? —preguntó.

—¡Genial! —dije—. Me regalaron un Nuevo Testamento escrito en árabe y en inglés. Nueva gente, nueva cultura; fue divertido.

—No sé qué decirte de esto, Mosab —dijo Jamal—. Podría resultar peligroso para ti si la gente se entera de que vas por ahí con un grupo de cristianos.

Sabía que Jamal tenía razón, pero no estaba muy preocupado. Mi padre siempre nos había enseñado a ser abiertos y afables con todo el mundo, incluso con los que no creían lo mismo que nosotros. Miré la Biblia que tenía en el regazo. Mi padre tenía una inmensa biblioteca con cinco mil volúmenes, incluyendo una Biblia. De niño leía los sensuales pasajes del libro de los Cantares de Salomón, pero no pasé de ahí. Sin embargo, este Nuevo Testamento era un regalo. Y como la cultura árabe honra y respeta los presentes, decidí que lo mínimo que podía hacer era leerlo.

Empecé por el principio, y cuando llegué al sermón del monte pensé: *¡Caramba! ¡Este Jesús es impresionante! Todo lo que dice es maravilloso.* No podía dejar el libro. Parecía que cada versículo tocara una herida profunda de mi vida. Era un mensaje muy simple, pero de algún modo tuvo el poder de sanar mi alma y darme esperanza.

Entonces leí esto: «Oísteis que fue dicho: "Amarás a tu prójimo y aborrecerás a tu enemigo". Pero yo os digo: "Amad a vuestros enemigos y orad por los que os persiguen, para que seáis hijos de vuestro Padre que está en los cielos"» (Mateo 5.43-45).

¡Eso es! Aquellas palabras me atravesaron en lo más hondo. Nunca antes había oído algo así, pero supe que aquel era el mensaje que había buscado durante toda mi vida.

Durante años había luchado para saber quién era mi enemigo, y había buscado a esos enemigos fuera del Islam y de Palestina. Ahora de repente me di cuenta de que los israelíes no eran mis enemigos. Tampoco lo eran Hamás o mi tío Ibrahim, ni el tipo que me golpeó con la culata de su M16 o el guardia con aspecto de simio. Me di cuenta de que los enemigos no lo eran por su nacionalidad, religión o color. Entendí que todos compartíamos los mismos enemigos comunes: la codicia, el orgullo y todas las malas ideas y la oscuridad del diablo que vive en nuestro interior.

Eso significaba que podía amar a todo el mundo. El único enemigo real era el que habitaba dentro de mí.

Cinco años antes habría leído las palabras de Jesús y hubiera pensado: *¡Menudo idiota!*, y hubiera tirado la Biblia a la basura. Pero ahora pensaba en las experiencias vividas con mi vecino el carnicero loco, los miembros de mi familia y los líderes religiosos que me habían golpeado cuando mi padre estaba en prisión, y en el tiempo que yo mismo había pasado en Meguido; todos esos eventos se habían conjugado y me habían preparado para darme cuenta del poder y la belleza de esta verdad. Todo en lo que podía pensar era: *¡Caramba! ¡Menuda sabiduría tenía este hombre!*

Jesús dijo: «No juzguéis, para que no seáis juzgados» (Mateo 7.1). ¡Vaya diferencia con Alá! El dios del Islam era un dios justiciero, y toda la sociedad árabe seguía la guía de Alá.

Jesús reprochó la hipocresía de los escribas y fariseos, y eso me hizo pensar en mi tío. Recordé una ocasión en la que le habían invitado a asistir a un evento especial y en cómo se enfadó porque no le habían dado el mejor asiento. Era como si Jesús estuviese hablándole a mi tío Ibrahim y a cada *shayj* e imán del Islam.

Todo lo que Jesús decía en las páginas de aquel libro tenía sentido para mí. Abrumado, empecé a llorar.

Dios usó el Shin Bet para mostrarme que Israel no era mi enemigo, y ahora ponía las respuestas al resto de mis preguntas en mis manos con aquel pequeño Nuevo Testamento. Sin embargo, todavía tenía que recorrer un largo camino en mi comprensión de la Biblia. A los musulmanes se les enseña a creer en todos los libros de Dios, tanto en la Torá como en la Biblia. Pero también se nos enseña que los hombres han cambiado la Biblia haciéndola poco fidedigna. El Corán, dijo Mahoma, era la última e inerrante palabra de Dios para el hombre. Primero tendría que abandonar mi creencia de que la Biblia estaba adulterada. Y así, entonces, planificaría cómo encajar ambos libros en mi vida, cómo, de algún modo, poner al Islam y al cristianismo juntos. El reto no era una nimiedad: era reconciliar lo irreconciliable.

Al mismo tiempo, aunque creía en las enseñanzas de Jesús, no terminaba de conectar con la idea de que él era Dios. Aun así, mis principios cambiaron súbita y espectacularmente, porque estaban siendo influidos por la Biblia, y no por el Corán.

Seguí leyendo el Nuevo Testamento y asistiendo a los estudios bíblicos. Iba a la iglesia y pensaba: *Éste no es el cristianismo religioso que veo en Ramala. Esto es auténtico.* Los cristianos que había conocido con anterioridad no eran muy distintos de los musulmanes tradicionales. Reivindicaban una religión, pero no la vivían.

Empecé a pasar más tiempo con la gente del estudio bíblico y descubrí que disfrutaba de verdad con su compañía. Pasábamos buenos ratos hablando de nuestras vidas, nuestros trasfondos y creencias. Siempre eran muy respetuosos con mi cultura y mi herencia musulmana. Y sentía que realmente podía ser yo mismo cuando estaba con ellos.

Ansiaba llevar lo que estaba aprendiendo a mi propia cultura, porque me di cuenta de que la ocupación no era la causante de nuestro sufrimiento. Nuestro problema era mucho mayor que el ejército y la política.

Me preguntaba qué harían los palestinos si Israel desapareciese; qué sucedería si todo volviese a ser como antes de 1948, o mejor aún, qué pasaría si los judíos abandonaran Tierra Santa y se dispersaran de nuevo por todo el mundo. Y, por primera vez, supe la respuesta.

Seguiríamos luchando. Por nada. Por una chica que no llevara el pañuelo en la cabeza. Por ver quién era más duro y más importante. Por ver quién dictaba las normas y quién se quedaba con el mejor asiento.

Estábamos a finales de 1999. Tenía veintiún años. Mi vida había empezado a cambiar y, cuanto más aprendía, más confuso me sentía.

—Dios creador, muéstrame la verdad —oraba día tras día—. Estoy confundido. Estoy perdido. Y no sé qué camino escoger.

Capítulo dieciséis

LA SEGUNDA INTIFADA

VERANO - OTOÑO DE 2000

HAMÁS, que una vez fue una potencia ascendente entre los palestinos, ahora estaba sumida en el caos. El rival más doloroso para los corazones y las mentes de la maltrecha organización ahora lo tenía todo bajo su control.

Mediante la intriga y los negocios sucios, la Autoridad Nacional Palestina había conseguido lo que Israel había sido incapaz de hacer a través de una política transparente: destruir el brazo militar de Hamás y encarcelar a sus líderes y peones. Después de ser liberados, los miembros de Hamás regresaban a sus casas y no hacían nada en contra de la ANP o de la ocupación. Los jóvenes fedayines estaban exhaustos. Sus líderes estaban divididos y desconfiaban los unos de los otros.

Mi padre estaba solo otra vez, así que volvió a trabajar en la mezquita y en los campos de refugiados. Ahora, cuando hablaba, lo hacía en nombre de Alá, no como líder de Hamás. Después de pasar años enteros separados a causa de nuestros respectivos encarcelamientos, me entusiasmé con la oportunidad de viajar y de pasar tiempo con él una vez más. Echaba de menos nuestras largas conversaciones sobre la vida y el Islam.

Como yo seguía leyendo mi Biblia y continuaba aprendiendo cosas sobre el cristianismo, descubrí que me sentía atraído por la gracia, el amor y la humildad de los que hablaba Jesús.

Sorprendentemente, esos eran los mismos rasgos del carácter de mi padre que atraían a la gente; era uno de los musulmanes más devotos que conocía.

Respecto a mi relación con el Shin Bet, ahora que Hamás estaba prácticamente fuera de juego y que la ANP mantenía las cosas bajo control, parecía que yo, por el momento, no tenía nada que hacer. Sólo éramos amigos. Podían dejarme marchar cuando ellos quisieran y yo podía irme cuando me apeteciera.

La cumbre en Camp David entre Yasser Arafat, el presidente estadounidense Bill Clinton y el primer ministro israelí Ehud Barak terminó el 25 de julio de 2000. Barak había ofrecido a Arafat el noventa por ciento de Cisjordania, toda la franja de Gaza y Jerusalén Este como la capital de un nuevo estado palestino. Además, se instituiría una nueva fundación internacional para compensar a los palestinos las propiedades que habían perdido. Esta oferta de «tierra a cambio de paz» representaba una oportunidad histórica para los palestinos, que llevaban mucho tiempo sufriendo; algo que pocos de ellos hubieron osado siquiera imaginar. Pero aun así, eso no fue suficiente para Arafat.

Yasser Arafat se había hecho desmesuradamente rico en su papel de símbolo internacional de las víctimas. Y no iba a renunciar a ese estatus y a asumir la responsabilidad de construir una sociedad que funcionase. Así que insistió en que a todos los refugiados se les permitiese regresar a las tierras que les habían pertenecido antes de 1967: una condición que ciertamente Israel no aceptaría.

Aunque el rechazo de Arafat de la oferta de Barak representó una catástrofe histórica para su pueblo, el líder palestino volvió ante los partidarios de su línea más dura como un héroe que se había burlado del mismísimo presidente de Estados Unidos, como alguien que no había cedido ni se había conformado con menos, y como un líder capaz de encararse al mundo entero.

Arafat salió en televisión y el mundo entero le vio hablando de su amor por los palestinos y la profunda pena que le producían los millones de familias que vivían en la miseria de los campos de refugiados. Ahora que yo viajaba con mi padre y asistía a las reuniones con Arafat, empecé a ver por mí mismo el gran apego que aquel hombre le tenía a los medios de comunicación. Parecía que le entusiasmara que le presentaran como una especie de Che Guevara palestino y le igualaran a reyes, presidentes y primeros ministros.

Yasser Arafat dejó claro que quería ser un héroe y que deseaba que los libros de historia hablasen de él. Sin embargo, cuando le miraba, a menudo pensaba: *Sí, dejemos que sea recordado en nuestros libros de historia, pero no como un héroe, sino como un traidor que vendió a su gente a cambio de su reconocimiento. Es como un reverso de Robin Hood, que saquea a los pobres para enriquecerse; como un mal actor que compra minutos de gloria con sangre palestina.*

También era interesante ver a Arafat a través de los ojos de mis contactos en la inteligencia israelí.

—¿Qué está haciendo este tipo? —me preguntó un día mi entrenador del Shin Bet—. Jamás pensamos que nuestros líderes entregarían todo lo que le han ofrecido a Arafat. ¡Nunca! ¿Y él va y dice que no?

A Arafat se le habían entregado las llaves para la paz en Medio Oriente, además de una nación real para los palestinos, y lo había echado todo por la borda. Como resultado, el status quo de aquella silenciosa corrupción no cambió. No obstante, las cosas no permanecerían en calma durante demasiado tiempo. Parecía que Arafat siempre tenía algo que ganar cuando los palestinos sangraban. Seguramente, otra Intifada haría correr la sangre y conseguiría que las cámaras de Occidente enfocaran sus noticias allí de nuevo.

La opinión generalizada de los gobiernos del mundo y de las agencias de noticias nos dice que el sangriento levantamiento conocido como Segunda Intifada fue una respuesta espontánea de furia palestina desencadenada por la visita del general Ariel Sharon a lo que Israel llama el Monte del Templo. Como de costumbre, la opinión pública se equivoca.

Al atardecer del 27 de septiembre mi padre llamó a la puerta de mi habitación y me preguntó si podía llevarle a casa de Marwan Barghouti a la mañana siguiente, después de la oración del alba.

Marwan Barghouti era el secretario general de Fatah, la facción política más grande de la OLP. Era un joven líder palestino, muy carismático, un firme defensor del estado palestino y un enemigo acérrimo de la corrupción y los abusos de los derechos humanos que la ANP y las fuerzas de seguridad de Arafat llevaban a cabo. Era un hombre bajito y sencillo, que casi siempre vestía tejanos azules; además, era el candidato favorito para ser el próximo presidente palestino.

—¿Qué sucede? —le pregunté a mi padre.

—Está programado que Sharon visite la mezquita de Al-Aqsa mañana, y la ANP cree que sería una buena oportunidad para un levantamiento.

Ariel Sharon era el líder del partido conservador Likud, la pesadilla del partido laborista de izquierdas de Ehud Barak. Sharon estaba en medio de una ajustada carrera política en la que le disputaba a Barak el liderazgo del gobierno israelí.

¿Un levantamiento? ¿Lo decían en serio? Los líderes de la ANP que pusieron a mi padre en la cárcel ahora le pedían que les ayudara a iniciar otra Intifada. Yo estaba realmente molesto, aunque no era difícil deducir la razón por la que se dirigieron a mi padre con aquel plan. Sabían que la gente le apreciaba, y confiaban en él tanto como odiaban y desconfiaban de la ANP, o incluso más. Seguirían a mi padre al fin del mundo, y el liderazgo de la ANP lo sabía.

También sabían que Hamás, como un boxeador exhausto, estaba esperando el sonido de la campana que anuncia el final del combate. Querían que mi padre rescatara la organización, le salpicara agua en la cara y la mandara a luchar otro asalto, para que así la ANP pudiera noquearla de nuevo antes de que la multitud se alzase en vítores. Los propios líderes de Hamás, hartos de años de conflicto, aconsejaron a mi padre que tuviera cuidado.

«Arafat sólo quiere usarnos como combustible para su maquinaria política», le dijeron. «No vayas demasiado lejos con esta nueva Intifada suya».

Pero mi padre entendía la importancia del gesto. Si al menos no daba la impresión de que trabajaba junto a la ANP, la organización señalaría con el dedo a Hamás y nos culparía de interrumpir el proceso de paz.

Parecía que llevábamos las de perder, sin importar lo que hiciésemos; estaba muy preocupado por el plan. Pero sabía que mi padre necesitaba hacerlo, así que a la mañana siguiente le llevé a la casa de Marwan Barghouti. Llamamos a la puerta, no obtuvimos una respuesta inmediata, y al final descubrimos que Marwan aún estaba en la cama.

Típico, dije para mí. *Fatah involucra a mi padre en sus estúpidos planes pero sus líderes ni siquiera se molestan en salir de la cama para llevarlos a cabo.*

—No pasa nada —le dije a mi padre—. No te preocupes. Métete en el coche, te llevaré a Jerusalén.

Era evidente que llevar a mi padre al lugar escogido para la visita de Sharon era arriesgado, y más teniendo en cuenta que a la mayoría de vehículos palestinos no se les permitía entrar en Jerusalén. Lo habitual era que se multase a los conductores palestinos interceptados por la policía israelí; siendo quienes éramos, lo más probable sería que nos arrestaran a mi padre y a mí en el acto. Tenía que ser muy cuidadoso, debía circular por carreteras secundarias, confiando que mis contactos en el Shin Bet me protegerían si llegaba el caso.

La mezquita de Al-Aqsa y la Cúpula de la Roca están construidas sobre las ruinas y los restos de dos antiguos templos judíos: el templo de Salomón, del siglo X antes de Cristo, y el templo de Herodes el Grande, de la época de Cristo. Así que, con mucha razón, algunos han descrito esta colina rocosa como los 140 metros cuadrados más conflictivos de toda la Tierra. El lugar es sagrado para las tres grandes religiones monoteístas del mundo. Además, desde un punto de vista científico e histórico, es también un emplazamiento de enorme trascendencia arqueológica, incluso para los ateos más empedernidos.

En las semanas previas a la visita de Sharon, los Wafq musulmanes (la autoridad islámica que gobierna el lugar) cerraron el paso al Monte del Templo a cualquier actividad arqueológica de la Autoridad de Antigüedades de Israel. Entonces llevaron maquinaria pesada para la extracción de tierras para las obras de construcción en nuevas mezquitas subterráneas en el lugar. Las noticias de la noche mostraban imágenes de *bulldozers*, retroexcavadoras y volquetes maniobrando por todo el lugar. En el transcurso de varias semanas, los camiones desplazaron unas trece mil toneladas de escombros desde el complejo del Monte del Templo hasta los vertederos de basura de la ciudad. Los reportajes que se hacían desde los basureros mostraban las caras de incredulidad de los arqueólogos mientras sostenían los restos de vestigios recuperados de los escombros; algunos de ellos databan de la época del primer y del segundo templo.

Para muchos israelíes, la evidente intención de todo esto era convertir aquellos 140 metros cuadrados en un lugar exclusivamente musulmán, borrando cada signo, vestigio y recuerdo de su pasado judío. Esto incluía la destrucción de todos los hallazgos arqueológicos que representaran una evidencia de esa historia.

La visita de Sharon fue diseñada para llevar un mensaje silencioso pero claro a los votantes israelíes: «Pondré punto final a esta destrucción innecesaria». Mientras se planificaba el viaje, el jefe de seguridad palestino Jibril Rajoub había asegurado a la gente de Sharon que su visita no sería ningún problema mientras se abstuviera de entrar en cualquier mezquita.

Mi padre y yo llegamos al emplazamiento pocos minutos antes de la llegada de Sharon. Era una mañana tranquila. Un centenar de palestinos habían venido a orar. Sharon llegó dentro del horario de visitas turísticas con una delegación del Likud y un millar de policías antidisturbios. Vino, miró a su alrededor y se fue. No dijo nada. No entró en la mezquita.

A mí me pareció todo un gran fiasco. De regreso a Ramala le pregunté a mi padre de qué iba todo aquello.

—¿Qué ha pasado? —dije—. No has empezado ninguna Intifada.

—Aún no —me contestó—. Pero he llamado a algunos activistas del movimiento islámico estudiantil y les he pedido que nos encontremos para llevar a cabo un acto de protesta.

—¿En Jerusalén no ha pasado nada y ahora quieres una manifestación en Ramala? Eso es de locos —le dije.

—Hay que hacer lo que hay que hacer. Al-Aqsa es nuestra mezquita y Sharon no tenía por qué ir allí. No podemos permitirlo.

Me pregunté si estaba tratando de convencerme a mí o a sí mismo.

La manifestación en Ramala no fue sino un dramático espectáculo de combustión espontánea. Aún era pronto y la gente andaba de acá para allá en la ciudad, como siempre, preguntándose qué pasaba con esos estudiantes y aquellos tipos de Hamás que ni siquiera parecían saber por lo que estaban protestando.

Unos hombres se erigieron con sus megáfonos y empezaron a pronunciar discursos, y los palestinos que se habían congregado por casualidad a su alrededor estallaron en cantos y vítores. Pero la gran mayoría no parecía estar muy interesada. Las cosas se habían apaciguado un poco en los territorios palestinos. Cada día era un día más de ocupación. Los soldados israelíes ya formaban parte de la vida cotidiana. Los palestinos podían ir a trabajar y a estudiar dentro de Israel. Ramala gozaba de una próspera vida nocturna, así que era difícil entender por qué todos aquellos hombres estaban tan descontentos.

En lo que a mí respecta, aquella manifestación también me parecía un fracaso. Así que llamé a algunos de mis amigos del estudio bíblico y nos dirigimos a Galilea para acampar en el lago.

Desconectado de cualquier fuente de información, no supe que a la mañana siguiente un gran número de manifestantes palestinos lanzaron piedras y cargaron contra los policías antidisturbios cerca del lugar que había visitado Sharon. De las piedras se pasó a los cócteles molotov y de ahí a los tiroteos con Kaláshnikovs. La policía usaba balas metálicas con revestimiento de goma y, según algunos informes, munición real para dispersar a los manifestantes. Cuatro de ellos resultaron muertos y 200 más fueron heridos. Pero esto era lo que esperaba la ANP.

Al día siguiente recibí una llamada telefónica del Shin Bet.

—¿Dónde estás?

—Estoy en Galilea, de camping con unos amigos.

—¡Galilea! ¿Qué? ¡Estás loco! —Loai empezó a reír—. Realmente eres increíble, Mosab —me dijo—. Toda Cisjordania está patas arriba y tú por ahí divirtiéndote con tus amigos cristianos.

Cuando me contó lo que había pasado salté al coche y regresé corriendo a casa.

Yasser Arafat y los demás líderes de la ANP habían resuelto provocar otra Intifada. Lo habían estado planeando durante meses, incluso mientras Arafat y Barak negociaban con el presidente Clinton en Camp David. Simplemente habían estado esperando el detonante adecuado que sirviera como pretexto. La visita de Sharon les proveyó de dicha excusa. Así que, después de un par de intentos fallidos, la Intifada de Al-Aqsa empezó en serio, y el yesquero de las pasiones en Cisjordania y Gaza fue encendido de nuevo. Especialmente en Gaza.

Allí Fatah promovió manifestaciones que dieron como resultado la retransmisión televisada a escala mundial de la muerte de un niño de doce años llamado Mohammed al-Dura. El chico y su padre se habían visto atrapados por el fuego cruzado y se habían refugiado detrás de un depósito de hormigón. El niño fue alcanzado por una bala perdida y murió en los brazos de su padre. La desgarradora escena fue filmada por un cámara palestino que trabajaba para la televisión pública francesa. Al cabo de unas pocas horas el videoclip había dado la vuelta al mundo, enfureciendo a millones de personas que se manifestaron en contra de la ocupación israelí.

No obstante, en los meses siguientes se desató una acalorada polémica internacional sobre este hecho. Algunos mostraron evidencias de que en realidad fue el fuego palestino el responsable de la muerte del chico. Otros continuaron culpando a los israelíes. Incluso hubo quien argumentó que la película no era más que un burdo montaje. De hecho, las secuencias no mostraban al chico siendo tiroteado ni su cadáver, así que muchos sospecharon que se trataba de una estratagema propagandística de la OLP. Si eso último era verdad, no hay duda de que fue brillante y efectivo.

Fuera cual fuese la verdadera versión de la historia, de repente me vi torpemente atrapado en medio de una guerra en la que mi padre era un líder clave, aunque no tenía ni idea de lo que estaba liderando ni adónde le conduciría. Arafat y Fatah le utilizaron y le manipularon para que comenzase los disturbios, suministrando de este modo a la ANP de una nueva moneda de cambio y de una nueva excusa para el levantamiento de fondos.

Mientras tanto, regresaron las muertes en los puntos de control. Los dos bandos disparaban indiscriminadamente. Morían niños. Un día sangriento tras otro, un Yasser Arafat con lágrimas en los ojos se ponía ante las cámaras occidentales retorciéndose las manos y negando que tuviera algo que ver con toda aquella violencia. En vez de eso, señalaba con dedo acusador a mi padre, a Marwan Barghouti y a la gente que vivía en los campamentos de refugiados. Le aseguró al mundo que estaba haciendo todo lo posible para sofocar el levantamiento. Pero, por otro lado, todo el tiempo tenía su otro dedo firme sobre el gatillo.

Sin embargo, Arafat pronto descubrió que había liberado a un genio malvado. Había despertado a los palestinos de su letargo y les había provocado porque hacerlo le venía bien para sus propósitos. No pasó mucho antes de que estuvieran completamente fuera de control. Cuando vieron a los soldados de las FDI disparando y asesinando a sus padres, sus madres e hijos, los palestinos se enfurecieron tanto que ya no escucharon ni a la ANP ni a nadie más.

Arafat también descubrió que el maltrecho boxeador al que había apartado de su camino era mucho más fuerte de lo que había imaginado. Las calles eran el hábitat natural de Hamás.

El boxeador había empezado allí, y era allí donde se sentía más fuerte.

¿Paz con Israel? ¿Camp David? ¿Oslo? ¿La mitad de Jerusalén? ¡Nada de eso! Cualquier clima de compromiso que hubiera existido se evaporó en el horno candente del conflicto. Los palestinos volvieron a la mentalidad del todo o nada del pasado. Y ahora era Hamás, más que Arafat, quien avivaba la llama.

En represalia, la violencia se intensificó. Cada día que pasaba la lista de quejas de ambos bandos crecía, al mismo tiempo que sus respectivas reservas de dolor se desbordaban.

- El 8 de octubre de 2000 una turba judía atacó a varios palestinos en Nazaret. Dos árabes murieron y hubo docenas de heridos. En Tiberíades los judíos destruyeron una mezquita de más de doscientos años.
- El 12 de octubre una multitud palestina mató a dos soldados de las FDI en Ramala. Israel contraatacó bombardeando Gaza, Ramala, Jericó y Nablus.
- El 2 de noviembre un coche bomba mató a dos israelíes cerca del mercado Mahane Yehuda en Jerusalén. Otros diez resultaron heridos.
- Treinta y ocho días después del comienzo de la Intifada de Al-Aqsa, el 5 de noviembre, más de 150 palestinos habían fallecido.
- El 11 de noviembre un helicóptero israelí detonó un artefacto explosivo que había sido colocado bajo el vehículo de un activista de Hamás.
- El 20 de noviembre una bomba situada al borde de la carretera hizo explosión cuando pasaba un autobús escolar. Dos israelíes murieron. Otros nueve, incluyendo a cinco niños, resultaron heridos.[5]

No podía creer lo que estaba viendo. Había que hacer algo para parar aquella locura. Supe que había llegado la hora de empezar a trabajar con el Shin Bet. Y lo hice con todo mi corazón.

Capítulo diecisiete

EN LA CLANDESTINIDAD

2000-2001

Lo que voy a revelar ahora sólo lo han sabido, hasta este momento, un puñado de hombres de la inteligencia israelí. Voy a desvelar esta información con la esperanza de que arroje luz sobre un gran número de hechos significativos que han permanecido rodeados de misterio durante largo tiempo.

El día decisivo, el día que decidí hacer todo lo que estuviera en mi mano para detener aquella locura, empecé descubriendo todo lo que pude de las actividades y planes de Marwan Barghouti y de los líderes de Hamás. Le conté todo lo que descubrí al Shin Bet, que estaba haciendo lo posible para encontrar a estos líderes.

Dentro del Shin Bet me habían asignado el nombre en clave de *Príncipe Verde*. El *verde* aludía al color de la bandera de Hamás, y *príncipe* era una referencia obvia al rango de mi padre: un rey dentro de Hamás. Así que con veintidós años me convertí en el único infiltrado del Shin Bet capaz de penetrar en el brazo militar y político de Hamás, así como en otras facciones palestinas.

Pero esta responsabilidad no descansaba sólo en mis hombros. Ahora tenía claro que Dios me había situado expresamente y por una razón en el corazón del liderazgo de Palestina y de Hamás, en las reuniones de Yasser Arafat y dentro del servicio de seguridad israelí. Yo era el único capaz de hacer ese trabajo. Y podía sentir que Dios estaba conmigo.

Quería llegar hasta el fondo, saber todo lo que pasaba. Había estado en el centro de la Primera Intifada, rodeado de violencia. La muerte había llenado hasta los topes el cementerio en el que había jugado al fútbol de pequeño. Había tirado piedras. Había violado el toque de queda. Sin embargo, no entendía por qué nuestra gente continuaba con la violencia. Ahora quería saber por qué estábamos haciéndolo otra vez. Necesitaba comprenderlo.

Desde la perspectiva de Yasser Arafat, el levantamiento sólo estaba motivado por temas políticos, económicos y por ver quién ostentaba el poder. Era un gran manipulador, un titiritero que movía los hilos de los palestinos. Delante de las cámaras condenaba a Hamás por sus ataques contra civiles en Israel. Hamás no representa a la ANP ni a los palestinos, insistía. No obstante, hacía muy poco por impedir los ataques, satisfecho de que Hamás le hiciera el trabajo sucio y así él dejara de ser el blanco de las críticas de la comunidad internacional. Se había convertido en un político viejo y astuto que sabía que Israel sólo podría detener los ataques asociándose con la ANP. Cuantos más ataques, más pronto Israel se sentaría a la mesa de negociaciones.

Durante ese tiempo apareció un nuevo grupo en escena. Se llamaban a sí mismos las Brigadas Mártires de Al-Aqsa. Los soldados de las FDI y los colonos eran sus objetivos predilectos. Nadie sabía quiénes eran estos tipos ni de dónde venían. Parecía un grupo religioso, pero nadie en Hamás ni en la Yihad Islámica los conocía. Tampoco se presentaban como una rama nacionalista de la ANP o de Fatah.

El Shin Bet estaba tan perplejo como los demás. Una o dos veces por semana, el coche de algún colono era atacado con una precisión mortífera. Ni siquiera los soldados israelíes, fuertemente armados, estaban a su altura.

Un día Loai me llamó.

—Tenemos noticia de que algunos hombres no identificados han visitado a Maher Odeh y necesitamos que descubras quiénes son y qué relación tienen con él. Eres el único en quien podemos confiar.

Maher Odeh era uno de los líderes principales de Hamás buscado por el Shin Bet. Era el jefe del ala de seguridad de Hamás dentro de la prisión; yo sabía que era el responsable de la tortura que allí se llevaba a cabo. Sospechaba que era el instigador de los ataques suicidas. Odeh también era una persona muy reservada, lo que hacía casi imposible que el Shin Bet pudiese reunir pruebas suficientes para autorizar su arresto.

Aquella tarde conducía por el centro de Ramala. Era el mes del Ramadán y las calles estaban vacías. El sol se había puesto, así que todo el mundo estaba en casa rompiendo el ayuno diario cuando entré en un aparcamiento en la misma calle del edificio de apartamentos donde vivía Maher Odeh. Aunque no me habían entrenado para aquel tipo de operaciones, conocía las normas básicas. En las películas los agentes permanecían sentados en el coche aparcado al otro lado de la calle donde vivía el sospechoso y vigilaban con cámaras extravagantes y demás cachivaches de espías. A pesar de que el Shin Bet disponía de equipos extremadamente sofisticados, lo único que yo tenía para realizar mi misión era mi coche y mis ojos. Sólo debía vigilar el edificio y seguir la pista de quién entraba y quién salía.

Al cabo de media hora unos hombres armados dejaron el edificio de dos plantas y se metieron en un Chevy nuevo de color verde con matrícula israelí. La escena no tenía sentido. Primero, los miembros de Hamás, especialmente los del brazo militar, nunca aparecían armados en público. Segundo, los tipos como Maher Odeh no se mezclaban con gente armada.

Arranqué y esperé a que pasaran un par de coches antes de incorporarme a la carretera. Seguí al Chevy verde a corta distancia por la calle principal que iba hacia Beitunia, donde vivían mis padres, y entonces lo perdí.

Estaba disgustado conmigo mismo y con el Shin Bet. No era como en las películas. Era la vida real, y en la vida real el espionaje puede hacer que te maten. Si querían que siguiese a gente armada, y más si era de noche, debían proporcionarme alguna ayuda. No era trabajo para un hombre solo. Siempre había pensado que una operación de ese tipo implicaba vigilancia por aire y por satélite, con aparatos modernos de alta tecnología. Pero sólo estaba yo. Podría haber tenido suerte o podrían haberme pegado un tiro. En esta ocasión no me pasó ninguna de las dos cosas. Regresé a casa sintiéndome como si hubiera echado a perder un negocio de un millón de dólares.

A la mañana siguiente me levanté decidido a encontrar ese coche. Aun así, después de conducir durante horas regresaba con las manos vacías. Frustrado una vez más, abandoné la búsqueda y fui a lavar el coche. Y ahí estaba, en el túnel de lavado. El mismo Chevy verde. Los mismos hombres. Las mismas armas.

¿Era suerte, una intervención divina, o qué?

Ahora que era de día podía verles mucho mejor, y estaba mucho más cerca de ellos de lo que había estado la noche anterior. Con trajes elegantes, AK-47 y M16, les identifiqué inmediatamente como la Fuerza 17, un comando de élite que había nacido a principios de los años 70. Eran los hombres que le cubrían las espaldas a Arafat y le protegían de una creciente lista de aspirantes y usurpadores.

Algo parecía no encajar. No podían ser los mismos hombres que había visto en la casa de Maher Odeh. ¿O sí? ¿Qué podía estar haciendo Maher Odeh con estos pistoleros? Él no tenía nada que tratar con Arafat. Nada de esto tenía sentido.

Después de que se fueran le pregunté al propietario del túnel de lavado quiénes eran aquellos hombres. Él sabía que yo era el hijo de Hassan Yousef, así que no le sorprendieron mis preguntas. Me confirmó que eran la Fuerza 17 y me dijo que vivían en Beitunia. Ahora estaba aún más confundido. ¿Por qué los hombres vivían a dos minutos de la casa de mis padres en vez de en el complejo de Arafat?

Conduje hasta la dirección que me dio el propietario del negocio de lavado y encontré el Chevy aparcado en el exterior. Me di prisa en volver al cuartel general del Shin Bet y contarle a Loai todo lo que había descubierto. Me escuchó con atención, pero su jefe me rebatió.

—Eso no tiene ningún sentido —dijo—. ¿Por qué los guardias de Arafat vivirían fuera del complejo? Debes haberte confundido.

—¡No me confundí! —solté con brusquedad.

Sabía que no tenía lógica, y estaba frustrado por el hecho de no poder encontrar una explicación razonable, aunque sabía bien lo que había visto. Ahora este tipo me decía que me había confundido.

—Toda la situación es un sinsentido —le dije—. No me importa si usted lo entiende o no. Vi lo que vi.

El hombre estaba indignado por la forma en que le respondí y abandonó la reunión furioso. Loai me dijo que me calmara y que se lo contara todo de nuevo con más detalle. Aparentemente, el Chevy no encajaba en la información que tenían sobre las Brigadas. Los hombres de la ANP solían conducir coches israelíes robados, pero no entendíamos cómo eso les relacionaba con la nueva facción.

—¿Estás seguro de que era un Chevy? —preguntó—. ¿No viste un BMW?

Yo estaba seguro de que era un Chevy verde, pero de todos modos volví al apartamento. Ahí estaba el Chevy, aparcado en el mismo sitio. Al otro lado del apartamento vi otro vehículo tapado con una sábana blanca. Me arrastré con sigilo por el costado del edificio y levanté la esquina trasera de la sábana. Debajo había un BMW plateado de 1982.

—Está bien, ¡los tenemos! —gritó Loai por el auricular de mi teléfono móvil cuando le llamé para contarle lo que había descubierto.

—¿De qué estás hablando?

—¡De los guardias de Arafat!

—¿Qué quieres decir? Pensaba que mi información era incorrecta —dije con sarcasmo.

—No, tenías toda la razón. Ese BMW ha sido usado en todos los tiroteos que han tenido lugar en Cisjordania en los últimos dos meses.

Siguió contándome que esta nueva información era un gran descubrimiento, porque era la primera prueba de que las Brigadas Mártires de Al-Aqsa no eran más que los propios guardias de

Yasser Arafat, fundadas por él mismo con dinero de los contri-
buyentes estadounidenses y donantes internacionales. Descubrir
este enlace era un gran avance para poder poner punto final al
espantoso goteo de atentados que estaban segando la vida de
civiles inocentes. La evidencia que le entregué al Shin Bet sería
usada posteriormente contra Arafat en el Consejo de Seguridad
de la ONU.[6] Ahora, todo lo que teníamos que hacer era atrapar a
los miembros de esta nueva célula: cortar la cabeza de la serpiente,
como a los israelíes les gustaba decir.

Descubrimos que los miembros más peligrosos eran Ahmad
Ghandour, un líder de las Brigadas, y Muhaned Abu Halawa, uno
de sus lugartenientes. Habían matado a una docena de personas.
Poner a estos tipos fuera de la circulación no parecía una tarea
muy difícil. Sabíamos quiénes eran y dónde vivían. Y, de forma
crucial, ellos no sabían que lo sabíamos.

Las FDI lanzaron un vehículo aéreo no tripulado para sobrevolar
el apartamento y recopilar información. Dos días más tarde las Brigadas atacaron de nuevo a Israel, y los israelíes quisieron devolver
el golpe. El cañón de 120 mm de un tanque de combate Merkava
israelí de sesenta y cinco toneladas disparó veinte granadas dentro
del edificio de las Brigadas. Desafortunadamente, nadie se había
preocupado en comprobar la información enviada por el vehículo
de reconocimiento para ver si los hombres estaba allí. No estaban.

Y aún peor: ahora sabían que íbamos detrás de ellos. Como
era de esperar, se refugiaron en el complejo de Yasser Arafat.
Sabíamos que estaban allí, pero al mismo tiempo era políticamente
imposible entrar y atraparlos. Ahora sus ataques se volvieron más
frecuentes y agresivos.

Como era el líder, Ahmad Ghandour estaba en lo alto de la
lista de los más buscados. Después de trasladarse al interior del
complejo supusimos que ya no podríamos atraparle. Y no lo
hicimos: se entregó él mismo.

Un día, caminando por la calle cerca del viejo cementerio de
Al-Bireh, me tropecé con un funeral militar.

—¿Quién ha muerto? —pregunté con curiosidad.

—Un tipo del norte —dijo un hombre—. Dudo que le conocieras.

—¿Cómo se llama?

—Ahmad Ghandour.

Tuve que reprimir mi sorpresa y pregunté, con fingida indiferencia:

—¿Qué le ha pasado? Creo que he oído ese nombre antes.

—No sabía que su arma estaba cargada y se disparó en la cabeza. Dicen que su cerebro se quedó pegado al techo.

Llamé a Loai.

—Dile adiós a Ahmad Ghandour, porque Ahmad Ghandour está muerto.

—¿Le has matado?

—¿Me diste un arma? No, yo no le maté. El tipo se pegó un tiro. Está muerto.

Loai no podía creerlo.

—El hombre está muerto. Estoy en su funeral.

Durante los primeros años de la Intifada de Al-Aqsa acompañé a mi padre allá donde iba. Como hijo mayor yo era su protegido, su guardaespaldas, su confidente, su alumno y su amigo. Y él lo era todo para mí, el ejemplo de lo que significaba ser un hombre. A pesar de que nuestras ideologías divergían claramente, sabía que su corazón era recto y sus motivaciones puras. Su amor por los musulmanes y su devoción por Alá nunca languidecieron. Ansiaba la paz entre su gente, y se había pasado la vida trabajando para conseguir esta meta.

Este segundo levantamiento era más bien un evento cisjordano. En Gaza había habido pocas manifestaciones y la muerte del joven Mohammed al-Dura había apagado la llama del odio. Pero fue Hamás quien echó leña al fuego y convirtió Cisjordania en un infierno.

Multitudes furiosas entraban en conflicto con los soldados israelíes en cada aldea, pueblo y ciudad. Cada punto de control se convirtió en un campo de batalla sangriento. No podía encontrarse a nadie que no hubiera enterrado amigos o familiares en los últimos días.

Mientras tanto, los líderes de las facciones palestinas (los más altos dirigentes) se reunían diariamente con Yasser Arafat para coordinar sus estrategias. Mi padre representaba a Hamás, que de nuevo se había convertido en la organización más grande e importante. Él, Marwan Barghouti y Arafat también se encontraban cada semana a solas. En muchas ocasiones pude acompañar a mi padre a esos encuentros privados.

Yo despreciaba a Arafat y lo que le estaba haciendo a la gente que amaba. Sin embargo, en mi papel de espía para el Shin Bet no era prudente mostrar mis sentimientos. Aun así, en una ocasión, después de que Arafat me saludara con un beso, instintivamente me limpié la mejilla. Él se dio cuenta y ese gesto le humilló. Mi padre estaba avergonzado. Aquella fue la última vez que me llevó con él.

Los líderes de la Intifada siempre llegaban a aquellas reuniones diarias en sus coches extranjeros de setenta mil dólares, acompañados por otros vehículos llenos de guardaespaldas. Mi padre siempre conducía su Audi azul oscuro de 1987. Sin guardaespaldas, sólo yo.

Estos encuentros eran el motor que hacía avanzar la Intifada. Aunque ahora debía esperar sentado en el exterior de la sala de reuniones, aún conocía todos los detalles de lo que sucedía en el interior porque mi padre tomaba notas. Yo tenía acceso a esas notas y sacaba copias. En ellas nunca había información secreta, como el quién, el dónde y el cuándo de una operación militar. Más bien los líderes hablaban en términos generales que dejaban entrever pautas y directrices, como la manera de enfocar un ataque dentro de Israel o la decisión de tomar como objetivo colonos o puntos de control.

No obstante, las notas de las reuniones sí incluían fechas para las manifestaciones. Si mi padre decía que Hamás se manifestaría mañana a la una del mediodía en el centro de Ramala, se enviaban urgentemente mensajeros a las mezquitas, a los campos de refugiados y a las escuelas para convocar allí a todos los miembros de Hamás a la una en punto. Los soldados israelíes también aparecían. Como resultado, musulmanes, refugiados y, demasiado a menudo, escolares, eran asesinados.

El hecho es que Hamás no había llegado a estar muerta antes de la Segunda Intifada. Mi padre hubiera hecho bien abandonando la organización. Todos los días las gentes de las naciones árabes veían su rostro y oían su voz en la televisión de Al-Jazeera. Ahora era el líder visible de la Intifada. Eso le hizo sorprendentemente popular e increíblemente importante en todo el mundo musulmán, pero también le convirtió en la bestia negra de Israel.

Al terminar el día, sin embargo, Hassan Yousef no se envanecía. Él se sentía humilde y satisfecho de haber cumplido la voluntad de Alá.

Una mañana, leyendo las notas de mi padre de las reuniones, vi que se había programado una manifestación. Al día siguiente yo caminaba detrás de él encabezando una turba ensordecedora que se dirigía a un punto de control israelí. Unos doscientos metros antes de que alcanzásemos nuestro destino, los líderes se separaron del grupo y se pusieron a cubierto en una colina. Todos los demás (hombres jóvenes y niños en edad escolar) se adelantaron y empezaron a lanzar piedras a los soldados israelíes armados, que respondieron abriendo fuego contra la multitud.

En tales circunstancias incluso las balas recubiertas de goma podían ser mortales. Los niños eran particularmente vulnerables. Aquella munición aún era más letal cuando se disparaba a una distancia inferior a los cuarenta metros que prescribían las regulaciones de las FDI.

Observando la escena desde nuestra posición privilegiada en la colina veíamos muertos y heridos por doquier. Los soldados incluso abrieron fuego contra las ambulancias que llegaban, disparando a los conductores y matando a los sanitarios que intentaban llegar hasta los heridos. Fue atroz.

Pronto todos estaban disparando. Las piedras llovían sobre el punto de control. Miles de personas arremetieron contra las barreras, intentado superar a los soldados, obsesionadas con una sola idea, un sólo pensamiento: alcanzar el asentamiento de Betel y destruir todo y a todos lo que se cruzasen en su camino. Estaban locos de rabia por la visión de sus seres queridos fallecidos y el olor de la sangre.

Justo cuando parecía que las cosas ya no podían ser más caóticas, el rugido del motor diésel de 1,200 caballos de un Merkava tronó en el combate. De pronto su cañón retumbó en el aire como si alguien hubiera roto la barrera del sonido.

El tanque respondía a las fuerzas de la ANP, que habían estado disparando a los soldados de las FDI. Mientras el tanque avanzaba, los guardaespaldas agarraron a sus protegidos y les llevaron a toda prisa a un lugar seguro. Trozos de cuerpos cubrían la colina bajo nuestros pies mientras yo intentaba llevar a mi padre hacia el coche. Cuando por fin lo alcanzamos nos fuimos directos a Ramala, al hospital, que estaba atiborrado de heridos, moribundos y fallecidos. No había suficientes habitaciones. La Media Luna Roja se instaló en el exterior del recinto en un intento desesperado de evitar que la gente se desangrase hasta la muerte antes de poder atenderlos. Pero no fue suficiente.

Las paredes y los suelos del hospital estaban manchados de sangre. La gente resbalaba sobre ella yendo por los pasillos. Maridos y padres, esposas y madres e hijos sollozaban de dolor y gritaban de ira.

Por increíble que parezca, en medio de la pena y el enojo la gente parecía sumamente agradecida por la presencia de los líderes palestinos como mi padre, que habían venido a compartir con ellos su dolor. Sin embargo, estos eran los mismos líderes palestinos que les habían llevado, a ellos y a sus hijos, como cabras a un matadero mientras se escabullían a una distancia prudencial para ver la carnicería desde lejos. Aquello me asqueó mucho más que la visión de la sangre.

Y eso fue sólo la primera manifestación. Noche tras noche nos sentábamos delante del televisor y escuchábamos la letanía sin fin de los fallecidos. Diez en esta ciudad. Cinco allí. Veinte más acá.

Vi una noticia en la televisión de un chico llamado Shada que estaba trabajando perforando un agujero en un muro de un edificio que quedaba al otro lado de donde se estaba realizando una manifestación. El artillero de un tanque le vio y pensó que el taladro era un arma. Disparó una granada que impactó en la cabeza de Shada.

Mi padre y yo fuimos a la casa del hombre asesinado. Acababa de casarse con una hermosa mujer. Pero eso no era lo peor. Los líderes palestinos que habían venido para consolar a la viuda empezaron a pelearse entre ellos por ver quién predicaría en el funeral de Shada. ¿Quién sería el encargado de recibir a los familiares que estaban en duelo durante tres días? ¿Quién estaría a cargo de la comida para la familia? Todos llamaban a Shada «nuestro hijo», intentando reivindicar que había sido un miembro de su facción, e intentando probar que la suya era la facción que más participaba en la Intifada.

La competencia entre las facciones las había reducido a una ridícula pelea por los muertos. En la mayoría de las ocasiones los fallecidos no tenían nada que ver con el movimiento. Sólo eran personas que se habían visto arrastradas por la corriente de las emociones. Muchos otros, como Shada, estaban en el sitio y el lugar equivocado.

Mientras tanto, los árabes de todo el mundo quemaban banderas de Estados Unidos y de Israel, se manifestaban y derramaban millones de dólares en los territorios palestinos para acabar con la ocupación. En los primeros dos años y medio de la Segunda Intifada, Saddam Hussein pagó treinta y cinco millones de dólares a las familias de los mártires palestinos (diez mil dólares para la familia de quien hubiera muerto luchando contra Israel y veinticinco mil para las familias de los terroristas suicidas). Se podrían decir muchas cosas sobre esta absurda batalla por un pedazo de tierra. Pero no se podía decir que la vida no tuviera precio.

Capítulo dieciocho

EL MÁS BUSCADO

2001

Los palestinos ya no culpaban a Yasser Arafat o a Hamás de sus problemas. Ahora le echaban la culpa a Israel por matar a sus hijos. Sin embargo, yo aún no podía escapar de una pregunta fundamental: en primer lugar, ¿por qué estaban esos niños en la calle? ¿Dónde estaban sus padres? ¿Por qué sus progenitores no les hicieron entrar en casa? Aquellos niños tendrían que haber estado sentados en su pupitre de la escuela, no correteando por las calles y tirando piedras a los soldados armados.

—¿Por qué debemos enviar niños a morir? —le pregunté a mi padre un día que había sido especialmente sangriento.

—No mandamos niños —dijo—. Ellos quieren ir. Mira a tus hermanos.

Un escalofrío me recorrió la espalda.

—Si me entero de que alguno de mis hermanos sale ahí fuera y tira piedras, le partiré el brazo —dije—. Prefiero eso a que le maten.

—¿De verdad? Pues quizá te interese saber que ayer estuvieron tirando piedras.

Y lo dijo tan tranquilo. No podía creer que ésta fuera nuestra nueva manera de vivir.

Cuatro de mis hermanos ya habían dejado de ser niños. Sohayb tenía veintiún años, y Seif dieciocho; ambos eran lo suficientemente mayores para poder ir a la cárcel.

Con dieciséis y catorce, Oways y Mohammad tenían edad suficiente para que les pegaran un tiro. Y todos ellos tendrían que haberlo sabido. Sin embargo, cuando les preguntaba negaban que hubieran ido a tirar piedras.

—Escuchen, se lo digo muy en serio —les dije—. No les he zurrado desde hace mucho tiempo porque ya son mayores. Pero eso cambiará si me entero de que salen ahí fuera.

—Papá y tú también estuvieron en la manifestación —protestó Mohammad.

—Sí, estuvimos allí. Pero no lanzamos piedras.

En medio de todo aquello, especialmente con los jugosos cheques que llegaban del despiadado dictador iraquí Saddam Hussein, Hamás se dio cuenta de que había perdido el monopolio de los atentados suicidas. Ahora los terroristas también eran de la Yihad Islámica y de las Brigadas Mártires de Al-Aqsa, seculares, comunistas y ateos. Y todos competían entre ellos por ver quién mataba a más civiles israelíes.

Había demasiada sangre. Yo no podía dormir ni comer. Ya no veía la situación a través de los ojos de un musulmán o de un palestino, ni siquiera como el hijo de Hassan Yousef. Ahora también veía con los ojos de los israelíes. Y aún más importante: veía las muertes sin sentido a través de los ojos de Jesús, que agonizaba por aquellos que estaban perdidos. Cuanto más leía la Biblia más claro veía esta simple verdad: amar y perdonar a los enemigos es la única manera real de detener el derramamiento de sangre.

Sin embargo, a la vez que admiraba a Jesús no podía creer a mis amigos cristianos cuando intentaban convencerme de que él también era Dios. Alá era mi dios. Aun así, me diera cuenta o no, de forma gradual adopté los principios de Jesús y fui rechazando los de Alá. Lo que aceleró mi apostasía del Islam fue la hipocresía que veía a mi alrededor. El Islam enseñaba que un siervo devoto de Alá que se convirtiera en mártir iba directo al cielo. No le interrogaban los ángeles ni se le torturaba en la tumba. De repente parecía que *cualquiera* que hubiera sido asesinado por los israelíes, fuera un musulmán nominal, un comunista o incluso un ateo, era tratado como un mártir santo. Los imanes y los *shayjs* les decían a las familias del fallecido: «Su ser querido está en el cielo».

Pero el Corán no apoyaba su retórica. El Corán habla muy claro sobre quién va al cielo y quién al infierno. Parecía que a estos líderes no les importaba lo que dijera el texto. Ahora ya no se trataba sobre la verdad o la teología, sino de cómo mentir a la gente para tomar una ventaja estratégica y de conveniencia política. Iba de cómo los líderes islámicos emborrachaban a su gente con mentiras para hacerles olvidar el dolor que ellos mismos les provocaban.

Según iba el Shin Bet proporcionándome información, más me sorprendía lo que habían llegado a saber de la gente que me rodeaba, a menudo viejos amigos que se habían convertido en individuos muy peligrosos. Algunos incluso formaban parte del núcleo del brazo militar de Hamás. Una de aquellas personas era Daya Muhammad Hussein Al-Tawil. Era un joven apuesto; su tío era un líder de Hamás.

En todos los años que fuimos amigos nunca vi a Daya interesado en los asuntos religiosos. De hecho, su padre era comunista, así que no había tenido nada que ver con el Islam. Su madre era musulmana en el sentido cultural de la palabra, pero no era una fanática. Y su hermana era una periodista educada en Estados Unidos, ciudadana norteamericana, y una mujer moderna que no llevaba el pañuelo en la cabeza. Vivían en una bonita casa y eran cultos. Daya había estudiado ingeniería en la Universidad de Birzeit, donde fue el primero de su clase. Hasta donde yo sabía, ni siquiera había participado alguna vez en una manifestación de Hamás.

Dicho esto, me quedé de piedra cuando el 27 de marzo de 2001 escuchamos que Daya se había suicidado en un atentado terrorista en el cruce de French Hill en Jerusalén. Aunque no provocó más muertes que la suya, veintinueve israelíes resultaron heridos.

Daya no era un joven estúpido al que fuera fácil convencer para hacer algo así. No era un pobre refugiado mugriento sin nada que perder. No necesitaba dinero. ¿Qué le hizo cambiar? Nadie lo entendía. Sus padres estaban tan atónitos como yo. Ni siquiera la inteligencia israelí podía explicárselo.

El Shin Bet me llamó para una reunión de emergencia. Me mostraron una fotografía de una cabeza decapitada y me pidieron que la identificara. Les aseguré que era Daya. Y volví a casa preguntándomelo una y otra vez: *¿por qué?* Creo que nadie sabrá nunca la respuesta. Nadie lo vio venir. Ni siquiera su tío de Hamás.

Daya fue el primer terrorista suicida de la Intifada de Al-Aqsa. Su ataque sugirió la existencia de una célula militar que parecía operar de forma independiente desde algún lugar. Y el Shin Bet estaba decidido a encontrarla antes de que lanzara otra ofensiva.

Loai me mostró una lista de sospechosos. En los primeros puestos había cinco nombres que me resultaban familiares. Eran cinco hombres de Hamás que la ANP había puesto en libertad antes del inicio de la Intifada. Arafat sabía que eran peligrosos, pero con Hamás en plena acción no veía razón para tenerlos arrestados más tiempo.

Se equivocó.

El principal sospechoso era Muhammad Jamal al-Natsheh, que había ayudado a fundar Hamás junto a mi padre y que con el tiempo se había convertido en el jefe del ala militar en Cisjordania. Al-Natsheh provenía de una de las familias de más larga tradición en los territorios, así que no tenía miedo de nada. Medía metro ochenta y cada centímetro de su cuerpo exudaba su capacidad para la guerra: era duro, fuerte e inteligente. Por extraño que parezca, aunque estaba lleno de odio hacia los judíos yo le conocía por ser un hombre bondadoso.

Saleh Talahme, otro nombre de la lista, era ingeniero eléctrico, astuto y culto. No lo sabía entonces, pero los dos acabaríamos siendo buenos amigos.

Otro, Ibrahim Hamed, dirigía el ala de seguridad en Cisjordania. Para ayudar a estos tres hombres estaban Sayyed al-Sheikh Qassem y Hasaneen Rummanah.

Sayyed era un buen adepto, atlético, sin educación y obediente. Hasaneen, por otra parte, era un artista joven y apuesto que había sido muy activo en el movimiento islámico estudiantil, en especial durante la Primera Intifada, cuando Hamás intentaba hacerse ver como una fuerza reconocible en las calles. Como líder de Hamás, mi padre había trabajado duro para obtener su libertad y devolvérselos a sus familias. Y el día que Arafat les soltó, mi padre y yo les recogimos de la cárcel, les subimos a todos en el coche y les instalamos en un apartamento en el Al Hajal en Ramala.

Cuando Loai me enseñó la lista dije:

—¿Sabes qué? Conozco a todos esos tipos. Y sé dónde viven. Yo fui el que les llevó al nuevo piso franco.

—¿Lo dices en serio? —preguntó con una gran sonrisa—. Entonces pongámonos manos a la obra.

Cuando mi padre y yo les recogimos en la prisión no tenía ni idea de lo peligrosos que se habían vuelto ni de cuántos israelíes habían asesinado. Y ahora yo era uno de los pocos de Hamás que sabía dónde estaban.

Les hice una visita llevando conmigo los juguetes de espía más sofisticados del Shin Bet para observar cada uno de sus movimientos y escuchar cada una de sus palabras. No obstante, una vez empecé a hablar con ellos vi claro que no iban a darnos ninguna información que valiese la pena.

Empecé a preguntarme si realmente eran ellos los hombres que buscábamos.

—Algo no va bien —le dije a Loai. Estos hombres no me han dado nada. ¿Es posible que se trate de otra célula?

—Sí —admitió el capitán—. Pero ellos tienen el historial. Debemos vigilarles hasta que consigamos lo que necesitamos.

Aquellos tipos, de hecho, sí que tenían el historial, pero eso no bastaba para arrestarlos. Necesitábamos pruebas concluyentes. Así que con paciencia continuamos recopilando información. No queríamos cometer un error imperdonable atrapando a los tipos equivocados y dejando libres a los verdaderos terroristas para que lanzaran la siguiente bomba.

Quizá mi vida aún no era lo suficientemente complicada o tal vez me pareció una buena idea en aquel momento, pero el caso es que ese mismo mes empecé a trabajar en la Oficina de Ayuda al Desarrollo de la Agencia de Estados Unidos para el Desarrollo Internacional (USAID), en el Programa Agua y Servicios Sanitarios en las Aldeas, emplazado en Al-Bireh. Un nombre largo, lo sé, pero es que era un proyecto muy importante. Como aún no me había licenciado, empecé a trabajar como recepcionista.

Algunos de los cristianos con los que asistía a los estudios bíblicos me habían presentado a uno de los directores estadounidenses del proyecto; le resulté simpático y me ofreció un trabajo. Loai pensó que sería una tapadera perfecta, porque mi nueva tarjeta de identificación, sellada por la Embajada de Estados Unidos, me permitiría circular con libertad entre los territorios de Israel y Palestina. Y también evitaría que la gente se preguntase por qué siempre tenía tanto dinero para gastar.

Mi padre lo vio como una gran oportunidad y se sentía agradecido a Estados Unidos por proveer agua potable e instalaciones sanitarias a su gente. No obstante, al mismo tiempo no podía olvidar que los estadounidenses eran los que entregaban a Israel las armas con las que mataban a los palestinos. Aquello era un ejemplo de la ambivalencia que sentía la mayoría de árabes con respecto a Estados Unidos.

Yo no dejé pasar la oportunidad de formar parte del proyecto más grande financiado por Estados Unidos en la región. Parecía que los medios de comunicación sólo se centraban en el atractivo conflicto de siempre: tierras, independencia e indemnizaciones. Pero en Medio Oriente el agua era un tema mucho más trascendental que la tierra. La gente se peleaba por ella desde que los pastores de Abraham lucharon con los de su sobrino Lot. La mayor fuente de agua de Israel y de los territorios ocupados es el Mar de Galilea, también conocido como Genesaret o Tiberíades. Es el lago de agua dulce más bajo del mundo.

En los relatos de la Biblia el agua siempre ha sido un tema complicado. Para el moderno Israel esta dinámica cambió con la creación de las fronteras. Por ejemplo, una de las consecuencias de la Guerra de los Seis Días de 1967 fue que Israel se hizo con el control de los Altos del Golán desde Siria. Con esto obtuvo el dominio de todo el Mar de Galilea y, en consecuencia, también el control del río Jordán y de todos los manantiales y riachuelos que desembocaban o que salían de él. Violando las leyes internacionales, Israel desvió el agua del Jordán por medio de su Acueducto Nacional para que no pasara por Cisjordania ni por la franja de Gaza, suministrando a los ciudadanos y colonos israelíes más de tres cuartas partes del agua de los acuíferos de Cisjordania. Estados Unidos se ha gastado centenares de millones de dólares cavando pozos y abriendo fuentes de agua independientes para mi gente.

De hecho, USAID era más que una tapadera para mí. Los hombres y mujeres que trabajaban allí se convirtieron en mis amigos. Sabía que era Dios el que me había dado aquel trabajo. La política de USAID era no contratar a nadie que fuera activo políticamente, y mucho menos a alguien cuyo padre liderara la mayor organización terrorista de la zona. Pero, por alguna razón, mi jefe decidió que debía quedarme allí. Su amabilidad pronto daría unos frutos insospechados.

Por culpa de la Intifada, el gobierno de Estados Unidos sólo permitía a sus empleados entrar en Cisjordania una vez al día y únicamente para trabajar. Eso significaba que había que cruzar los peligrosos puntos de control. Hubiera sido más seguro vivir en Cisjordania en vez de tener que someterse a los puntos de control cada día y conducir por las calles con *jeeps* estadounidenses con matrículas israelíes amarillas. El palestino de a pie no sabía distinguir entre los que habían venido a ayudar y los que habían venido a matar.

Las FDI siempre avisaban a USAID para que evacuaran si había programada una operación que pudiera poner en peligro al personal, pero el Shin Bet no hacía tales avisos. Después de todo, era alto secreto. Si nos daban aviso de que un fugitivo iba de Ramala a Yenín, por ejemplo, lanzábamos una ofensiva sin previo aviso.

Ramala era una ciudad pequeña. Durante las operaciones las tropas de seguridad corrían en todas direcciones. La gente hacía barricadas en las calles con coches y camiones e incendiaba los neumáticos. El humo negro asfixiaba el aire. Hombres armados corrían agachados de un refugio a otro, disparando a todo lo que se les pusiera en el camino. Los jóvenes tiraban piedras. Los niños gritaban en las calles. Las sirenas de las ambulancias se mezclaban con el clamor de las mujeres y el estallido de las armas de fuego de bajo calibre.

Poco después de empezar a trabajar para USAID, Loai me dijo que las fuerzas de seguridad vendrían a Ramala al día siguiente. Llamé a mi director y le avisé de que no fuera a la ciudad y que le dijera a todos los demás que se quedaran en casa. Le dije que no podía contarle de dónde había sacado la información, pero le pedí que confiara en mí. Y lo hizo. Seguramente pensó que tenía acceso a la información porque era el hijo de Hassan Yousef.

Al día siguiente, Ramala estalló en llamas. La gente corría por las calles, disparando a todo lo que veía. Los coches ardiendo se alineaban al lado de la carretera y los escaparates de las tiendas estaban destrozados, dejando las provisiones en manos de bandidos y saqueadores. Cuando mi jefe vio las noticias, me dijo:

—Por favor, Mosab, si alguna otra vez tiene que pasar algo así, avísame.

—De acuerdo —le dije—, pero con una condición: no haga preguntas. Si digo que no venga, simplemente hágalo.

Capítulo diecinueve

ZAPATOS

2001

LA SEGUNDA INTIFADA parecía seguir y seguir sin ni siquiera detenerse para recuperar el aliento. El 28 de marzo de 2001 un terrorista suicida mató a dos adolescentes en una gasolinera. El 22 de abril, un hombre se inmoló, matando a otra persona e hiriendo a unas cincuenta más en una parada de autobús. El 18 de mayo cinco civiles resultaron muertos y hubo más de un centenar de heridos por el ataque de un terrorista suicida en el exterior de un centro comercial en Netanya.

Y, finalmente, el 1 de junio, a las 23:26, un grupo de jóvenes estaba esperando en fila, hablando, riendo y haciendo payasadas, impacientes por entrar en una conocida discoteca de Tel Aviv conocida como Dolphi. La mayoría eran chavales recién llegados de la ex Unión Soviética cuyos padres estaban exiliados. Saeed Hotari también esperaba en esa fila, pero él era palestino y un poco mayor. Estaba envuelto en explosivos y fragmentos de metal.

Los periódicos no llamaron atentado suicida al ataque del Dolphinarium: lo llamaron masacre. La metralla destrozó el cuerpo de decenas de chavales. El número de bajas fue elevado: 21 fallecidos y 132 heridos.

Ningún otro terrorista suicida había asesinado a tantas personas a la vez en un solo ataque. Los vecinos de Hotari, en Cisjordania, felicitaron a su padre. «Espero que mis otros tres hijos hagan lo mismo», dijo el señor Hotari a un periodista. «Quisiera que todos los miembros de mi familia, todos mis parientes, murieran por mi nación y mi patria».[7]

Israel estaba más decidido que nunca a cortar la cabeza de la serpiente. No obstante, por aquel entonces ya tenía que haber aprendido que si encarcelar a los líderes de las facciones no servía para detener el derramamiento de sangre, asesinarlos tampoco iba a funcionar.

Jamal Mansour era periodista y, como mi padre, uno de los siete fundadores de Hamás. Era uno de los mejores amigos de mi padre. Les habían exiliado juntos al sur del Líbano. Hablaban y reían por teléfono casi a diario. También era el principal defensor de los atentados suicidas. En una entrevista publicada en enero en *Newsweek* defendió la matanza de civiles desarmados y alabó la obra de los terroristas suicidas.

El martes 31 de julio, después del chivatazo de un colaborador, dos helicópteros Apache de combate se aproximaron a las oficinas del periódico de Mansour en Nablus. Dispararon tres misiles guiados por láser a través de la ventana del segundo piso de su oficina. Mansour, el líder de Hamás Jamal Salim y otros seis palestinos fueron desintegrados por la explosión. Dos de las víctimas eran niños, de ocho y diez años de edad, que estaban esperando para ir al médico en el piso inferior. Ambos murieron aplastados por los escombros.

Aquello era una locura. Llamé a Loai.

—¿Qué diantres está pasando? ¿Estás seguro de que esos tipos estaban involucrados en los atentados suicidas? Sé que los apoyaban, pero pertenecían al brazo político de Hamás como mi padre, no al ala militar.

—Sí. Tenemos información fiable de que Mansour y Salim estaban involucrados directamente en la masacre del Dolphinarium. Tienen las manos manchadas de sangre. Tuvimos que hacerlo.

¿Qué podía hacer yo? ¿Discutir con él? ¿Decirle que su información era incorrecta? De repente caí en la cuenta de que el gobierno israelí también querría asesinar a mi padre. Aunque no hubiera organizado los atentados, era culpable por asociación. Además, disponía de información que podía haber salvado vidas, y la había ocultado. Tenía influencia, pero no la usaba. Podría haber intentado detener la matanza, pero no lo hizo. Respaldaba el movimiento y alentaba a sus miembros a seguir con la oposición hasta conseguir la retirada de los israelíes. A los ojos del gobierno israelí, él también era un terrorista.

Con todo lo que había leído en la Biblia, ahora comparaba las acciones de mi padre con las enseñanzas de Jesús, no con las del Corán. Cada vez me iba pareciendo menos héroe y eso me rompió el corazón. Quería contarle lo que estaba aprendiendo, pero sabía que no me escucharía. Y si los que estaban en Jerusalén se salían con la suya, mi padre nunca tendría la oportunidad de ver cómo el Islam le había llevado por el mal camino.

Me consolaba sabiendo que, al menos, mi padre estaría a salvo durante un tiempo debido a mi conexión con el Shin Bet. Ellos le querían vivo tanto como yo, aunque por distintas razones. Mi padre era su principal fuente de información interna de las actividades de Hamás. Estaba claro que yo no podía contárselo, e incluso la protección del Shin Bet, a la larga, podía volverse en su contra. Después de todo, parecería muy sospechoso que todos los demás líderes de Hamás se vieran obligados a esconderse mientras mi padre se permitía ir con toda tranquilidad por la calle. Necesitaba, al menos, hacer que revisaba sus medidas de seguridad. Fui directamente a su oficina y le señalé que lo que acababa de pasarle a Mansour podía perfectamente haberle pasado a él.

—Deshazte de todo el mundo. Deshazte de tus guardaespaldas. Cierra la oficina. No vuelvas más por aquí.

Su respuesta fue la que esperaba.

—Estaré bien, Mosab. Pondremos cristales blindados.

—¿Estás loco? ¡Sal de aquí ya! Sus misiles atraviesan tanques y edificios, ¿crees que un pedazo de metal te protegerá? Además, si pudieras precintar las ventanas entrarían por el techo. ¡Venga, vamos!

Pero no podía culparle de su resistencia. Él era un líder religioso y un político, no un soldado. No tenía la menor idea de temas militares ni de magnicidios. No sabía lo que yo sabía. Al final accedió a irse conmigo, aunque sabía que lo hacía a disgusto.

Pero no fui el único que llegó a la conclusión de que el viejo amigo de Mansour, Hassan Yousef, sería, por lógica, el siguiente objetivo. Por la calle parecía que todo el mundo a nuestro alrededor estuviera preocupado. Aceleraban el paso y oteaban ansiosamente el cielo mientras intentaban alejarse de nosotros todo lo deprisa que podían. Sabía que escuchaban atentamente, al igual que yo, por si oían el traqueteo inconfundible de los helicópteros. Nadie quería terminar siendo un daño colateral.

Llevé a mi padre al hotel City Inn y le dije que se quedara allí.

—A ver, el chico de la recepción va a cambiarte de habitación cada cinco horas. Hazle caso. No lleves a nadie a tu cuarto. No llames a nadie más que a mí y no te marches. Aquí tienes un teléfono seguro.

Nada más dejarle informé al Shin Bet de su nueva ubicación.

—De acuerdo, bien. Mantenle allí, alejado de los problemas.

Para conseguirlo tenía que saber dónde se encontraba en cada momento. Debía saber cuándo respiraba. Me deshice de todos sus guardaespaldas. No me fiaba de ellos. Necesitaba que mi padre confiara plenamente en mí. Si no lo hacía, podía cometer algún error que le costara la vida. Me convertí en ayudante, guardaespaldas y portero. Me ocupaba de todas sus necesidades. Estaba atento a todo lo que ocurría cerca del hotel. Era su contacto con el mundo exterior, y el contacto del mundo exterior con él. Este nuevo rol me reportó el beneficio extra de mantenerme libre de la sospecha de ser un espía.

Empecé a tomar el papel de un líder de Hamás. Llevaba un M16, lo que me identificaba como un hombre con recursos, contactos y autoridad. En aquellos días, armas como esa tenían mucha demanda, pero había muy poca oferta (mi rifle de asalto costó diez mil dólares). Y yo saqué ventaja de mi relación con Sheikh Hassan Yousef.

Los hombres del brazo militar de Hamás empezaron a frecuentarme sólo para alardear. Y como pensaban que yo conocía todos los secretos de la organización, se sentían cómodos en mi presencia y compartían sus problemas y frustraciones conmigo, creyendo que yo podía serles de ayuda.

Lo escuchaba todo con atención. No tenían ni idea de que me estaban dando pequeños retazos de información con los que después yo compondría imágenes más grandes. Aquellas instantáneas llevaron al Shin Bet a emprender tantas operaciones que no cabrían en un solo libro. Lo que diré es que gracias a aquellas conversaciones se salvaron muchas vidas inocentes. Había menos viudas dolientes y menos huérfanos desconsolados llorando junto a las tumbas de los cementerios, porque era posible prevenir los atentados suicidas.

Al mismo tiempo, me gané la confianza y el respeto de los miembros del brazo militar de Hamás y me convertí en el enlace con las demás facciones. Yo era el que debía proveerles de explosivos y coordinar las operaciones con Hamás.

Un día, Ahmad al-Faransi, ayudante de Marwan Barghouti, me pidió que le consiguiera explosivos para varios terroristas suicidas de Yenín. Le dije que sí y comenzó un juego de evasivas con el que acabé destapando las células suicidas en Cisjordania. Aquel tipo de juegos eran muy peligrosos. Sin embargo, sabía que estaba protegido desde muchos ángulos. Ser el hijo mayor de Sheikh Hassan Yousef me había mantenido a salvo de las torturas de los miembros de Hamás en la prisión, y también me protegía cuando trabajaba entre terroristas. Mi trabajo en USAID también me daba una cierta inmunidad y libertad. Y el Shin Bet me cuidaba las espaldas.

Cualquier fallo, no obstante, podía costarme la vida, y la Autoridad Nacional Palestina siempre representaba una amenaza. La CIA había provisto a la ANP de aparatos electrónicos bastante sofisticados con los que realizaba escuchas ilegales. Algunas veces los usaban para cazar terroristas. Otra veces se utilizaban para erradicar a los colaboradores. Así que debía ser muy prudente y cuidarme especialmente de caer en las manos de la ANP, porque yo era, de lejos, el agente que mejor sabía cómo operaba el Shin Bet.

Como me había convertido en el único enlace con mi padre, estaba en contacto directo con todos los líderes de Hamás de Cisjordania, la franja de Gaza y Siria. La única otra persona con ese total acceso era Khalid Meshaal, de Damasco. Meshaal había nacido en Cisjordania, pero había vivido gran parte de su vida en otros países árabes. Se unió a los Hermanos Musulmanes en Kuwait y estudió Física en su universidad. Después de la fundación de Hamás, Meshaal lideró en Kuwait la expansión de la organización. Y cuando finalizó la invasión de Irak se trasladó a Jordania, a Qatar y finalmente a Siria.

Viviendo en Damasco, Meshaal no estaba sujeto a las restricciones de movimiento que tenían los líderes de Hamás dentro de los territorios. Se convirtió en una especie de diplomático que representaba a Hamás en El Cairo, en Moscú y frente a la Liga Árabe. Cuando viajaba aprovechaba para levantar fondos. Sólo en el mes de abril de 2006 consiguió la ingente cantidad de cien millones de dólares de Irán y Qatar.

Meshaal no hacía muchas apariciones públicas; vivía en lugares secretos y no podía regresar a los territorios ocupados por miedo a que le asesinaran. Tenía muchas razones para ser cuidadoso.

En 1997, cuando aún estaba en Jordania, un par de agentes de la inteligencia israelí irrumpieron en su habitación y le inyectaron un raro veneno en el oído mientras dormía. Sus guardaespaldas descubrieron a los agentes saliendo del edificio y uno de ellos fue a ver cómo estaba Meshaal. No vio sangre, pero su líder estaba en el suelo y era incapaz de hablar. Los guardaespaldas persiguieron a los agentes israelíes, uno de los cuales cayó en una alcantarilla abierta. La policía los capturó.

Israel había firmado recientemente un tratado de paz con Jordania y se habían intercambiado embajadores, pero aquel ataque frustrado hacía peligrar el nuevo acuerdo diplomático. Y Hamás estaba avergonzado de que hubiera sido tan fácil llegar hasta uno de sus líderes clave. La historia resultaba humillante para todas las partes implicadas, así que todos trataron de ocultarla. No obstante, de algún modo, los medios de comunicación internacionales dieron con ella.

Estallaron manifestaciones en las calles de Jordania y el rey Hussein exigió a Israel la liberación de Sheikh Ahmed Yassin, el líder espiritual de Hamás, y de otros prisioneros palestinos a cambio de los avergonzados agentes del Mosad. Además, el Mosad enviaría un equipo médico de inmediato para inyectarle a Meshaal un antídoto para el veneno. A regañadientes, Israel aceptó.

Khalid Meshaal me llamaba al menos una vez por semana. A veces incluso abandonaba reuniones muy importantes para atender mis llamadas. Un día el Mosad llamó al Shin Bet.

«Tenemos a alguien muy peligroso de Ramala que habla con Khalid Meshaal todas las semanas, ¡y no descubrimos quién es!»

Se referían a mí, por supuesto. Nos reímos mucho, pero el Shin Bet decidió dejar al Mosab a oscuras sobre mi identidad. Parece que la competencia y la rivalidad entre las distintas agencias de seguridad es algo común en todos los países, como sucede con la Oficina Federal de Investigación (FBI), la Agencia Central de Inteligencia (CIA) y la Agencia de Seguridad Nacional (NSA) en Estados Unidos.

Un día decidí aprovecharme de mi relación con Meshaal. Le dije que tenía información muy importante que no podía darle por teléfono.

—¿Tienes alguna forma segura de enviármela? —preguntó.

—Por supuesto. Te llamaré dentro de una semana y te daré los detalles.

El medio más habitual para comunicarse entre los territorios y Damasco era enviar una carta con alguien que no estuviera fichado por la policía y a quien no se le conociera relación con Hamás. Las cartas se escribían en un papel muy fino, se enrollaban hasta hacerlas minúsculas y se introducían en la cápsula vacía de un medicamento, o se envolvían en hilo de nailon. Justo antes de cruzar la frontera el mensajero se tragaba la cápsula y la regurgitaba en un lavabo al otro lado. Algunas veces los mensajeros llevaban hasta quince cartas a la vez. Lógicamente, las «mulas» no tenían ni idea de lo que contenían.

Decidí hacer algo diferente y abrir una nueva vía secreta con el liderazgo exterior de los territorios, extendiendo así mi acceso de asuntos privados a cuestiones de seguridad y operaciones.

Al Shin Bet le encantó la idea.

Escogí a un miembro local de Hamás y le dije que se encontrara conmigo en el viejo cementerio a medianoche. Para impresionarle, aparecí con mi M16 a cuestas.

—Quiero que realices una importante misión —le dije.

Aunque estaba claramente aterrorizado, también se le notaba entusiasmado, y escuchaba embobado cada una de las palabras del hijo de Hassan Yousef.

—No debes contárselo a nadie, ni a tu familia, ni a tu líder local de Hamás. De paso te pregunto, ¿quién es tu líder?

Le pedí que escribiera con todo lujo de detalles su relación con Hamás, todo lo que sabía, antes de contarle más sobre su misión. No podía escribirlo todo con suficiente rapidez. Y yo no podía creer la enorme cantidad de información que me estaba dando, incluyendo las últimas novedades de todos los movimientos en su zona.

Nos encontramos una segunda vez y le dije que le iban a mandar fuera de Palestina.

—Haz exactamente todo lo que yo te diga —le advertí— y no preguntes.

Le dije a Loai que el tipo estaba involucrado en Hamás hasta el cuello, así que si la organización decidía investigarle descubrirían que era un miembro muy activo y leal. El Shin Bet hizo su propia investigación, le dio el visto bueno y le abrieron la frontera.

Escribí una carta contándole a Khalid Meshaal que tenía todas las claves de Cisjordania y que podía confiar plenamente en mí para realizar misiones especiales o complicadas que no pudieran encomendarse por los canales habituales de Hamás. Le dije que estaba listo para recibir sus órdenes y le garanticé el éxito total.

El momento escogido era perfecto, ya que en aquel entonces Israel había asesinado o arrestado a la mayoría de los líderes de Hamás y de sus activistas. Las Brigadas de Al-Qassam estaban exhaustas, y Meshaal tenía poca mano de obra.

Sin embargo, no le ordené al mensajero que se tragara la carta. Yo había diseñado una misión más compleja, más que nada porque resultaba más divertido. Estaba descubriendo que me encantaban aquellos jueguecitos de espías, sobre todo con la inteligencia israelí allanando el camino.

Le compramos al mensajero ropa bonita: un traje completo con todos sus complementos, cosa que haría que nadie se fijara en sus zapatos, donde habíamos escondido la carta.

Se vistió y le di dinero suficiente para el viaje y para que, una vez en Siria, se divirtiese un poco. Le dije que sus contactos de allá sólo le reconocerían por los zapatos, así que no debía quitárselos. De lo contrario, podrían pensar que era otra persona y encontrarse en serios problemas.

Cuando el mensajero llegó a Siria llamé a Meshaal y le dije que en breve alguien se contactaría con él. Si otra persona le hubiese dicho aquello Khalid habría sospechado de inmediato y habría rechazado el encuentro. Pero era su joven amigo, el hijo de Hassan Yousef, el que le había enviado a aquel hombre. Así que pensó que no tenía nada de lo que preocuparse.

Cuando se encontraron, Khalid le pidió la carta.

—¿Qué carta? —preguntó nuestro mensajero.

No sabía que su misión era una carta.

Yo le había dado a entender a Khalid dónde debía buscar, y encontraron el pequeño compartimento en uno de los zapatos. De esta forma se estableció un nuevo canal de comunicación con Damasco, aunque Meshaal no tenía ni idea de que en realidad compartía el canal de información con el Shin Bet, que escuchaba al otro lado.

Capítulo veinte

DESGARRADO

VERANO DE 2001

Poco antes de las dos de la madrugada del 9 de agosto de 2001, un joven de veintidós años llamado Izz al-Din Shuheil al-Masri se inmoló en medio del concurrido comedor de la pizzería Sbarro entre las calles King George y la carretera de Jaffa. Al-Masri provenía de una acomodada familia de Cisjordania.

Fueron entre cinco y diez kilos de explosivos los que esparcieron clavos, tuercas y tornillos entre la multitud veraniega, matando a quince personas y mutilando a otras ciento treinta. Entre aquella monstruosidad y el atentado en el Dolphinarium unos meses atrás, la ciudadanía de Israel estaba ciega de ira y dolor. No importaba quién fuese el grupo o facción detrás de los ataques, debían ser identificados y detenidos antes de que murieran más inocentes. De lo contrario, era muy posible que la escalada de violencia perdiera el control y todo desencadenase en una sucesión de muerte y dolor sin precedentes en la región.

El Shin Bet estudiaba una y otra vez cada detalle del atentado, intentando conectarlo con los cinco hombres del piso franco (Muhammad Jamal al-Natsheh, Saleh Talahme, Ibrahim Hamed, Sayyed al-Sheikh Qassem y Hasaneen Rummanah), pero no había ni una sola prueba que les vinculara a los ataques del Dolphinarium y de Sbarro.

¿Quién habría construido aquellas bombas? Desde luego ningún estudiante de química o de ingeniería. Los conocíamos a todos, sabíamos las notas que obtenían y qué tomaban para desayunar.

Quien fuera que construyese aquellos artefactos era un experto, no parecía estar afiliado a ninguna de las facciones palestinas y volaba demasiado bajo para nuestro radar. De algún modo debíamos encontrarlo antes de que fabricase más bombas. Aquel era un tipo muy peligroso.

Lo que no sabíamos entonces era que la gente de Arafat había recibido una llamada de la CIA poco después del atentado en Sbarro.

«Sabemos quién hizo las bombas», les dijeron los estadounidenses. «Se llama Abdullah Barghouti; vive con un pariente llamado Bilal Barghouti. Ésta es su dirección. Vayan y arréstenle».

Al cabo de pocas horas, Abdullah y Bilal Barghouti estaban bajo la custodia de la ANP; no porque la Autoridad Nacional Palestina quisiera arrestarles, sino porque Arafat sabía que al menos debía *parecer* que la ANP estaba haciendo algo por mantener la paz para no dejar de recibir el soporte económico y logístico que llegaba desde Washington. Creo que Arafat hubiera preferido darle a Abdullah Barghouti una medalla en vez de encarcelarlo.

Nada más ser cómodamente encerrado Abdullah en el cuartel general de las Fuerzas de Seguridad Preventiva, otro Barghouti, Marwan, manifestó su intención de sacarle de allí. La ANP no podía liberar a Abdullah (la CIA le había endilgado el problema y Estados Unidos esperaba que negociara con él). Israel esperaba lo mismo y estaba dispuesto a emprender acciones contundentes si la ANP no cumplía con su deber. Así que Marwan le dio a Abdullah comida, ropa y dinero, y le mantuvo en una especie de arresto domiciliario, aunque trabajaba en una bonita oficina, fumaba, tomaba café y charlaba con los encargados de su seguridad.

Aunque no eran parientes, Marwan Barghouti y Abdullah Barghouti compartían una interesante historia común. Ambos estaban relacionados con Muhamed Abu Halawa, un loco de atar de veintitrés años que había sido lugarteniente de Ahmad Ghandour.

Halawa era jefe de operaciones de Fatah y miembro de la Fuerza 17. Cuando se piensa en tropas de élite, como la Fuerza 17 o la Guardia Republicana de Saddam Hussein, lo que viene a la mente es disciplina, habilidad y entrenamiento duro. Pero Halawa no encajaba en el perfil. Era un bala perdida peligroso e inculto que llevaba consigo a todas partes una de aquellas enormes ametralladoras que solían estar sujetas a la parte trasera de los *jeeps*. Halawa tenía la costumbre de distribuir armas a todo extremista o personaje indeseable que fuera a cruzar por los puntos de control para que disparase a soldados y a civiles indiscriminadamente.

En mayo, por ejemplo, le había entregado a alguien un par de AK-47 cargados y una bolsa de balas. Poco tiempo después aquel hombre y un amigo suyo decidieron tender una emboscada en la carretera que salía de Jerusalén y le acribillaron trece balas a un monje griego ortodoxo que se llamaba Tsibouktsakis Germanus. Halawa recompensaba estos asesinatos con el reparto de más armas para un ataque que estaba planeando contra la Universidad Hebrea situada en el Monte Scopus.

Como era de esperar, no pasó mucho antes de que Israel presionara al Shin Bet para que le cerrara a Halawa el negocio para siempre. Debido a mi relación con Hamás yo era la única persona del Shin Bet que podía identificarle. Sin embargo, por primera vez en mi vida me enfrentaba a un dilema moral real. Algo dentro de mí se oponía con firmeza a matar a aquel hombre a pesar de lo malvado que era.

Fui a casa y saqué mi ya desgastada Biblia. Busqué y busqué y no pude encontrar nada que justificase el asesinato. Pero tampoco podía lidiar con la sangre que mancharía mis manos si le dejábamos vivir y seguir matando. Me sentía atrapado.

Me quedé pensando y oré al Dios Todopoderoso hasta que al final le dije: *Perdóname, Señor, por lo que voy a hacer. Perdóname. Este hombre no puede seguir viviendo.*

—Está bien —dijo Loai cuando le comuniqué mi decisión—. Le atraparemos. Sólo asegúrate de que Marwan Barghouti no esté en el coche con él.

Marwan no sólo era un pez gordo palestino, sino también un terrorista por derecho propio cuyas manos estaban teñidas de sangre israelí. Aunque el Shin Bet le odiaba a muerte no querían asesinarle porque se hubiese convertido en un mártir y un ídolo de masas.

El 4 de agosto de 2001 yo estaba sentado en mi coche en el exterior de la oficina de Barghouti cuando vi llegar a Halawa. Un par de horas más tarde salió, entró en su Volkswagen Golf dorado y arrancó el coche. Llamé a las fuerzas de seguridad y les aseguré que Halawa estaba solo.

Desde el interior de un tanque situado en lo alto de una colina cercana, los soldados de las FDI observaban el coche de Halawa, esperando un tiro despejado que no tuviera civiles cerca. El primer misil antiblindaje se dirigió hacia el parabrisas, pero Halawa debió verlo, porque abrió la puerta del vehículo e intentó saltar del coche. No fue lo suficientemente rápido. El misil explotó y le hizo volar fuera del coche. Mi vehículo, que estaba parado unos cientos de metros atrás, tembló por la fuerza de la explosión. Un segundo misil se desvió e hizo blanco en la calle. El Golf estaba en llamas, y también Halawa, pero no había muerto. Mientras le veía correr por la calle, gritando de dolor y envuelto en llamas, casi se me salió el corazón del pecho.

¿Qué habíamos hecho?

—¡Qué estás haciendo! —me gritó el Shin Bet por el teléfono móvil cuando avistaron mi coche tan cerca de la escena—. ¿Quieres que te maten? ¡Sal de ahí!

Aunque no estaba previsto que yo estuviera cerca del lugar del ataque, había seguido el coche de Halawa para ver qué sucedía. Sentía que era mi responsabilidad y mi obligación ver en qué había participado. Fue estúpido de mi parte. Si me hubieran visto, la gente hubiera pensado que era demasiada coincidencia que yo estuviera allí y no tuviera nada que ver con el intento de asesinato, y mi tapadera se hubiera visto comprometida.

Aquella noche fui con mi padre y Marwan Barghouti al hospital a visitar a Halawa. Su rostro estaba completamente desfigurado por las quemaduras y no me atrevía siquiera a mirarle. Parecía que era demasiado fanático para morir.

Estuvo escondido durante varios meses y escuché que se había disparado accidentalmente y casi muere desangrado. Ni siquiera eso fue suficiente para que detuviera sus actividades. Continuó matando gente. Entonces, un día, Loai me llamó.

—¿Dónde estás?

—En casa.

—De acuerdo. No te muevas.

No pregunté qué estaba pasando. Había aprendido a confiar en las instrucciones de Loai. Un par de horas más tarde me llamó de nuevo. Por lo visto, Halawa había estado comiendo con unos amigos en un restaurante de comida rápida cerca de mi casa. Un espía israelí le vio y le identificó. Cuando Halawa y sus amigos abandonaron el restaurante, dos helicópteros descendieron del cielo, soltaron sus misiles y ahí acabó todo.

Después de la muerte de Halawa algunos miembros de las Brigadas Mártires de Al-Aqsa fueron al restaurante y dieron con un chico de diecisiete años que había sido una de las últimas personas en ver a Halawa antes de entrar en el coche. Era un huérfano sin familia que le protegiese; así que le torturaron y confesó ser un colaborador de los israelíes. Le dispararon, ataron su cuerpo a la parte posterior de un coche, le arrastraron por las calles de Ramala y finalmente le colgaron en la torre de la plaza.

Al mismo tiempo, los medios de comunicación empezaron a vociferar que Israel había intentado asesinar a Marwan Barghouti, lo que no era cierto. Yo sabía que el Shin Bet se había cuidado muy bien de intentar matarle. No obstante, todo el mundo creyó lo que decían tanto los periódicos como Al-Jazeera, así que Marwan Barghouti decidió sacarle partido al rumor. Empezó a fanfarronear, diciendo: «Sí, intentaron matarme, pero yo fui más listo que ellos».

Abdullah Barghouti también creyó las noticias cuando llegaron a la prisión donde se encontraba, y le envió unas cuantas de sus bombas especiales al ayudante de Marwan para que desencadenase con ellas una terrible venganza contra los israelíes. Marwan apreció mucho el gesto y se sintió en deuda con Abdullah.

———

La llegada de Abdullah había significado un dramático cambio en el conflicto entre Israel y Palestina. En primer lugar, porque sus bombas eran mucho más sofisticadas y devastadoras que cualquier otra cosa que hubiésemos visto antes, haciendo más vulnerable a Israel e incrementando la presión sobre el Shin Bet para detener a los terroristas suicidas.

En segundo lugar, porque la Intifada de Al-Aqsa ya no se reducía a Palestina. Barghouti era un extranjero nacido en Kuwait. ¿Quién podría predecir entonces las amenazas que acechaban a Israel más allá de sus fronteras?

En tercer lugar, no era fácil seguirle el rastro a Barghouti. Él no era Hamás. No era la ANP. Sólo era Barghouti, una máquina de matar independiente y anónima.

Poco después del arresto de Abdullah, la ANP le pidió a Marwan que hablara con él de los futuros ataques que planeaba.

—Está bien —dijo Marwan—. Haré que Hassan Yousef hable con él.

Marwan sabía que mi padre creía firmemente en que había mucha corrupción política y había oído hablar de sus esfuerzos por conseguir la paz entre Hamás y la ANP. Le llamó y mi padre accedió a ir a charlar con Abdullah.

Mi padre nunca había oído hablar de Abdullah Barghouti porque no era miembro de Hamás. No obstante, le reconvino:

—Si tienes algo planeado, debes decírselo a la ANP para que podamos detenerlo un tiempo y deshacernos un poco de la presión que ejerce Israel sobre nosotros, al menos durante las próximas semanas. Si hay otra explosión como la del Dolphinarium o la de Sbarro, Israel irrumpirá con fuerza en Cisjordania. Se pondrán firmes con los líderes de la ANP y te llevarán con ellos.

Abdullah admitió que había enviado algunas bombas a Nablus, donde unos extremistas estaban planeando cargar los explosivos en cuatro coches, rodear al ministro de asuntos exteriores Shimon Peres mientras viajaba y asesinarle. También reveló que los efectivos de Hamás en el norte iban a hacer volar a varios legisladores. Por desgracia, no sabía quiénes eran los terroristas suicidas, los objetivos o los que planeaban asesinar a Peres. Sólo tenía un número de teléfono.

Mi padre regresó a casa y me contó lo que habían descubierto. Ahora teníamos conocimiento de una conspiración para matar a uno de los oficiales israelíes con mayor rango: el ministro de asuntos exteriores. Las repercusiones eran escalofriantes.

Obviamente, sólo podíamos hacer una cosa: llamar al contacto de Abdullah. Marwan Barghouti no quería que Abdullah usara su teléfono, y mi padre tampoco quería cederle el suyo. Todos sabíamos que los israelíes podían estar escuchando, y ninguno de los presentes quería que se le relacionase con las operaciones terroristas.

Así que mi padre me envió a comprar un teléfono móvil desechable: haríamos la llamada y después nos desharíamos de él. Compré el teléfono, me apunté su número y lo usé para llamar al Shin Bet, para que pudieran rastrear la llamada.

Abdullah llamó a su contacto en Nablus y le dijo que detuviese cualquier acción hasta recibir nuevas órdenes. Tan pronto como la inteligencia israelí descubrió lo que se había planeado, dispusieron seguridad extra para todos los miembros de la Knéset y del gabinete. Finalmente, después de un par de meses, las aguas volvieron a estar en calma.

Mientras tanto, Marwan siguió trabajando para conseguir la liberación de Abdullah, no sólo para agradecerle que le hubiera provisto de bombas, sino también porque le quería libre para que pudiera seguir matando israelíes. Además de ser uno de los líderes de la Segunda Intifada, Marwan Barghouti era un terrorista que disparaba personalmente a soldados y colonos.

Al final, la ANP soltó a Abdullah Barghouti. El Shin Bet se enfureció.

Y entonces todo se desquició.

Capítulo veintiuno

EL JUEGO

VERANO DE 2001 - PRIMAVERA DE 2002

EL 27 DE AGOSTO DE 2001, un helicóptero israelí lanzó dos misiles a la oficina de Abu Ali Mustafa, el secretario general del FPLP. Uno de los misiles le alcanzó cuando se sentaba a su mesa.

Al día siguiente, más de cincuenta mil palestinos indignados, junto con la familia de Mustafa, asistieron a su funeral. Mustafa se había opuesto al proceso de paz y a los acuerdos de Oslo. Sin embargo, era un moderado como mi padre, y habíamos ido juntos a escucharle hablar muchas veces.

Israel le atribuía nueve atentados con coche bomba, pero no era verdad. Era un líder político como mi padre, no un militar. Israel no tenía ningún tipo de prueba que le incriminase. Y yo lo sabía a ciencia cierta. Pero no importaba. Asesinaron a Mustafa de todos modos, quizá como represalia por la carnicería del restaurante Sbarro o tal vez por la masacre del Dolphinarium. Lo más probable es que Israel sólo quisiera enviarle un mensaje a Yasser Arafat. Además de su papel en el FPLP, Mustafa también era miembro del comité ejecutivo de la OLP.

Dos semanas más tarde, el 11 de septiembre, diecinueve terroristas de Al-Qaeda secuestraron cuatro aviones de pasajeros en Estados Unidos. Dos se estrellaron contra el World Trade Center en la ciudad de Nueva York. Otro lo hizo en el Pentágono, en Washington. El cuarto se estrelló en campo abierto en el condado de Somerset, Pensilvania. En total, además de los terroristas, murieron 2,973 personas.

Mientras los canales de noticias luchaban por seguir el ritmo de los increíbles acontecimientos que estaban teniendo lugar, yo me senté con el resto del mundo delante del televisor a mirar cómo caían una y otra vez las Torres Gemelas, y cómo la ceniza blanca cubría la calle Church como si fuera una tormenta de nieve. Cuando vi las imágenes de los niños palestinos celebrando el atentado en las calles de Gaza me embargó una profunda vergüenza.

El ataque también redujo a cenizas la causa palestina mientras el mundo entero clamaba a una sola voz contra el terrorismo, cualquier tipo de terrorismo, motivado por cualquier causa. Durante las siguientes semanas, el Shin Bet empezó a sacar lecturas de los escombros de lo que se empezaría a llamar, simplemente, 11-S.

¿Por qué los servicios de inteligencia estadounidenses no habían sido capaces de prevenir el desastre? Uno de los motivos era que operaban independientemente y en competencia unos con otros. Además, por otra parte, preferían fiarse de la tecnología y raramente colaboraban con los terroristas. Ese tipo de tácticas quizá dieran resultado en la Guerra Fría, pero es muy difícil combatir el fanatismo con tecnología.

La inteligencia israelí, en cambio, confiaba más en los recursos humanos; tenía innumerables espías en mezquitas, organizaciones islámicas y puestos de liderazgo; y no tenía inconveniente en reclutar incluso a los terroristas más peligrosos. Sabía que era importante tener ojos y oídos allí dentro, tanto como tener mentes capaces de comprender los motivos y las emociones y saber unir todos los puntos.

Estados Unidos no entendía ni la cultura islámica ni su ideología. Eso, combinado con la apertura de las fronteras y una seguridad relajada, le convertía en un blanco mucho más fácil que Israel. Aun así, aunque mi papel como espía hacía que Israel tuviera la capacidad de limpiar las calles de algunos cientos de terroristas, nuestro trabajo nunca podría acabar con el terrorismo, ni siquiera en un minúsculo país como Israel.

Un mes más tarde, el 17 de octubre, cuatro pistoleros del FPLP entraron en el hotel Hyatt en Jerusalén y asesinaron al ministro de turismo Rehavam Ze'evi. Dijeron que era la venganza por el homicidio de Mustafa. A pesar de que su cartera era aparentemente apolítica, Ze'evi era un objetivo obvio. La estrategia política que propugnaba era hacer la vida imposible a los tres millones de habitantes de Cisjordania y Gaza para que voluntariamente se marcharan a otros países árabes. Mezclando sus metáforas, se dice que una vez le comentó a un periodista de Associated Press que algunos palestinos eran como «piojos» y que se les debía paralizar como a «un cáncer que se extiende dentro de nosotros».[8]

Unos por otros, las matanzas mutuas continuaron. Ojo por ojo... y no había escasez de ojos.

Durante varios años había trabajado duro para reunir todos los retazos de información que pudieran ayudar al Shin Bet a detener el baño de sangre. Seguimos vigilando a Muhammad Jamal al-Natsheh, Saleh Talahme y los otros tres hombres que yo había ayudado a esconder después de su liberación de la prisión del complejo de la ANP. Cambiaron de domicilio varias veces, y sólo Saleh mantenía el contacto conmigo. Pero seguíamos el rastro de los demás a través de sus familias e interviniendo sus llamadas desde teléfonos públicos.

Saleh confiaba en mí y siempre me contaba dónde estaba viviendo y me invitaba a visitarle. Según le iba conociendo mejor me di cuenta de que me caía bien. Era un hombre sorprendente: un alumno brillante, graduado el primero de su promoción en Ingeniería Eléctrica y uno de los mejores estudiantes en la historia de la Universidad de Birzeit. Para él yo era el hijo de Hassan Yousef, un buen amigo que sabía escuchar.

Pasé mucho tiempo con Saleh, su esposa Majeda y sus cinco hijos (dos niños y tres niñas). Su hijo mayor se llamaba Mosab, como yo. Majeda y los niños habían venido a Ramala desde Hebrón para pasar un tiempo con Saleh en el apartamento que le servía de guarida. En ese tiempo yo aún estudiaba en la universidad y una noche Saleh me preguntó qué tal me iba en la escuela.

—¿Tienes algún problema con algo?

—Sí, con la estadística económica.

—Bien, mañana trae el libro y estudiaremos juntos. Será nuestra pequeña clase.

Cuando se le conté a Loai y al Shin Bet les pareció una buena idea. Pensaron que esas clases particulares serían una buena tapadera para recopilar información.

No era del todo una tapadera. Saleh y yo nos estábamos haciendo amigos. Me enseñó bien y la verdad es que, gracias a él, tuve mucho éxito en un examen un par de semanas más tarde. Le tenía mucho cariño, a él y a sus hijos. A menudo comía con toda su familia y, con el tiempo, empezó a formarse un vínculo muy fuerte entre nosotros. Era una relación un poco extraña, porque sabía que por aquel entonces Saleh se había convertido en un tipo muy peligroso. Pero, por lo visto, yo también.

━━

Un atardecer de marzo de 2002 estaba sentado en casa cuando llegaron dos hombres.

Receloso, pregunté:

—¿Puedo ayudarles?

—Estamos buscando a Sheikh Hassan Yousef. Es importante.

—Díganme por qué es importante.

Me explicaron que eran dos de los cinco terroristas suicidas que acababan de llegar de Jordania. Su contacto había sido arrestado y necesitaban un lugar seguro para quedarse.

—Está bien —dije—. Han venido al lugar indicado.

Les pregunté qué necesitaban.

—Tenemos un coche lleno de explosivos y bombas y necesitamos un lugar seguro donde dejarlo.

Genial, pensé, *¿qué voy a hacer con un coche lleno de explosivos?* Tenía que pensar rápido. Decidí dejar su coche en el garaje que había al lado de nuestra casa. Obviamente no fue una de mis mejores ideas, pero me vi obligado a improvisar.

—Bien, aquí tienen un poco de dinero —dije mientras vaciaba mi cartera—. Vayan y busquen un lugar donde quedarse, vuelvan esta noche y planearemos qué vamos a hacer.

Cuando se fueron llamé a Loai y, por suerte para mí, el Shin Bet vino y se llevó el coche.

Los cinco terroristas suicidas volvieron un poco más tarde.

—Está bien —les dije—, desde ahora yo soy su contacto con Hamás. Les suministraré objetivos, localización, transporte y todo lo que necesiten. No hablen con nadie más o estarán muertos antes de que tengan la oportunidad de liquidar a un israelí.

Aquella situación era un golpe de fortuna en términos de información. Hasta entonces nadie había sabido nunca nada de los terroristas suicidas antes de que detonasen sus explosivos. Y, de repente, cinco de ellos aparecieron en mi puerta con un coche cargado de bombas. Treinta minutos después de que informara al Shin Bet de su localización el primer ministro Sharon autorizó sus asesinatos.

—¡No pueden hacer eso! —le dije a Loai.

—¿¡Qué!?

—Sé que son terroristas y que están a punto de inmolarse. Pero esos cinco hombres son unos ignorantes. No saben lo que hacen. No pueden matarlos. Si les matan, ésta será mi última colaboración.

—¿Nos estás amenazando?

—No, pero ya sabes cómo trabajo. Una vez hice una excepción con Halawa y ya sabes cómo terminó. No participaré en ningún homicidio.

—¿Qué opciones tenemos?

—Arréstenlos —dije, aunque me di cuenta de que era una locura antes de terminar la última sílaba. Teníamos el coche y las bombas, pero aquellos hombres aún conservaban sus cinturones. Si un soldado se acercaba a menos de noventa metros de su apartamento detonarían los cinturones y se llevarían a todos los que pudieran por delante.

Incluso arreglándonoslas para sacarles con vida sin que nadie resultase muerto, seguro que mencionarían mi nombre a sus interrogadores y me vería comprometido. El instinto de supervivencia me decía que lo más seguro para todos era dejar que un helicóptero disparara un par de misiles sobre su apartamento y que todo terminara allí.

Pero me remordía la conciencia. Aunque aún no era cristiano me estaba esforzando por seguir las enseñanzas éticas de Jesús. Alá no tenía problemas con el asesinato; de hecho, insistía en él. Pero Jesús me llevó a unos principios mucho más elevados. Ahora me encontraba con que no podía matar ni a un terrorista.

Al mismo tiempo, me había convertido en una pieza demasiado esencial para el Shin Bet como para que se arriesgasen a perderme. No les gustaba la idea, pero finalmente abortaron la operación.

—Debemos saber que está pasando en esa habitación —me dijeron.

Me dirigí al apartamento de los terroristas con la excusa de llevarles un poco de mobiliario. Lo que ellos no sabían era que dentro habíamos ocultado micrófonos para oír cada una de sus palabras. Escuchamos cómo discutían sobre quién sería el primero, el segundo, el tercero, etc. Todos querían ir en primer lugar para no tener que ver morir a sus amigos. Era irracional. Estábamos escuchando hablar a hombres muertos.

El 16 de marzo las tropas de las fuerzas de seguridad tomaron posiciones. Los terroristas suicidas estaban en el centro de Ramala, así que las FDI no podían llevar los tanques. Como las tropas debían ir a pie, la operación resultaba muy peligrosa. Yo seguí el desarrollo de los hechos desde mi casa: a través del teléfono Loai me mantenía informado de lo que estaba sucediendo.

«Se van a dormir».

Esperamos hasta que escuchamos los ronquidos a través de los micrófonos.

Lo más peligroso era que se despertasen demasiado pronto. Las tropas debían entrar y alcanzar las camas antes de que ninguno de ellos pudiera mover un solo músculo.

Un soldado fijó una carga explosiva a la puerta mientras los demás escuchábamos los altavoces para detectar el menor ruido, cualquier interrupción en los ronquidos. Entonces dieron la señal.

La puerta explotó. Las fuerzas especiales se precipitaron al interior del pequeño apartamento, atrapando a cuatro de los cinco hombres. El que escapaba agarró un arma y saltó por la ventana: murió antes de tocar el suelo.

Todos suspiraron aliviados. Todos menos yo. Nada más subirles al *jeep* uno de ellos mencionó mi nombre acusándome de colaborador.

Mis peores temores se habían hecho realidad. Estaba acabado. ¿Y ahora qué?

Loai tenía la solución. El Shin Bet se limitó a deportar a aquel tipo a Jordania, enviando a sus amigos a prisión. Así, mientras el tipo estaba libre, en su casa, divirtiéndose con su familia, los otros tres llegarían a la conclusión de que él había sido el traidor, no yo. Era un idea brillante.

Me había salido con la mía una vez más, aunque esta vez por muy poco. Tenía claro que estaba tentando demasiado a la suerte.

***

Un día recibí un mensaje del jefe del Shin Bet, Avi Dichter, agradeciéndome el trabajo que realizaba para ellos. Me dijo que había revisado todos los archivos sobre la guerra de Israel contra el terrorismo y vio que el *Príncipe Verde* se nombraba en todos ellos. Aunque resultaba halagador, a la vez era una señal de alerta. Yo me di cuenta, y Loai también. Si seguía por ese camino acabaría muerto. El rastro era demasiado evidente y alguien podía seguirlo. De algún modo debía enmendarme.

Mi rechazo obstinado al asesinato de los cinco terroristas suicidas había comprometido enormemente mi situación. Aunque todos pensaran que el terrorista al que habíamos enviado de vuelta a Jordania era el responsable del fracaso de los atentados, también era sabido por todos que Israel no vacilaba ni por un segundo en arrestar a cualquier sospechoso de proveer ayuda a los terroristas. Y yo les había ayudado en gran manera. Así que, ¿por qué no me habían arrestado?

Una semana después de que arrestaran a los suicidas el equipo de seguridad israelí me vino con dos ideas que podían salvarme de ser descubierto. La primera era arrestarme y encarcelarme de nuevo. Pero temía que aquello significara una amenaza de muerte para mi padre al no estar yo presente para protegerle de los intentos de asesinato de los israelíes.

—La otra opción es que juguemos a un juego.

—¿Un juego? ¿Qué juego?

Loai me explicó que necesitábamos provocar algo llamativo, algo lo suficientemente grande para convencer a todos los palestinos de que Israel me quería vivo o muerto. Y para que fuera creíble no podía estar amañado: tenía que ser real. Las Fuerzas de Defensa de Israel intentarían capturarme de verdad. Y esto significaba que el Shin Bet debía manipular y engañar a las FDI, su propia gente.

El Shin Bet sólo le dio a las FDI unas pocas horas para prepararse para esta importante operación. Yo, hijo de Hassan Yousef, era un joven muy peligroso; además, tenía una estrecha relación con los terroristas suicidas y podía estar en posesión de explosivos. Eso le advirtieron a las FDI. Dijeron que tenían información fiable de que iría a casa de mi padre aquella noche a visitar a mi familia. Mi estancia sería breve e iría armado con un M16.

Menuda reputación me habían labrado. No cabía duda de que era un *juego* elaborado.

Se les hizo creer a las FDI que yo era un terrorista extremadamente importante que desaparecería para siempre si fallaban. Así que hicieron todo lo posible para que eso no sucediera. Hombres de las fuerzas especiales secretas vestidos como árabes y los mejores francotiradores entraron en el área camuflados en vehículos palestinos, se detuvieron dos minutos antes de llegar a mi casa y esperaron la señal. Habían estacionado grandes tanques a quince minutos de allí, en la frontera territorial. Los helicópteros de combate estaban listos para ofrecer apoyo aéreo en caso de que tuvieran disturbios con los guerrilleros palestinos.

Yo estaba sentado en mi coche, en el exterior de la casa de mi padre, esperando una llamada del Shin Bet. Cuando la recibiera tendría exactamente sesenta segundos para salir de allí pitando antes de que las fuerzas especiales rodearan la casa. Yo tampoco tenía ningún margen de error.

Sentí una punzada de arrepentimiento al imaginarme el miedo que pasarían en unos instantes mi madre y mis hermanos pequeños. Como siempre, ellos pagarían el precio de todo lo que mi padre y yo hacíamos.

Miré el precioso jardín de mi madre. Había reunido flores de todas partes, llevándose esquejes de casa de los amigos o de la familia siempre que podía. Se preocupaba por sus florecillas como si fueran sus hijos.

—¿Cuántas flores más necesitamos? —me reía de ella.

—Sólo unas cuantas más —decía siempre como respuesta.

Recordé una vez en que señaló una planta y dijo:

—Esta planta tiene más años que tú. Cuando eras un niño rompiste su maceta, pero la salvé y aún está viva.

¿Seguiría con vida al cabo de unos minutos, cuando las tropas entraran y la aplastaran bajo sus pies?

Mi teléfono móvil sonó.

La sangre me llenó la cabeza. El corazón me latía con fuerza. Encendí el motor del coche y aceleré hacia el centro de la ciudad, donde había establecido una nueva localización secreta. Ya no estaba fingiendo ser un fugitivo. Los soldados, que preferirían matarme antes que arrestarme, me estaban buscando en aquel preciso instante. Un minuto después de que yo me fuera diez coches civiles con matrícula palestina frenaron en seco delante de la casa. Las fuerzas especiales israelíes la rodearon, cubriendo cada puerta y ventana con armas automáticas. El vecindario estaba lleno de niños, incluyendo a mi hermano Naser. Dejaron de jugar al fútbol y se dispersaron aterrorizados.

Nada más colocarse las tropas en posición, se oyó el estruendo de más de veinte tanques. Ahora la ciudad entera sabía que estaba pasando algo. Yo podía escuchar el sonido de las decenas de motores diésel desde mi escondite. Centenares de militantes palestinos armados se precipitaron hacia la casa de mi padre y rodearon a las FDI. Sin embargo, no dispararon, porque los niños aún corrían buscando cobijo y mi familia estaba dentro.

Con la llegada de los fedayines los helicópteros hicieron su entrada.

De repente me pregunté si había sido buena idea perdonarles la vida a los terroristas suicidas. Si hubiera dejado que las FDI les tiraran una bomba, en aquel momento no estarían en peligro ni mi familia ni todo mi vecindario. Si alguno de mis hermanos moría en medio de aquel caos no me lo perdonaría nunca.

Para asegurarnos de que nuestro elaborado plan aparecería en todos los noticiarios, yo había filtrado a Al-Jazeera que iban a atacar la casa de Sheikh Hassan Yousef. Todos pensaron que los israelíes finalmente habían encontrado a mi padre y querían emitir su arresto en directo. Me imaginé cuál sería su reacción cuando los altavoces empezaran a crepitar y los soldados exigieran que su hijo mayor, Mosab, saliera fuera con las manos levantadas. Nada más llegar a mi apartamento encendí el televisor y miré el espectáculo junto al resto del mundo árabe.

El ejército desalojó a mi familia y les interrogó. Mi madre les dijo que me había ido justo un minuto antes de que ellos llegaran, pero no la creyeron. Creyeron al Shin Bet, que había orquestado todos los movimientos y eran los únicos, aparte de mí, que sabían que el juego había empezado. Cuando no me entregué amenazaron con empezar a disparar.

Durante unos tensos diez minutos todo el mundo esperó a ver si yo saldría y, si lo hacía, si lo haría disparando o con las manos en alto. Entonces el tiempo se agotó. Abrieron fuego y más de doscientas balas impactaron en mi habitación del segundo piso (y a día de hoy aún siguen en las paredes). No hubo más diálogo. Obviamente habían decidido matarme.

De repente, el tiroteo cesó. Unos instantes después un misil silbó en el aire e hizo volar media casa. Los soldados se precipitaron dentro. Sabía que estaban registrando cada habitación. No encontraron ningún cadáver ni ningún fugitivo oculto.

Las FDI estaban avergonzadas y furiosas de que me hubiera escurrido entre sus dedos. Si me atrapaban ahora, me advirtió Loai por teléfono, me dispararían nada más avistarme. No obstante, para nosotros la operación había sido todo un éxito. Nadie había resultado herido y yo había escalado puestos en la lista de los más buscados. La ciudad entera hablaba de mí. De la noche a la mañana me había convertido en un peligroso terrorista.

Para los siguientes meses tenía tres prioridades: no meterme en el camino del ejército, proteger a mi padre y seguir recopilando información. En ese orden.

Capítulo veintidós

OPERACIÓN ESCUDO DEFENSIVO

PRIMAVERA DE 2002

La escalada de violencia era vertiginosa.

A los israelíes se les disparaba, se les apuñalaba y se les hacía volar en pedazos. Los palestinos eran asesinados. Una y otra vez, siempre lo mismo, y cada vez más rápido. La comunidad internacional intentaba en vano presionar a Israel.

«Finalizar la ocupación ilegal... Detener el bombardeo de zonas civiles, los asesinatos, el uso innecesario de fuerza letal, las demoliciones y la humillación diaria de los palestinos»: éstas fueron las exigencias del secretario general de Naciones Unidas Kofi Annan en marzo de 2002.[9]

El mismo día que habíamos arrestado a los cuatro terroristas suicidas a los que yo había preservado la vida, los líderes de la Unión Europea instaron a Israel y a Palestina a detener la violencia. «Este conflicto no requiere una solución militar», dijeron.[10]

En 2002 la Pascua cayó el 27 de marzo. En el comedor de la planta baja del hotel Park en Netanya se habían reunido 250 invitados para celebrar la comida tradicional del Séder.

Un activista de Hamás de veinticinco años de edad llamado Abdel-Basset Odeh pasó por delante del guardia de seguridad, cruzó el mostrador de recepción en el vestíbulo y entró en el abarrotado salón. Entonces se metió la mano en la chaqueta.

La explosión mató a treinta personas y otras 140 resultaron heridas. Algunos eran supervivientes del Holocausto. Hamás reclamó la autoría del atentado diciendo que el propósito del ataque era desbaratar la Cumbre Árabe que tenía lugar en Beirut. Sin embargo, al día siguiente, la Liga Árabe liderada por Arabia Saudí anunciaba que había votado unánimemente reconocer el Estado de Israel y normalizar sus relaciones mutuas siempre que Israel aceptara retirar las fronteras establecidas en 1967, resolver el problema de los refugiados y establecer un estado palestino independiente con Jerusalén Este como capital. Estas concesiones de Israel hubieran sido una gran victoria para nuestra gente si Hamás no hubiera sido tan obstinada en su idealismo de todo o nada.

Al reconocer esto, Israel planeaba su propia solución extrema.

Dos semanas atrás el gobierno había tanteado el terreno para ver si era posible una mayor incursión en los territorios palestinos invadiendo las ciudades hermanadas de Ramala y Al-Bireh. Los analistas militares advirtieron de la posibilidad de un gran número de bajas israelíes. No tenían de qué preocuparse.

Las FDI mataron a cinco palestinos, impusieron toques de queda y ocuparon unos cuantos edificios. Enormes *bulldozers* D9 blindados demolieron varias casas en el campo de refugiados de Al-Amari, entre ellas la de Wafa Idris, la primera terrorista suicida que había asesinado a un hombre de ochenta y un años y herido a un centenar más en un atentado en el exterior de una tienda de zapatos el 27 de enero de aquel mismo año en Jerusalén.

Después del atentado del hotel Park, no obstante, la incursión de prueba resultó irrelevante. El gabinete israelí dio luz verde al lanzamiento de una operación sin precedentes con el nombre en clave de Escudo Defensivo.

Mi teléfono sonó. Era Loai.

—¿Qué pasa? —le dije.

—Las FDI en pleno se están reuniendo —dijo Loai—. Esta noche tendremos a Saleh y a todos los demás fugitivos bajo custodia.

—¿A qué te refieres?

—Vamos a reocupar toda Cisjordania y a registrar cada casa y edificio, nos lleve el tiempo que nos lleve. No te muevas. Me mantendré en contacto contigo.

¡Caramba!, pensé. *¡Esto es fantástico! Quizá sea el final de esta guerra sin sentido.*

Los rumores se extendieron por toda Cisjordania. El liderazgo palestino intuía que algo pasaba, pero no sabía con certeza el qué. La gente salía del trabajo, del médico y de clase y se iban a casa a sentarse delante del televisor, esperando las noticias. Yo había trasladado a mi padre a una casa propiedad de una pareja de estadounidenses y el Shin Bet me aseguró que allí estaría a salvo.

El 29 de marzo me registré en el hotel City Inn de la carretera hacia Nablus en Al-Bireh, donde la BBC, la CNN y el resto de medios de comunicación internacionales se alojaban. Mi padre y yo mantuvimos el contacto mediante una radio bidireccional.

El Shin Bet esperaba que yo estuviera en mi hotel, comiendo patatas fritas y mirando la televisión. Pero no quería perderme nada importante. Quería estar al tanto de todo, así que me cargué el M16 al hombro y salí. Comportándome como un auténtico fugitivo, fui hasta la cima de la colina que había cerca de la biblioteca de Ramala, desde donde podía ver la zona sureste de la ciudad donde se encontraba mi padre. Pensé que allí estaría seguro y que podría correr hacia el hotel tan pronto como oyera llegar los tanques.

Alrededor de la medianoche centenares de Merkavas rugieron al entrar en la ciudad. No esperaba que invadiesen la ciudad desde todos los ángulos a la vez... ni que se movieran tan rápido. Algunas calles eran tan estrechas que los conductores de los tanques no tenían otra opción que pasar por encima de los coches. Otras calles eran suficientemente anchas, pero los soldados parecían disfrutar con el chirrido del metal doblándose bajo sus pisadas. Las calles en los campos de refugiados eran poco más que caminos entre casas de hormigón que los tanques molieron hasta hacerlas gravilla.

—¡Apaga la radio! —le dije a mi padre—. ¡Agáchate! ¡Baja la cabeza!

Había aparcado el Audi de mi padre en el bordillo. Y vi con horror cómo un tanque lo aplastaba hasta convertirlo en un amasijo de hierros. Se suponía que yo no estaba allí. No sabía qué hacer. No podía llamar a Loai y pedirle que abortara la operación sólo porque había decidido jugar a ser Rambo.

Corrí hacia el centro de la ciudad y me refugié en un aparcamiento subterráneo, a unos pocos metros de un tanque que se acercaba en sentido contrario. Aún no había tropas en el aparcamiento; estaban esperando a que los Merkavas asegurasen la zona. De repente, horrorizado caí en la cuenta de que algunas facciones de la resistencia palestina tenían oficinas en el edificio que quedaba justo encima de mí. Me había escondido en un objetivo principal.

Los tanques no hacían distinción. No distinguían entre colaboradores del Shin Bet y terroristas, cristianos o musulmanes, luchadores armados o civiles desarmados. Y los chavales que pilotaban aquellas máquinas tenían tanto miedo como yo. A mi alrededor jóvenes como yo disparaban sus AK-47 contra los tanques. *Ping. Ping. Ping.* Las balas rebotaban como si fueran de juguete. *¡BOOM!* Respondía el tanque, casi rompiéndome los tímpanos.

Grandes cascotes de los edificios que nos rodeaban empezaron a caer formando enormes montones humeantes. Cada cañonazo era como recibir un puñetazo en la barriga. El sonido de las armas automáticas tronaba y resonaba en cada pared. Otra explosión. Más nubes de polvo cegador. Esquirlas y pedazos de piedra y metal volando por todas partes.

Tenía que salir de allí. ¿Pero cómo?

De repente un grupo de luchadores de Fatah irrumpieron en el aparcamiento y se agacharon junto a mí. Aquello no tenía buena pinta. ¿Qué pasaría si los soldados llegaban en ese preciso instante? Los fedayines abrirían fuego sobre ellos. ¿Qué haría yo? ¿Dispararía también? Y si lo hacía, ¿contra quién? Y aunque no disparara, me matarían de todos modos. Pero yo no podía matar a nadie. Hubo una época en que habría podido hacerlo, pero ya no.

Llegaron más luchadores llamando a los otros mientras corrían. De repente todo pareció detenerse. Nadie respiraba.

Los soldados de las FDI entraron con cautela en el aparcamiento. Se acercaban. Lo que fuera a pasar sucedería en breves segundos. Sus linternas buscaban el blanco de los ojos o el reflejo de un arma. Escuchaban. Y nosotros mirábamos. Los sudorosos dedos índice de ambos bandos se apoyaban en el gatillo de las armas.

Y entonces se abrió el Mar Rojo.

Quizá tuvieran miedo de adentrarse más en aquel garaje oscuro y húmedo, o tal vez sólo anhelasen la compañía familiar de un tanque. Fuera cual fuese la razón, el caso es que los soldados se detuvieron, dieron media vuelta y salieron del lugar.

Una vez que desaparecieron de la vista, subí por las escaleras y encontré una habitación desde donde pude llamar a Loai.

—¿Podrías pedirles a las FDI que retrocedieran un par de manzanas para que yo pueda volver al hotel?

—¡¿Qué?! ¿Dónde estás? ¿Por qué no estás en el hotel?

—Estoy haciendo mi trabajo.

—¡Te has vuelto loco!

Se hizo un incómodo silencio.

—Está bien, veremos qué podemos hacer.

Llevó un par de horas mover los tanques y las tropas, que tenían que estar preguntándose por qué les habían hecho retirarse. Una vez se marcharon casi me rompo la pierna saltando de un tejado a otro para regresar a mi habitación. Cerré la puerta, me desnudé e introduje mi ropa de terrorista y el arma en los conductos del aire acondicionado.

Mientras tanto, la casa donde mi padre se escondía estaba justo en el centro de la tormenta. Las FDI registraban el interior de cada una de las viviendas de su alrededor: detrás de cada edificio y debajo de cada piedra. No obstante, sus órdenes especificaban claramente que no debían entrar en aquella casa en particular.

Allí dentro mi padre leía el Corán y rezaba. El propietario de la casa leía el Corán y rezaba. Su esposa leía el Corán y rezaba. Y entonces, sin ningún motivo aparente, las tropas se fueron y empezaron a buscar en otra zona.

—¡No vas a creerte el milagro, Mosab! —me dijo mi padre más tarde por el aparato—. ¡Fue increíble! Vinieron. Registraron todas las casas a nuestro alrededor, el vecindario entero, excepto donde estábamos nosotros. ¡Alabado sea Alá!

De nada, pensé.

No se había hecho nada parecido a la Operación Escudo Defensivo desde la Guerra de los Seis Días. Y aquello era sólo el principio. Ramala fue la punta del iceberg de la operación. Belén, Yenín y Nablus fueron las siguientes. Mientras yo correteaba por ahí esquivando las tropas israelíes, las FDI habían cercado el complejo de Yasser Arafat. Todo quedó clausurado. Se impusieron estrictos toques de queda.

El 2 de abril, tanques y transportes blindados de personal rodearon el Complejo de Seguridad Preventiva cercano a nuestra casa en Beitunia. Los helicópteros de combate traqueteaban en el cielo. Sabíamos que la ANP daba refugio a un mínimo de cincuenta fugitivos en el complejo, y el Shin Bet estaba frustrado porque venía con las manos vacías de todas partes.

El complejo estaba formado por cuatro construcciones, además del edificio de oficinas de cuatro plantas que alojaba al coronel Jibril Rajoub[11] y a otros oficiales de seguridad. Cada centímetro de las instalaciones había sido diseñado, construido y equipado por la CIA, que también había entrenado y armado a la policía. Incluso disponía de una oficina allí dentro. En el interior esperaban centenares de policías fuertemente armados junto a una gran cantidad de prisioneros, incluyendo a Bilal Barghouti y a otros de los que estaban en la lista de los más buscados de Israel. El Shin Bet y las FDI no estaban de humor para tonterías. Los altavoces anunciaron que el ejército haría volar el edificio uno en cinco minutos y ordenó que saliera todo el mundo.

Exactamente cinco minutos después, *¡boom!* Edificio dos. «¡Todos fuera!» *¡Boom!* Edificio tres. *¡Boom!* Edificio cuatro. *¡Boom!*

«¡Quítense la ropa!», sonó por los altavoces. Los israelíes no querían arriesgarse a que todavía hubiera alguien armado o envuelto en explosivos. Centenares de hombres se desnudaron. Les dieron monos, les subieron a autobuses y fueron llevados a la cercana base militar de Ofer, donde el Shin Bet descubrió su error.

Por supuesto que había demasiadas personas a las que encerrar, pero los israelíes sólo querían a los fugitivos. Habían planeado examinar a todos los detenidos y liberar a los que no estuvieran en su lista de sospechosos. El problema era que todos habían dejado su ropa, junto con su identificación, en el complejo. ¿Cómo podrían las fuerzas de seguridad distinguir a los fugitivos de la policía?

Ofer Dekel, el jefe del jefe de Loai, estaba al mando. Llamó a Jibril Rajoub, que no se encontraba en el complejo durante el ataque. Dekel le dio a Rajoub un salvoconducto para que pudiera pasar a salvo entre los centenares de tanques y los miles de soldados. Cuando llegó, Dekel le preguntó a Rajoub si le importaba señalar qué hombres trabajaban para él y cuáles eran fugitivos. Rajoub dijo que lo haría encantado. Rápidamente Rajoub identificó a los policías como fugitivos y a los fugitivos como policías, y el Shin Bet liberó precisamente a los que había estado buscando.

—¿Por qué me has hecho esto? —preguntó Dekel después de descubrir lo que había ocurrido.

—Acaban de volar mis oficinas y mi complejo —explicó con calma Rajoub, con palabras que sonaban como un rotundo «es obvio». Dekel parecía haber olvidado que su colega de la ANP había resultado herido un año atrás cuando los tanques y los helicópteros de las FDI arrasaron su casa, haciéndole sentir aún menos inclinado a hacerles favores a los israelíes.

El Shin Bet estaba profundamente avergonzado. Lo único que podía hacer como represalia era revelar una versión oficial de los hechos que señalara a Rajoub como traidor por entregar a los

fugitivos a Israel cumpliendo su trato con la CIA. Como resultado, Rajoub perdió su poder y acabó como líder de la Asociación
Palestina de Fútbol.

Todo aquello había sido una auténtica debacle.

En las tres semanas siguientes los israelíes levantaron el toque
de queda de vez en cuando, y durante la tregua del 15 de abril
fui capaz de llevarle comida y otros bienes a mi padre. Me dijo
que no se sentía seguro en aquella casa y que quería trasladarse.
Llamé a uno de los líderes de Hamás y le pregunté si sabía de
algún lugar donde Hassan Yousef pudiera estar a salvo. Me dijo
que llevara a mi padre al mismo sitio donde estaba escondido
Sheikh Jamal al-Taweel, otro personaje importante de Hamás,
que también era un fugitivo.

¡*Caramba!*, pensé. El arresto de Jamal al-Taweel haría que
el Shin Bet se sintiera un poco mejor después de la Operación
Escudo Defensivo. Le di las gracias, pero le dije:

—No pongamos a mi padre en el mismo sitio. Podría resultar
peligroso para ambos estar allí juntos.

Acordamos otro lugar y rápidamente llevé a mi padre a insta-
larse en su nuevo piso franco. Entonces llamé a Loai.

—Sé dónde se esconde Jamal al-Taweel.

Loai no podía creérselo; al-Taweel fue arrestado aquella misma
noche.

Aquel mismo día también le echamos el guante a otro de los
hombres más buscados por las FDI: Marwan Barghouti.

Aunque Marwan era uno de los líderes de Hamás más escurridi-
zos, lo cierto es que su captura fue de lo más simple. Llamé a uno de
sus guardias al móvil y hablé con él brevemente mientras el Shin Bet
rastreaba la llamada. Barghouti fue posteriormente juzgado en un
tribunal civil y sentenciado a cinco cadenas perpetuas consecutivas.

Mientras tanto, no pasaba un día en que la Operación Escudo
Defensivo no ocupara los titulares internacionales. Pocos fueron
favorables. Fuera de Yenín circulaban rumores de una masacre
a gran escala, que nadie podía verificar porque las FDI habían
sellado la ciudad. El ministro del gobierno palestino, Saeb Erekat,

habló de 500 muertos. Más tarde tuvo que rectificar la cifra, que descendió hasta cincuenta.

En Belén más de 200 palestinos fueron sitiados en la Iglesia de la Natividad durante cinco semanas. Después de que amainara la tormenta y de permitir que la mayoría de civiles se marchara, el resultado fue de ocho palestinos muertos, veintiséis deportados a Gaza, ochenta y cinco registrados por las FDI (a quienes liberaron posteriormente) y los trece hombres más buscados de todos ellos fueron exiliados a Europa.

En total, durante la Operación Escudo Defensivo fueron asesinados casi 500 palestinos, 1,500 fueron heridos y casi 4,300 detenidos por las FDI. Por otro lado, murieron 29 israelíes y 127 resultaron heridos. El Banco Mundial estimó los daños económicos en más de 360 millones de dólares.

Capítulo veintitrés

PROTECCIÓN SOBRENATURAL

VERANO DE 2002

EL MIÉRCOLES 31 DE JULIO DE 2002 fue un día abrasador. El termómetro marcaba casi 39°C. En el campus del Monte Scopus de la Universidad Hebrea no había clase, ya que algunos alumnos aún estaban de exámenes. Otros esperaban en fila para inscribirse en los cursos de otoño. A la una y media en punto la cafetería universitaria Frank Sinatra estaba llena hasta los topes de gente descansando en la sombra, disfrutando de sus refrescos y charlando. Nadie se percató de la bolsa que había dejado allí uno de los pintores.

La enorme explosión destrozó la cafetería y provocó nueve muertos, entre ellos cinco ciudadanos estadounidenses. Otras ochenta y cinco personas resultaron heridas, catorce de ellas de gravedad.

Ese mismo día mi buen amigo Saleh desapareció. Cuando registramos las localizaciones de los otro cuatro hombres de nuestra lista de los más buscados descubrimos que ellos también habían desaparecido sin dejar rastro, e incluso habían cortado toda comunicación con sus familias. Pudimos identificar la célula de Hamás que había puesto la bomba y descubrimos que sus miembros provenían del interior de Israel, no de los territorios ocupados. Llevaban las tarjetas azules de identificación que les permitían ir a cualquier parte sin restricciones. Cinco eran de Jerusalén Este: casados, con familias perfectas y buenos trabajos.

Durante el transcurso de la investigación un nombre salió a la superficie: Mohammed Arman, un hombre que vivía en un pueblo de la zona de Ramala. Bajo tortura, a Arman se le pidió el nombre del cerebro que había detrás del ataque en la Universidad Hebrea. Dijo que sólo le conocía por «Sheikh».

Los interrogadores le trajeron fotografías de sospechosos de terrorismo, como si se encontrara en una comisaría de policía de Estados Unidos y le mostraran uno de esos libros con primeros planos de gente fichada, y le dijeron que señalara a «Sheikh». Arman identificó una foto de Ibrahim Hamed y nos dio la primera prueba concluyente de su implicación en los atentados suicidas.

Más tarde descubriríamos que, una vez identificado, Hamed usaría aquella baza para proteger a Saleh y a los demás miembros de su célula. Todas las células que él comandaba estaban avisadas de que en caso de ser capturadas debían culpar a Hamed de todo, porque él ya no tenía nada que perder. Así que, por el momento, el rastro terminaba con Ibrahim Hamed. Y nadie sabía dónde estaba.

━━

Durante los meses que siguieron a la Operación Escudo Defensivo, Ramala estuvo bajo toque de queda. Las operaciones de Arafat fueron mucho más discretas. USAID había suspendido sus proyectos y no permitía a sus empleados entrar en Cisjordania. Los puntos de control de Israel estrangulaban la ciudad, no dejando que nadie entrara o saliera aparte de las ambulancias. Oficialmente yo era un fugitivo. Todo esto hizo que me resultara difícil moverme. Sin embargo, tenía que reunirme con el Shin Bet cada dos semanas, más o menos, para hablar de las operaciones en curso, temas que no podíamos tratar por teléfono.

Y, además, yo necesitaba apoyo emocional. La soledad era terrible. Me había convertido en un forastero en mi propia tierra. No podía compartir mi vida con nadie, ni siquiera con mi familia. Y no podía confiar en nadie. Lo habitual era que Loai y yo nos encontrásemos en alguno de los pisos francos que el Shin Bet tenía en Jerusalén. Pero yo ya no podía salir de Ramala. No era seguro dejarme ver en las calles a plena luz del día. Ya no era posible ninguna de las opciones que acostumbrábamos a usar.

Si las fuerzas especiales venían a buscarme en coches palestinos, se arriesgaban a que los fedayines los detuvieran y su acento les delatase. Si los agentes de seguridad se vestían con uniformes de las FDI y fingían secuestrarme, alguien podría reconocerme entrando en el *jeep*. Y aun funcionando aquello, ¿cuántas veces podríamos usar esa artimaña?

Al final el Shin Bet sugirió un modo más creativo de encontrarnos.

La base militar de Ofer, que distaba unos tres kilómetros al sur de Ramala, era una de las instalaciones de máxima seguridad de las que disponía Israel. El lugar estaba abarrotado de secretos militares y muy bien protegido. Las oficinas locales del Shin Bet estaban allí.

—Bien —me dijo Loai—. De ahora en adelante nos encontraremos en Ofer. Todo lo que tienes que hacer es colarte.

Ambos nos echamos a reír. Y entonces me di cuenta de que lo decía en serio.

—Si te atrapan —explicó— parecerá que estás intentando infiltrarte en una importante instalación militar para planear un ataque.

—¿*Si* me atrapan?

El plan era preocupante. Y cuando llegó el momento de ponerlo en acción me sentí como un actor la noche del estreno a punto de pisar un escenario que nunca antes había visto, con un traje que no había llevado nunca, sin guión y sin haber ensayado.

No sabía que el Shin Bet había apostado a sus propios agentes en las dos torres de vigía que flanqueaban el lugar del perímetro exterior por el que se suponía que yo iba a penetrar. Ni tampoco sabía que había más agentes de seguridad con equipos de visión nocturna emplazados a lo largo de mi ruta para protegerme en el improbable caso de que alguien me estuviera siguiendo.

Yo sólo pensaba en una cosa: *¿Qué pasa si cometo un error?*

Aparqué el coche lejos de la vista. Loai me había dado instrucciones para que me vistiera con ropa oscura, no llevara linterna y trajera un par de cizallas. Respiré hondo.

Mientras me dirigía a las colinas podía ver el centelleo de las luces de la base en la distancia. Durante un rato una jauría de perros callejeros me estuvo hostigando con sus ladridos mientras yo seguía las subidas y bajadas del accidentado terreno. No serían un problema siempre y cuando no llamaran la atención de forma inoportuna.

Al fin llegué a la valla exterior y llamé a Loai.

—Cuenta siete postes desde la esquina —dijo—. Espera a mi señal y empieza a cortar.

Corté lo que se había convertido en la vieja valla después de que una nueva hubiera sido construida unos seis metros hacia el interior al inicio de la Segunda Intifada.

Me habían advertido sobre los cerdos guardianes (sí, he dicho cerdos guardianes), pero no me topé con ellos, así que no me preocupé. La zona entre el perímetro exterior y el interior formaba un pasillo que en cualquier otra base militar del mundo hubiera estado patrullada por pastores alemanes o algún otro tipo de perros de ataque bien entrenados. Irónicamente, los israelíes, siempre preocupados por lo *kosher*, usaban cerdos. Es cierto.

Se pensaba que la presencia de cerdos y el riesgo de un posible contacto con ellos serviría de elemento disuasorio psicológico para cualquier posible terrorista que fuera un devoto musulmán. El Islam prohíbe el contacto con cerdos con tanta vehemencia como el judaísmo ortodoxo. Quizá aún más.

Nunca vi cerdos custodiando un asentamiento, pero Loai me contó más tarde que sí era cierto que estaban de guardia en la base militar de Ofer.

En la valla interior encontré una pequeña puerta que habían dejado abierta. Entré y ahí estaba yo: con dos torres de guardia erigiéndose una a cada lado como si fueran los cuernos del diablo, dentro de una de las instalaciones militares más seguras de todo Israel.

—Mantén la cabeza agachada —me dijo Loai al oído—, y espera la señal.

A mi alrededor había muchos arbustos. Al cabo de unos instantes empezaron a moverse. En realidad, algunos de aquellos arbustos eran los agentes que solían estar presentes en nuestros encuentros, sólo que ahora cargaban pesadas ametralladoras y vestían los uniformes de camuflaje de las FDI, con ramas pegadas por todas partes. Creo que se divertían jugando a comandos, como si sólo fuera un disfraz más de los muchos que componían su repertorio: desde vestirse de terrorista o fedayín, hasta hacerlo de anciano y, de vez en cuando, de mujer.

¿Cómo va todo? —me preguntaron como si estuviéramos sentados tranquilamente en una cafetería—. ¿Todo bien?

—Sí, todo bien.

—¿Has conseguido algo?

Algunas veces les llevaba grabaciones, otras pruebas o información, pero esta vez iba con las manos vacías.

Empezó a llover y corrimos hacia lo alto de un pequeño montículo donde nos esperaban dos *jeeps*. Tres de los hombres se metieron en el primer coche y yo salté a la parte trasera. Los demás se quedaron junto al segundo vehículo para asegurar mi regreso. Me sentía mal por los que se quedaron atrás, porque estaba lloviendo con fuerza. Pero parecían disfrutar de la situación.

Después de mi encuentro con Loai, con su jefe y los guardias, que duró varias horas, me fui por donde había entrado; estaba contento conmigo mismo, aunque el camino de vuelta fuera largo, húmedo y frío.

Aquella se convirtió en nuestra rutina habitual para reunirnos. En todas las ocasiones la coreografía y la ejecución eran perfectas e impecables. Nunca tuve que volver a cortar la valla, pero siempre llevaba las cizallas, por si acaso.

———

Después de mi notoria «huida» de las FDI, continué controlando a mi padre para asegurarme de que estaba bien, y por si necesitaba algo. De vez en cuando iba a la oficina de USAID, pero como habíamos interrumpido la mayoría de los proyectos lo poco que debía hacer podía acabarlo desde casa. Por la noche salía por ahí con fugitivos y recopilaba información. Y una o dos veces al mes, a altas horas de la noche, me infiltraba en una instalación militar de máxima seguridad para asistir a una reunión.

En mi tiempo libre seguía encontrándome con mis amigos cristianos para hablar del amor de Jesús. De hecho, era mucho más que hablar. Aunque por el momento yo sólo era un seguidor del Maestro, me sentía como si experimentase el amor y la protección de Dios a diario, y parecía que eso se extendía también al resto de los miembros de mi familia.

Una tarde, las tropas de las fuerzas especiales registraron el hotel City Inn en busca de fugitivos y salieron con las manos vacías, así que decidieron hacer una pausa y detenerse en una casa cercana. Aquello era un práctica común. Las FDI no necesitaban ni órdenes ni autorizaciones. Cuando las cosas estaban más o menos en calma, los soldados de las fuerzas especiales se apropiaban de la casa de alguien para poder tomarse unas cuantas horas de descanso y tal vez comer alguna cosa. Algunas veces, durante los combates más crudos, incluso irrumpían en las casas del lugar y usaban a sus ocupantes como escudos humanos (tal como solían hacer los fedayines).

Aquel día las FDI eligieron la casa en la que mi padre se escondía. El Shin Bet no tenía conocimiento de ello. Ninguno de nosotros lo sabía. El hecho de que los soldados eligieran esa casa en particular en ese día concreto era algo que nadie podía haber predicho o evitado. Y, cuando llegaron, dio la casualidad de que mi padre se encontraba en el sótano.

—¿Les importaría dejar a los perros fuera? —les dijo a los soldados la mujer de la casa—. Tengo niños pequeños.

Su marido estaba aterrorizado ante la perspectiva de que las tropas encontraran a Hassan Yousef y les arrestaran por esconder a un fugitivo. Así que intentó mantener una actitud calmada e impertérrita. Le dijo a su hija de siete años que fuera y le estrechara la mano al comandante, que quedó encantado con la pequeña y pensó que ella y sus padres tan sólo eran una familia normal que no tenían nada que ver con terroristas. El oficial le preguntó educadamente a la mujer si sus hombres podían descansar un poco en el piso de arriba y ella aceptó de buen grado. Unos veinticinco soldados israelíes se alojaron en aquella casa durante más de ocho horas sin darse cuenta de que mi padre estaba, literalmente, debajo de ellos.

Soy incapaz de encontrar una explicación razonable al sentido de protección sobrenatural e intervención divina que me embargó al conocer los hechos. Para mí era real. Un día Ahmad al-Faransi (quien una vez me había pedido explosivos para sus terroristas suicidas) me llamó desde el centro de Ramala y me preguntó si podía recogerle y llevarle a casa; le dije que estaba en la zona y que llegaría en unos minutos. Cuando llegué se subió al coche y empezamos el camino.

No habíamos llegado muy lejos cuando el teléfono móvil de al-Faransi sonó. Al-Faransi estaba en la lista de objetivos de Jerusalén y el cuartel general de Arafat le llamaba para avisarle de que los helicópteros israelíes le habían estado siguiendo. Abrí la ventanilla del coche y vi a dos Apaches aproximándose peligrosamente. Aunque esto pueda sonarle extraño a aquellos que no han sentido a Dios hablándoles directamente en su interior, aquel día oí a Dios hablándole a mi corazón e indicándome que girara a la izquierda entre dos edificios. Más tarde me enteré de que si hubiera seguido recto mi coche habría quedado expuesto y los israelíes hubieran tenido un tiro limpio. Giré y de inmediato oí aquella voz divina que decía: *sal del coche y corre*. Saltamos del coche y echamos a correr. Cuando el helicóptero alcanzó de nuevo su objetivo lo único que pudo ver el piloto fue un coche aparcado con las dos puertas delanteras abiertas. Se quedó en el aire durante unos sesenta segundos y después se marchó.

Más tarde descubrí que los de inteligencia habían recibido un mensaje diciendo que habían visto a al-Faransi entrando en un Audi A4 azul oscuro. Había muchos coches así en la ciudad. Loai no se encontraba en la sala de operaciones en aquel momento para comprobar dónde me encontraba, y nadie se preguntó si aquel Audi podía pertenecer al Príncipe Verde. La verdad es que pocos miembros del Shin Bet sabían de mi existencia.

Por alguna razón, parecía que siempre me beneficiaba de la protección divina. Yo aún no era cristiano, y al-Faransi, con toda certeza, no conocía al Señor. No obstante, mis amigos cristianos oraban por mí cada día. Y Dios, tal como dijo Jesús en Mateo 5.45, «hace salir su sol sobre malos y buenos, y hace llover sobre justos e injustos». Esto, ciertamente, quedaba lejos del dios cruel y vengativo del Corán.

Capítulo veinticuatro

CUSTODIA PROTECTORA

OTOÑO DE 2002 - PRIMAVERA DE 2003

ESTABA EXHAUSTO. Estaba cansado de jugar tantos roles peligrosos a la vez, cansado de tener que cambiar mi personalidad y mi apariencia para adaptarme a las compañías del momento. Cuando estaba con mi padre y otros líderes de Hamás tenía que aparentar ser un miembro devoto de la organización. Cuando estaba con el Shin Bet, mi papel era el de colaborador de los israelíes. Cuando estaba en casa, a menudo representaba mi papel de padre y protector de mis hermanos y en el trabajo debía jugar a ser un trabajador normal y corriente. Estaba en mi último semestre de la universidad y debía estudiar para los exámenes. Pero no podía concentrarme.

Eran los últimos días del mes de septiembre de 2002 cuando decidí que había llegado la hora de pasar al siguiente acto de la representación que había empezado con el intento fingido del Shin Bet para capturarme.

—No puedo continuar así —le dije a Loai—. ¿Qué puede pasar si me entrego? ¿Unos cuantos meses de prisión? Pasamos por los interrogatorios. Me liberan. Acabo la escuela. Recupero mi trabajo en USAID y vivo una vida normal.

—¿Qué pasa con tu padre?

—No voy a dejarle atrás para que le asesinen. Vayan y arréstenle también.

—Lo haremos si eso es lo que quieres. Te aseguro que el gobierno estará encantado de atrapar finalmente a Hassan Yousef.

Le dije a mi madre dónde se escondía mi padre y dejé que le visitara. Cinco minutos después de que ella llegara al piso franco las fuerzas especiales inundaron el área. Los soldados corrían por todo el vecindario gritándole a los civiles que se metieran en sus casas.

Uno de aquellos «civiles» que estaba fumando en una cachimba delante de su casa era nada más y nada menos que el maestro artificiero Abdullah Barghouti, que no tenía ni idea de que había estado viviendo en la misma calle que Hassan Yousef. Y el pobre soldado de las FDI que le dijo que entrara en su casa no sabía que le había gritado al asesino de masas más buscado de Israel.

Todo el mundo estaba despistado. Mi padre no sabía que su hijo le había entregado para protegerle de ser asesinado. Y las FDI no sabían que el Shin Bet había conocido el paradero de Hassan Yousef desde el primer momento y que incluso algunos de sus soldados habían comido y disfrutado de una siesta en la casa donde se escondía.

Como era habitual, mi padre se rindió pacíficamente. Tanto él como el resto de líderes de Hamás supusieron que el Shin Bet había seguido a mi madre hasta su guarida. Como es de suponer, mi madre se entristeció mucho, pero también la aliviaba saber que su marido estaría a salvo en algún lugar y que ya no pertenecería a la lista de objetivos de Israel.

—Nos veremos esta noche —me dijo Loai cuando las aguas volvieron a su cauce.

Cuando el sol empezaba a ocultarse en el horizonte me senté en casa y miré por la ventana, observando cómo una veintena de soldados de las fuerzas especiales se movían con rapidez y tomaban posiciones. Sabía que ahora debía agachar la cabeza y prepararme para ser tratado con rudeza. Un par de minutos más tarde llegaron los *jeeps*. Y un tanque. Las FDI sellaron la zona. Alguien saltó a mi balcón. Y entonces golpearon a mi puerta.

—¿Quién es? —grité, fingiendo que no lo sabía.

—¡FDI! ¡Abre la puerta!

Abrí la puerta y me empujaron al suelo registrándome en busca de armas.

—¿Hay alguien más en casa?

—No.

No sé por qué se molestaron en preguntar. De todas formas empezaron a dar patadas a las puertas y a registrar la casa habitación por habitación. En el exterior me encontré cara a cara con mi amigo.

—¿Dónde te has metido? —me preguntó Loai con dureza, como si de verdad yo fuera quien aparentaba ser—. Te hemos estado buscando. ¿Es que quieres que te maten? Te comportaste como un loco escapando de casa de tu padre el año pasado.

Unos cuantos soldados furiosos miraban y escuchaban.

—Tenemos a tu padre —dijo—, ¡y por fin te atrapamos a ti! Veamos qué nos cuentas en el interrogatorio.

Un par de soldados me arrojaron dentro de un *jeep*. Loai se acercó, se agachó para que nadie pudiera escucharle y me preguntó:

—¿Cómo estás, amigo? ¿Va todo bien? ¿Te aprietan demasiado las esposas?

—No, todo está bien —dije—. Sólo sácame de aquí y no dejes que los soldados me peguen durante el viaje.

—No te preocupes. Uno de mis hombres estará contigo.

Me llevaron a la base militar de Ofer, donde nos sentamos en la misma habitación en la que nos solíamos reunir, y pasamos las dos horas del supuesto «interrogatorio» bebiendo café y charlando sobre la situación.

—Te llevaremos a Maskobiyeh —dijo Loai—, por un corto período de tiempo. Fingiremos que te hemos interrogado duramente. Tu padre ya está allí y podrás verle. No se le está interrogando ni torturando. Entonces realizaremos una detención administrativa. Pasarás varios meses allí y después pediremos que te amplíen la condena tres meses más, porque es de esperar que alguien de tu categoría pase un tiempo considerable en la prisión.

Cuando vi a los interrogadores, incluso a aquellos que me habían torturado en mi estancia previa, me sorprendí al descubrir que no les guardaba ningún tipo de rencor. La única manera que tenía para explicarlo era usando un versículo que había leído en Hebreos 4.12: «Porque la palabra de Dios es viva y eficaz, y más cortante que toda espada de dos filos; y penetra hasta partir el alma y el espíritu, las coyunturas y los tuétanos, y discierne los pensamientos y las intenciones del corazón». Había leído y meditado en aquel versículo muchas veces, así como en los mandamientos de Jesús de perdonar a tus enemigos y amar a los que te maltratan. De algún modo, aunque yo aún no podía aceptar a Jesucristo como Dios, sus palabras parecían estar vivas y activas y trabajando dentro de mí. No sé de qué otra forma podría haber visto a las personas como personas, no como judíos o árabes, prisioneros o torturadores. Aun el viejo odio que me había llevado a comprar armas y a tramar la muerte de los israelíes estaba siendo desplazado por un amor que no podía comprender.

Me encerraron en una celda para mí sólo durante un par de semanas. Y una o dos veces al día, cuando no estaban demasiado ocupados interrogando a los otros prisioneros, mis amigos del Shin Bet venían a verme y a charlar un poco. Comía bien y me convertí en el secreto mejor guardado de la prisión. Esta vez no había capuchas fétidas, ni jorobados locos, ni canciones de Leonard Cohen (aunque un día se convertiría en mi artista favorito. Increíble, ¿no?). En Cisjordania se hizo correr la voz de que yo era un tipo duro que no les daba ninguna información a los israelíes, ni siquiera bajo tortura.

Unos días antes de mi traslado me cambiaron a la celda de mi padre. Una mirada de alivio surcó su rostro mientras extendía los brazos para abrazarme. Después me apartó de sí y sonrió.

—Te seguí —dije con una sonrisa—. No podía vivir sin ti.

Compartía la celda con otros dos hombres, y estuvimos riendo y pasándonoslo bien. Para ser franco, debo decir que me hacía feliz ver a mi padre a salvo detrás de los barrotes. Allí no podía cometer errores ni le lloverían misiles desde el cielo.

A veces, cuando nos leía el Corán, me quedaba embelesado mirándole y disfrutaba escuchando su hermosa voz. Pensé en la dulzura que nos demostraba cuando éramos niños. Nunca nos obligó a levantarnos pronto para las oraciones del amanecer; nosotros lo hacíamos voluntariamente porque queríamos que estuviera orgulloso. Le había entregado su vida a Alá a una edad muy temprana y nos había traspasado la misma devoción mediante el ejemplo.

Ahora pensaba: *Amado padre, estoy muy contento de estar aquí sentado contigo. Sé que la prisión es el último sitio en el que desearías estar ahora, pero, de no ser así, con toda probabilidad tus destrozados despojos estarían dentro de alguna pequeña bolsa de vinilo en algún lugar.* Algunas veces él levantaba la vista del libro y me veía sonriéndole con amor y agradecimiento. Él no sabía por qué, y yo no podía contárselo.

Cuando vinieron los guardias para hacer el traslado, mi padre y yo nos abrazamos con fuerza. Parecía muy frágil, y, en cambio, yo sabía lo fuerte que era. Habíamos estado tan juntos en los últimos días que me sentía como si me estuvieran desgarrando. También me resultó difícil despedirme de los oficiales del Shin Bet. Con los años nuestra relación había crecido en amistad e intimidad. Miré sus caras y deseé que fueran conscientes de cómo les admiraba. A su vez, su mirada me pedía perdón: sabían que el siguiente paso de mi viaje no sería tan placentero.

Los rostros de los soldados que me esposaron para el traslado eran completamente distintos. Para ellos yo era un terrorista que había escapado de las FDI, haciéndoles parecer estúpidos, y que había evadido todos y cada uno de sus intentos por capturarme. Esta vez me llevaron a la prisión de Ofer, que formaba parte de la base militar donde me había reunido con el Shin Bet con regularidad.

La barba me creció y se espesó como la de todos los demás. Y me uní a la rutina diaria de los demás prisioneros. Cuando era la hora de la oración hacía una reverencia, me arrodillaba y oraba, pero Alá ya no era el destinatario de mis plegarias. Ahora me dirigía al Creador del universo. Cada vez le sentía más próximo. Un día encontré una Biblia en árabe medio escondida en la sección de religiones del mundo de la biblioteca. Era el texto íntegro, no sólo el Nuevo Testamento. Nadie la había tocado nunca. Apuesto a que nadie sabía siquiera que estaba allí. ¡Menudo regalo de Dios! La leí una y otra vez.

De vez en cuando alguien venía y, con discreción, intentaba averiguar qué estaba haciendo. Yo explicaba que estudiaba historia y que, como la Biblia era un libro antiguo, contenía parte de la información más temprana disponible. Y no sólo eso, sino que el valor de sus enseñanzas también era sensacional, les decía, y creía que todos los musulmanes debían leerla. La gente solía conformarse con aquella explicación. La única ocasión en que parecían un poco irritados por mi costumbre era durante el Ramadán, cuando parecía que estudiaba más la Biblia que el Corán.

El estudio bíblico al que había asistido en Jerusalén estaba abierto a todo el mundo: cristianos, musulmanes, judíos, ateos... a cualquiera. A través de aquel grupo había tenido la ocasión de sentarme con personas judías que habían venido con el mismo propósito que yo: estudiar el cristianismo y aprender sobre Jesús. Como musulmán palestino fue una experiencia única estudiar a Jesús con un judío israelí.

Por medio de aquel grupo había llegado a conocer bastante bien a un hombre judío llamado Amnon. Estaba casado y tenía dos hermosas criaturas. Era muy listo y hablaba varios idiomas. Su esposa era cristiana y le había animado durante mucho tiempo para que se bautizara. Al final Amnon decidió hacerlo, así que el grupo se reunió un anochecer para ser testigos de su bautismo en la bañera del pastor. Cuando yo llegué Amnon acababa de leer algunos versículos de la Biblia y había empezado a llorar a lágrima viva.

Él sabía que al permitir que le sumergieran bajo las aguas no sólo estaba declarando su lealtad a Jesucristo mediante la identificación con su muerte y su resurrección, sino que también se estaba divorciando de su cultura. Le daba la espalda a la fe de su padre, profesor de la Universidad Hebrea. Abandonaba la sociedad y las tradiciones religiosas israelíes, destruyendo su reputación y poniendo en peligro su futuro.

Poco después Amnon fue requerido para incorporarse al servicio militar en las FDI. En Israel, a todos los ciudadanos no árabes de más de dieciocho años, hombres o mujeres, se les exige servir en el ejército (los hombres durante tres años y las mujeres durante dos). Pero Amnon había visto tantas masacres en los puntos de control que sentía que, como cristiano, no podía dejar que le mandaran a una posición donde se le pudiera exigir disparar a civiles desarmados. Así que rechazó ponerse el uniforme e ir a Cisjordania.

—Aunque pudiera hacer mi trabajo disparándole a la pierna en vez de a la cabeza a un niño que lanzara piedras —argumentó—, no quiero hacerlo. Soy llamado a amar a mis enemigos.

Llegó un segundo aviso. Un tercero.

Aun así, cuando rechazó alistarse, Amnon fue arrestado y encarcelado. De lo que no me percaté fue de que Amnon estuvo viviendo en la sección judía de la prisión durante todo el tiempo que yo permanecí en Ofer. Él estaba allí porque se había negado a trabajar con los israelíes; yo estaba allí porque había accedido a trabajar con ellos. Yo intentaba proteger a los judíos; él intentaba proteger a los palestinos.

No creía que fuera necesario que todo el mundo en Israel y los territorios ocupados tuviera que convertirse en cristiano para que cesara el baño de sangre. Sin embargo, estaba convencido de que se podía marcar una gran diferencia habiendo un millar como Amnon en un lado y un millar como Mosab en el otro. Y si hubiera más... ¿quién sabe?

Un par de meses después de mi llegada a Ofer me llevaron ante el tribunal, donde nadie sabía quién era yo: ni el juez, ni los fiscales, ni siquiera mi abogado.

En el juicio, el Shin Bet testificó que yo era peligroso y solicitó que me mantuvieran encerrado una larga temporada. El juez accedió y me sentenció a seis meses de detención administrativa. De nuevo me trasladaron.

A cinco horas en coche de ninguna parte, en las dunas de arena del desierto del Néguev y muy cerca de la central nuclear de Dimona, se erigían las tiendas de la prisión de Ktzi'ot, donde uno se derretía en verano y se helaba en invierno.

—¿Cuál es tu organización?

—Hamás.

Sí, aún me identificaba como parte de mi familia, como parte de mi historia. Pero ya no era como los demás prisioneros.

Hamás seguía siendo la facción mayoritaria. Sin embargo, desde el inicio de la Segunda Intifada Fatah había crecido significativamente y ambos grupos tenían el mismo número de tiendas. Yo estaba harto de fingir, y mi recién estrenado código ético no me permitía mentir. Así que decidí ser más bien reservado mientras estuviera allí.

Ktzi'ot era un auténtico páramo salvaje. El aire de la noche se llenaba con los ecos de los aullidos de los lobos, las hienas y los leopardos. Había escuchado historias sobre prisioneros que habían escapado de Ktzi'ot, pero ninguna de nadie que hubiera sobrevivido al desierto. Y el invierno era mucho peor que el verano: las lonas de las tiendas eran lo único que nos separaba del aire helado y las ventiscas de nieve. Todas las tiendas tenían aislamiento contra la humedad en el techo. Sin embargo, algunos prisioneros desgarraban trozos de la tela para hacerse cortinas privadas alrededor de sus catres. Se suponía que aquella tela debía retener el vapor que exhalábamos al respirar. En vez de eso, se quedaba flotando en el ambiente y se pegaba a la lona desnuda de la tienda hasta que pesaba demasiado. Entonces toda aquella saliva nos caía encima a lo largo de la noche mientras dormíamos.

Los israelíes casi tenían recubierto el campamento entero con tablones encolados para mantener bajo control a la población de ratones. Una mañana helada, muy temprano, mientras todos dormían, yo leía mi Biblia cuando oí unos chillidos que parecían el ruido oxidado de un colchón de muelles. Miré debajo de mi cama y vi un ratón pegado a una de las tablas con cola. Lo que me sorprendió, sin embargo, fue que otro ratón estaba intentado salvarle sin quedarse pegado. ¿Tal vez fuera su pareja, o su amigo? No lo sé. Estuve observando durante media hora cómo un animal arriesgaba su vida para salvar a otro. Me conmovió tanto que les liberé a ambos.

En la prisión la lectura estaba limitada al Corán o a los estudios coránicos. Yo sólo disponía de dos libros en inglés que un amigo me había hecho llegar de contrabando a través de mi abogado. Estaba profundamente agradecido de tener algo que leer y de poder mejorar mis habilidades en la lengua inglesa, pero no me llevó mucho tiempo desgastar las cubiertas de tanto leerlos. Un día estaba dando un solitario paseo cuando encontré a dos prisioneros preparándose un té. A su lado había una gran caja de madera repleta de novelas enviadas por la Cruz Roja. ¡Y aquellos tipos estaban arrancando las páginas para usarlas como combustible! No pude controlarme. De un empujón aparté la caja de su lado y me puse a recoger libros a paladas. Ellos pensaron que los quería para preparar mi propio té.

—¿Están locos? —les grité—. Me llevó una eternidad poder meter dos libros en inglés de contrabando para poder leerlos, ¡y ustedes están preparándose el té con éstos!

—Son libros cristianos —replicaron.

—No son libros cristianos —les dije—. Son *best sellers* recomendados por el *New York Times*. Estoy seguro de que no dicen nada en contra del Islam. Sólo son historias sobre experiencias personales.

Probablemente se preguntaban qué le pasaba al hijo de Hassan Yousef. Hasta ahora había sido muy tranquilo, mostrándose reservado y leyendo a todas horas. Y de repente empezaba a delirar sobre una caja de libros. Si yo no hubiese sido quien era, lo más seguro es que hubieran peleado por conservar su preciado combustible. Pero me dejaron quedarme con las novelas y volví a mi cama con una caja entera de nuevos tesoros. Los apilé a mi alrededor y me revolqué en ellos. No me importaba lo que pensaran los demás. Mi corazón cantaba y alababa a Dios por proveerme de algo nuevo para leer mientras intentaba pasar el tiempo en aquel lugar.

Leía durante dieciséis horas al día, hasta que mis ojos se debilitaban por la falta de luz. Durante los cuatro meses que pasé en Ktzi'ot aprendí de memoria cuatro mil palabras en inglés.

Mientras estaba allí también me tocó vivir dos motines, peores incluso que el que hubo en Meguido. Pero Dios me acompañó en todo momento. De hecho, experimenté la presencia de Dios con más fuerza en aquella prisión que en ningún otro momento antes o después. Quizá aún no había aceptado a Jesús como el Creador, pero sí estaba aprendiendo a amar a Dios el Padre.

El 2 de abril de 2003, mientras las tropas de infantería de la Coalición se dirigían a Bagdad, yo era liberado. Salí como un líder de Hamás respetado, un terrorista experimentado y un astuto fugitivo. Había sido probado por el fuego y lo había superado. El riesgo de ser descubierto había disminuido considerablemente y mi padre estaba con vida y a salvo.

Una vez más podía caminar tranquilo por las calles de Ramala. Ya no tenía que actuar como un fugitivo. Podía ser yo mismo de nuevo. Llamé a mi madre y después a Loai.

—Bienvenido a casa, Príncipe Verde —dijo—. Te hemos echado mucho de menos. Han pasado muchas cosas y no sabíamos qué hacer sin ti.

Unos cuantos días después de mi regreso me reuní con Loai y con mis otros buenos amigos israelíes. Sólo tenían una noticia de la que informarme, pero era enorme.

En marzo se había descubierto y arrestado a Abdullah Barghouti. Más tarde, aquel mismo año, el fabricante de bombas de origen kuwaití sería juzgado por un tribunal militar israelí por el asesinato de sesenta y seis personas y por los daños causados a otras quinientas. Yo sabía que había bastantes víctimas más, pero aquello fue todo lo que pudimos probar. Barghouti sería sentenciado a sesenta y siete cadenas perpetuas (una por cada asesinato y una extra por los heridos). Cuando se pronunció la sentencia Barghouti no expresó ningún tipo de remordimiento, culpó a Israel y sólo lamentó no haber tenido la oportunidad de matar a más judíos.

«La ola de terror homicida que el acusado desencadenó fue una de las más intensas en la sangrienta historia de este país», dijo el juez.[12] Barghouti montó en cólera, amenazando con matar a los jueces y con enseñar a todos los prisioneros de Hamás a fabricar bombas. Como resultado, cumpliría su condena incomunicado. Ibrahim Hamed, mi amigo Saleh Talahme y los otros, sin embargo, seguían en libertad.

En octubre finalizó mi proyecto en USAID y también mi empleo. Así que me metí de lleno en mi trabajo para el Shin Bet, recopilando toda la información que podía.

Una mañana, dos meses más tarde, Loai me llamó:

—Hemos localizado a Saleh.

Capítulo veinticinco

SALEH

INVIERNO DE 2003 - PRIMAVERA DE 2006

Era fácil saber dónde habían estado Saleh y sus amigos. El rastro de sangre que dejaban a su paso era inconfundible. Sin embargo, hasta ahora nadie había conseguido atraparles.

Que el Shin Bet le encontrara me rompió el corazón. Saleh era mi amigo. Me había ayudado con los estudios. Había compartido el pan con él y con su esposa, y había jugado con sus hijos. Sin embargo, Saleh también era un terrorista. Durante su encarcelamiento por la Autoridad Nacional Palestina había continuado sus estudios en la Universidad Abierta de Al-Quds y había utilizado lo aprendido para convertirse en un experto en la fabricación de bombas capaz incluso de convertir basura en explosivos.

Después de que la ANP liberase a Saleh, el Shin Bet esperó a ver cuánto tiempo les llevaba a él y a sus amigos reconstruir las Brigadas de Al-Qassam. No fue mucho. La renovada organización no era muy grande, pero era letal.

Maher Odeh era el cerebro de la operación; Saleh, el ingeniero; y Bilal Barghouti, el que reclutaba a los futuros terroristas suicidas. De hecho, el brazo militar de Hamás estaba formado sólo por una decena de personas que operaban independientemente, tenían sus propios presupuestos y nunca se encontraban a menos que fuera imprescindible. Saleh podía fabricar varios cinturones explosivos de un día para otro, y Bilal tenía candidatos en lista de espera para el martirio.

Si hubiera creído que Saleh era inocente le habría avisado de lo que estaba a punto de suceder. Sin embargo, cuando por fin unimos todos los puntos me di cuenta de que había estado detrás del bombardeo de la Universidad Hebrea y de muchos otros más. Comprendí que debía ser encarcelado. Lo único que yo podía hacer era presentarle las enseñanzas de Jesús e instarle a que las siguiera tal como lo hice yo. Aun así sabía que estaba demasiado cegado por el odio, el fervor y la entrega absoluta como para escuchar siquiera a un viejo amigo. Sin embargo, le rogué al Shin Bet que arrestara a Saleh y a los demás en vez de matarles. Y, aunque a regañadientes, accedieron.

Los agentes de seguridad israelíes habían estado vigilando a Saleh durante más de dos meses. Le veían abandonar su apartamento para encontrarse con Hasaneen Rummanah en una vieja casa. Y le veían regresar a su casa, de donde no salía en cosa de una semana. Veían que su amigo Sayyed al-Sheikh Qassem salía con más frecuencia, pero siempre hacía lo que tenía que hacer y regresaba. La cautela de los fugitivos era admirable. Con razón nos había llevado tanto tiempo encontrarles. No obstante, una vez que hallamos su rastro sólo fue cuestión de ir siguiendo a sus contactos y a los contactos de sus contactos: unas cuarenta o cincuenta personas en total.

Teníamos controlados a tres de los hombres de nuestra lista de los más buscados, pero de Ibrahim Hamed y Maher Odeh sólo teníamos pistas, nada concreto. Debíamos decidir si esperar a que las pistas nos llevaran hasta ellos, lo que iba a llevarnos mucho tiempo, o romper el espinazo de las Brigadas de Al-Qassam en Cisjordania arrestando a todos aquellos que ya habíamos locali-zado. Nos decidimos por la última opción, calculando que quizá seríamos afortunados y capturaríamos a Hamed o a Odeh cuando recogiéramos nuestra red.

La noche del 1 de diciembre de 2003 las fuerzas especiales rodearon a la vez las localizaciones de más de cincuenta sospe-chosos. Se había avisado a todas las tropas disponibles en toda

Cisjordania. Los líderes de Hamás estaban escondidos en el edificio Al-Kiswani en Ramala, y no respondieron cuando se les pidió que se entregaran. Saleh y Sayyed disponían de mucho armamento, incluyendo una pesada ametralladora de esas que suelen llevar los vehículos militares.

El enfrentamiento empezó a las diez en punto y continuó durante toda la noche. Cuando comenzó el tiroteo pude oírlo desde mi casa. Entonces, la inconfundible explosión del cañón de un Merkava quebrantó el alba y todo quedó en silencio. A las seis de la mañana sonó mi teléfono.

—Tu amigo ha fallecido —me dijo Loai—. Lo siento. Sabes que le hubiéramos perdonado la vida si hubiésemos podido. Pero déjame decirte algo. Si este hombre —a Loai se le quebró la voz mientras intentaba continuar—, si este hombre hubiera crecido en un entorno diferente, no hubiera sido el mismo. Habría sido como nosotros. Pensaba, realmente creía, que estaba haciendo algo bueno por su gente. Sólo estaba equivocado.

Loai sabía que yo apreciaba mucho a Saleh y que no deseaba su muerte. Sabía que Saleh luchaba contra algo que consideraba malvado y dañino para su gente. Y quizá, de algún modo, Loai también se había llegado a preocupar por Saleh.

—¿Están todos muertos?

—Aún no he visto los cuerpos. Los han llevado al hospital de Ramala. Necesitamos que vayas allí y les identifiques. Eres el único que les conocía a todos.

Agarré mi abrigo y conduje hasta el hospital, deseando que no fuera Saleh, que fuera otro el que hubiera fallecido. Cuando llegué todo estaba sumido en el caos. En la calle había activistas furiosos de Hamás gritando y policías por todas partes. No se permitía la entrada de nadie, pero como todo el mundo sabía quién era yo los guardias del hospital me dejaron entrar. Un sanitario me guió por un pasillo hasta una habitación donde se alineaban unos grandes refrigeradores. Abrió la puerta de uno de ellos y tiró con lentitud de un cajón, liberando en la sala el fétido olor de la muerte.

Bajé la vista y vi la cara de Saleh. Casi sonreía, pero tenía la cabeza vacía. La camilla de Sayyed contenía una colección de miembros (piernas, cabeza, lo que fuera) en una bolsa de plástico negro. A Hasaneen Rummanah le habían partido por la mitad. Ni siquiera estaba seguro de que fuera él, porque iba afeitado y Hasaneen siempre había llevado una mullida barba castaña. A pesar de que los medios de comunicación informaron de lo contrario, Ibrahim Hamed no estaba entre ellos. El hombre que había ordenado a aquellos hombres que lucharan hasta la muerte había huido para ponerse a salvo.

Con casi todos los líderes de Hamás de Cisjordania muertos o en la cárcel, yo me convertí en el contacto de los líderes de Gaza y Damasco. De algún modo me había convertido en un contacto clave para toda la red palestina de partidos, sectas, organizaciones y células (incluyendo las terroristas). Y sólo un puñado de miembros selectos del Shin Bet sabía quién o qué era yo en realidad. Era asombroso sólo de pensarlo.

A causa de mi nuevo rol, fue mi triste deber organizar los funerales de Saleh y del resto. Mientras lo hacía observaba cada movimiento y escuchaba cada palabra de enojo y cada suspiro de pena que nos pudiera llevar hasta Hamed.

—Como los rumores ya están en el aire —dijo Loai—, y tú estás sustituyendo a los líderes que hemos arrestado, hagamos correr la voz de que Ibrahim Hamed hizo un trato con el Shin Bet. La mayoría de los palestinos no conocen lo que está sucediendo. Los otros se lo creerán y él se verá obligado a defenderse en público, o al menos a contactar con los líderes políticos de Gaza o Damasco. En ambos casos podemos conseguir alguna pista.

Era una buena idea, pero la cúpula de la agencia se negó rotundamente, porque tenían miedo de que Ibrahim atacara a civiles como represalia (como si la muerte de sus amigos a manos de Israel y el arresto de la mitad de su organización no le hubieran hecho enfurecer ya lo suficiente).

Así que lo hicimos de la manera más difícil.

Los agentes colocaron micrófonos ocultos en todas las habitaciones de la casa de Hamed, esperando que tal vez su esposa o sus hijos cometieran un desliz y dejaran escapar algo. Pero resultó ser la casa más tranquila de toda Palestina. Una vez escuchamos al hijo menor, Ali, preguntarle a su madre:

—¿Dónde está papá?

—Aquí no hablamos de eso —le regañó.

Si su familia era tan cautelosa, ¿cómo de prudente sería Ibrahim? Pasaron los meses y no conseguimos ninguna pista.

A finales de octubre de 2004 Yasser Arafat se sintió indispuesto durante una reunión. Su gente dijo que tenía la gripe. Sin embargo, su estado empeoró y finalmente le trasladaron en avión desde Cisjordania hasta un hospital a las afueras de París. El 3 de noviembre entró en coma. Algunos dijeron que le habían envenenado. Otros, que tenía el SIDA. Murió el 11 de noviembre a la edad de setenta y cinco años.

Más o menos una semana más tarde mi padre fue puesto en libertad, y nadie se sorprendió tanto como él mismo. Loai y otros oficiales del Shin Bet se reunieron con él la mañana de su liberación.

—Sheikh Hassan —dijeron—, es tiempo para la paz. La gente de ahí fuera necesita a una persona como usted. Arafat ya no está; mucha gente está siendo asesinada. Usted es un hombre razonable. Debemos encontrar alguna forma de solucionar las cosas antes de que empeoren.

—Váyanse de Cisjordania, accedan a otorgarnos un estado independiente —contestó mi padre—, y todo acabará.

Por supuesto, ambos bandos sabían que Hamás nunca cesaría en su empeño de recuperar todo el territorio de Israel, aunque un estado palestino independiente quizá trajera la paz durante una década o dos.

En el exterior de la prisión de Ofer yo esperaba junto a centenares de periodistas de todo el mundo. Con sus pertenencias en una bolsa de basura negra, mi padre entrecerró los ojos bajo la brillante luz del sol mientras dos soldados israelíes le escoltaban hacia la puerta.

Nos abrazamos y nos besamos y me pidió que le llevara directamente a la tumba de Yasser Arafat antes de ir a casa. Le miré a los ojos y entendí que aquel era un paso muy importante para él. Fatah se había debilitado sin Arafat y las calles estaban en ebullición. Los líderes de Fatah estaban aterrados ante la idea de que Hamás asumiera el poder iniciando una lucha interna por el control. Estados Unidos, Israel y la comunidad internacional temían una guerra civil. Aquel gesto de parte del principal líder de Hamás en Cisjordania sorprendió al mundo, pero todos entendieron el mensaje: tranquilícense. Hamás no va a aprovecharse de la muerte de Arafat. No habrá guerra civil.

Sin embargo, después de una década de arrestos, encarcelamientos y asesinatos, el Shin Bet no tenía aún una pista viable de quién estaba al mando de Hamás. Ninguno de nosotros lo sabía. Yo les había ayudado a arrestar a activistas conocidos, hombres involucrados hasta la médula en el movimiento de la resistencia, esperando siempre que uno de ellos fuera el número uno. Poníamos a la gente bajo arresto administrativo durante años, a veces basándonos sólo en una sospecha. Pero Hamás no parecía resentirse por su ausencia.

Así que, ¿quién estaba realmente al mando?

El hecho de que esa persona no fuera mi padre fue una sorpresa para todo el mundo, incluso para mí. Pusimos micrófonos ocultos en su oficina y en su coche, vigilamos todos sus movimientos. No había duda de que no era él quien movía los hilos.

Hamás siempre había sido una especie de fantasma. No tenía sede central ni sucursales, ningún sitio al que la gente pudiera acudir para hablar con los representantes del movimiento. Muchos palestinos iban a la oficina de mi padre, compartían sus problemas y pedían ayuda, en especial las familias de los prisioneros y los mártires que habían perdido a sus maridos y padres durante las Intifadas. Pero incluso Sheikh Hassan Yousef estaba a oscuras.

Todos pensaban que él tenía todas las respuestas, pero no era distinto del resto de nosotros: únicamente tenía preguntas.

Una vez me contó que estaba pensando en cerrar su oficina.

—¿Por qué? ¿Dónde te reunirás con los medios de comunicación? —le pregunté.

—No me importa. La gente viene de todas partes esperando que yo les pueda ayudar. Pero es imposible abastecer a todos los que necesitan ayuda; son demasiados.

—¿Por qué no les ayuda Hamás? Son las familias de los miembros del movimiento. Hamás tiene mucho dinero.

—Sí, pero la organización no me lo da.

—Pues pídelo. Explícales que es para la gente que pasa por necesidad.

—No sé *quiénes* son o cómo contactar con *ellos*.

—Pero tú eres el líder —protesté.

—Yo no soy el líder.

—Tú fundaste Hamás, padre. Si tú no eres el líder, ¿quién es?

—¡No hay líder!

Su respuesta me sorprendió. El Shin Bet estaba grabando cada palabra y a ellos también les sorprendió la declaración.

Un día recibí una llamada de Majeda Talahme, la esposa de Saleh. No habíamos hablado desde el funeral de su marido.

—Hola, ¿cómo estás? ¿Cómo están Mosab y los niños?

Empezó a llorar.

—No tengo dinero para dar de comer a mis hijos.

¡Que Dios te perdone, Saleh, por lo que le has hecho a tu familia!, pensé.

—Está bien, hermana, tranquila, veré qué puedo hacer.

Fui a hablar con mi padre.

—La esposa de Saleh acaba de llamar. No tiene dinero para comprar comida para sus hijos.

—Por desgracia, Mosab, ella no es la única.

—Lo sé, pero Saleh era un buen amigo mío. ¡Tenemos que hacer algo!

—Hijo, ya te lo dije. No tengo dinero.

—De acuerdo, pero hay alguien al mando. Hay alguien que tiene mucho dinero. ¡No es justo! ¡Este hombre murió por el bien del movimiento!

Mi padre me dijo que haría todo lo posible. Escribió una carta dirigida «a quien le pueda interesar» y la envió a un punto de recogida. No pudimos seguirle la pista, pero sabíamos que el destinatario estaba en algún sitio en la zona de Ramala.

Unos meses antes el Shin Bet me había enviado a un cibercafé en el centro de la cuidad. Sabíamos que alguno de los que estaban usando el ordenador en ese instante se estaba comunicando con los líderes de Hamás en Damasco. Desconocíamos a los líderes, pero era innegable que Siria era el punto neurálgico de poder de Hamás. Tenía mucho sentido que Hamás mantuviera la organización entera (oficina, armas y campos de entrenamiento) en algún lugar fuera del alcance del martillo israelí.

—No sabemos quién se está comunicando con Damasco —dijo Loai—, pero parece peligroso.

Cuando entré en la cafetería me encontré con una veintena de personas sentadas delante del ordenador. Ninguno llevaba barba. Nadie parecía sospechoso. No obstante, uno de ellos llamó mi atención, aunque no sé por qué. No le reconocí, pero mi instinto me dijo que no le perdiese de vista. Sabía que no había mucho en lo que basarse, pero los años con el Shin Bet me habían enseñado a confiar en mis corazonadas.

Estábamos convencidos de que fuese quien fuese el hombre de la cafetería, probablemente sería peligroso. Sólo la gente de confianza se podía comunicar con los líderes de Hamás en Damasco. Y esperábamos que tal vez también nos guiara a la escurridiza élite que dirigía Hamás en la sombra. Hicimos circular su foto, pero nadie le reconoció. Empecé a dudar de mis instintos.

Unas cuantas semanas más tarde hubo una jornada de puertas abiertas en un inmueble de Ramala que yo había puesto a la venta. Vinieron varias personas, pero nadie hizo una oferta. Aquella misma tarde, después de que cerrara, me llamó un hombre para preguntar si aún podía visitar la casa. Estaba muy cansado, pero le dije que fuera y que nos encontraríamos allí. Volví al inmueble y apareció al cabo de unos minutos.

Era el hombre de la cafetería. Me dijo que se llamaba Aziz Kayed. Iba bien afeitado y tenía el aspecto de alguien profesional. Me pareció un hombre culto, y me dijo que dirigía el respetable Centro de Estudios Islámicos de Al-Buraq. No parecía la persona que estábamos buscando. En vez de confundir más al Shin Bet decidí guardar el descubrimiento para mí.

Un tiempo después de mi encuentro con Kayed, mi padre y yo partimos para visitar ciudades, pueblos y campos de refugiados de toda Cisjordania. En una de las ciudades más de cincuenta mil personas se reunieron para ver a Sheikh Hassan Yousef. Todos querían tocarle y oír lo que tenía que decir. Aún le amaban profundamente.

En Nablus, el bastión de Hamás, nos encontramos con los principales líderes de la organización y pude identificar a aquellos que eran miembros del consejo de la *shura*, un pequeño grupo formado por siete hombres que tomaban las decisiones sobre los temas estratégicos y sobre las actividades diarias del movimiento. Como mi padre, estaban entre los líderes más antiguos de Hamás, pero no eran los «ejecutivos» que buscaba el Shin Bet.

Después de todos aquellos años no podía creerme que el control de Hamás (de algún modo, en algún momento) hubiera ido a parar a manos desconocidas. Si yo, que había nacido y crecido en el corazón del movimiento, no tenía ni idea de quién movía los hilos, ¿quién podía saberlo?

La respuesta vino cuando menos lo esperaba. Uno de los miembros del consejo de la *shura* en Nablus mencionó el nombre de Aziz Kayed. Le sugirió a mi padre que visitara Al-Buraq y se reuniera con aquel «buen hombre». Mis oídos se activaron inmediatamente. ¿Por qué un líder local de Hamás haría una recomendación semejante? Eran demasiadas coincidencias: primero Aziz me llamó la atención en la cafetería; después apareció para visitar la casa en venta; y ahora un miembro del consejo le estaba diciendo a mi padre que debía reunirse con aquel hombre. ¿Acaso era una señal de que mi corazonada había sido correcta y que Aziz Kayed era alguien de importancia dentro de la organización?

¿Podríamos ser tan afortunados de haber encontrado a la persona al mando de Hamás? Por inverosímil que pareciera, algo dentro de mí me decía que siguiera mi instinto. Regresé rápidamente a Ramala, llamé a Loai y le dije que ordenase una búsqueda de información sobre Aziz Kayed.

Aparecieron varios Aziz Kayed en la base de datos, pero ninguno que encajara en la descripción. En una reunión de urgencia le pedí a Loai que ampliara la búsqueda a toda Cisjordania. Su gente pensaba que me había vuelto loco, pero me hicieron caso.

Esta vez lo encontramos.

Aziz Kayed nació en Nablus y fue uno de los miembros fundadores del movimiento islámico estudiantil. Había interrumpido sus actividades diez años atrás. Estaba casado y tenía hijos, y no había contra él ninguna restricción para viajar fuera del país. La mayoría de sus amigos eran seculares. No descubrimos nada sospechoso.

Le conté al Shin Bet todo lo que había sucedido desde el momento que puse el pie en la cafetería hasta la visita a Nablus con mi padre. Dijeron que no teníamos indicios suficientes para iniciar una operación, aunque confiaban en mí a ciegas.

Mientras hablábamos pensé en algo más.

—Kayed me recuerda a otros tres hombres —le dije a Loai—. Salah Hussein de Ramala, Adib Zeyadeh de Jerusalén, y Najeh Madi de Salfeet. Los tres tienen títulos universitarios y estuvieron muy activos en Hamás en la misma época. Por alguna razón, sencillamente desaparecieron de nuestra vista hace diez años. Ahora tienen una vida normal y están completamente alejados de cualquier movimiento político. Siempre me he preguntado por qué alguien con tanta pasión por el movimiento lo dejaría así como así.

Loai estuvo de acuerdo conmigo en que quizá habíamos dado con algo. Empezamos a investigar cada unos de sus movimientos. Resultó que los tres mantenían contacto entre ellos y con

Aziz Kayed. Todos trabajaban juntos en Al-Buraq. Demasiadas casualidades.

¿Era posible que aquellos cuatro hombres, por improbable que pareciera, fueran los verdaderos titiriteros de Hamás, que controlasen incluso el brazo militar? ¿Se nos podrían haber pasado inadvertidos mientras considerábamos como objetivos a los hombres destacados de la organización? Continuamos indagando, observando y esperando. Finalmente nuestra paciencia se vio recompensada por la gran cantidad de información que recopilamos.

Descubrimos que aquellos letales treintañeros habían conseguido el control total del dinero y dirigían todo el movimiento de Hamás en Cisjordania. Introducían millones de dólares del exterior, que usaban para comprar armas, fabricar explosivos, reclutar voluntarios, dar apoyo a los fugitivos, proveer de soporte logístico, todo. Y todo eso bajo la cobertura de uno de los centros de investigación más multitudinarios y aparentemente inofensivos de Palestina.

Nadie les conocía. Nunca aparecieron en televisión. Sólo se comunicaban mediante cartas que se dejaban en ciertos puntos de recogida. Obviamente, no confiaban en nadie, y como evidencia estaba el hecho de que ni siquiera mi padre sabía de su existencia.

Un día seguimos a Najeh Madi desde su apartamento hasta un edificio de aparcamientos una manzana más abajo. Caminó hacia uno de los módulos y levantó la puerta. ¿Qué estaba haciendo allí? ¿Por qué había alquilado un garaje a tanta distancia de su casa?

Durante las siguientes dos semanas no apartamos la vista de aquel estúpido trastero, pero nadie se acercó. Finalmente la puerta se abrió, desde dentro, a plena luz del día, ¡y apareció Ibrahim Hamed!

El Shin Bet sólo quiso esperar a que regresara al edificio para arrestarle. Cuando Hamed se vio rodeado por las fuerzas especiales no luchó hasta la muerte, como les había ordenado a Saleh y a los demás.

—¡Quítate la ropa y sal!

No hubo respuesta.

—Tienes diez minutos. ¡Después demoleremos el edificio!

Dos minutos más tarde el líder del brazo militar de Hamás en Cisjordania apareció en la puerta en ropa interior.

—¡Quítate *toda* la ropa!

Titubeó un poco, se quitó lo que aún llevaba puesto y se quedó de pie ante los soldados, completamente desnudo.

Podíamos probar que Ibrahim Hamed era el responsable directo de la muerte de más de ochenta personas. Si de mí hubiese dependido, y aunque sé que Jesús no hubiera actuado así, le hubiera hecho entrar de nuevo en su mugriento garaje, le hubiera encerrado de por vida y le hubiera ahorrado al Estado los costes de un juicio.

Capturar a Hamed y desenmascarar a los verdaderos líderes de Hamás fue la operación más importante que realicé para el Shin Bet. También fue la última.

Capítulo veintiséis

UNA VISIÓN PARA HAMÁS

2005

EN SU ÚLTIMO ENCARCELAMIENTO mi padre tuvo una especie de epifanía.

Siempre había sido muy abierto. No tenía problema en sentarse y hablar con cristianos, gente no religiosa o incluso judíos. Escuchaba con atención a periodistas, expertos y analistas y asistía a conferencias en la universidad. Y me escuchaba a mí: su secretario, consejero y protector. Como resultado, tenía una visión más clara y amplia que otros líderes de Hamás.

Vio que Israel era una realidad inmutable y reconoció que muchas de las metas de Hamás eran ilógicas e inalcanzables. Quería encontrar algún punto intermedio que ambos bandos pudiesen aceptar sin sufrir pérdidas. Así que en su primer discurso público después de su liberación sugirió la posibilidad de una solución al conflicto que pasara por aceptar los dos estados. Nadie en Hamás había dicho algo parecido nunca. Lo más cerca que llegaron de darse un apretón de manos fue para declarar una tregua. ¡Pero mi padre estaba reconociendo el derecho de Israel a existir! Su teléfono no dejaba de sonar.

Diplomáticos de todo el mundo, incluyendo Estados Unidos, se contactaron con nosotros para solicitar un encuentro secreto con mi padre. Querían comprobar por ellos mismos si iba en serio. Yo hacía de traductor y no me apartaba de su lado. Mis amigos cristianos le daban apoyo incondicional, y él les apreciaba por ello.

Como es lógico, había un problema. Aunque hablaba en nombre de ella, no lo hacía desde el corazón de Hamás. Aquel hubiera sido el peor momento para que mi padre abandonara la organización. La muerte de Yasser Arafat había dejado un vacío enorme, y las calles de los territorios ocupados estaban en ebullición. Había jóvenes radicales por todas partes, armados, llenos de odio y faltos de liderazgo.

La cuestión no era que Arafat fuese difícil de reemplazar. Cualquier político corrupto lo haría. El problema era que había centralizado completamente la ANP y la OLP. No se podía decir que supiese trabajar en equipo. Era él quien tenía la autoridad y los contactos, todos. Y era su nombre el que aparecía como titular de las cuentas bancarias.

Ahora Fatah estaba infestada de aspirantes a Arafat. ¿Quién de entre ellos sería el adecuado para los palestinos y para la comunidad internacional... y lo suficientemente fuerte para controlar a todas las facciones? Ni siquiera Arafat lo había llegado a conseguir en vida.

Cuando Hamás decidió participar en las elecciones al parlamento palestino unos meses después, a mi padre no le entusiasmó mucho la idea. Después de que a Hamás se le añadiera el brazo militar durante la Intifada de Al-Aqsa, había visto cómo la organización se convertía en una criatura torpe que rengueaba con un pata militar muy larga y una pata política muy corta. Hamás no tenía ni idea de cómo se jugaba a gobernar.

Para ser un revolucionario hace falta pureza y rigidez. Pero para gobernar es necesario ser capaz de transigir y ser flexible. Si Hamás quería gobernar, la negociación no sería una opción: sería una necesidad. Como oficiales electos pasarían a ser responsables del presupuesto, del agua, la comida, la electricidad y la recogida de basuras. Y todo tendría que pasar por Israel. Cualquier estado palestino independiente debía ser un estado cooperante.

Mi padre recordaba sus encuentros con los líderes de Occidente y la manera en que Hamás había rechazado todas y cada una de las recomendaciones. Era una organización cerrada de

miras por voluntad propia y que siempre llevaba la contraria. Y
si había rechazado negociar con los estadounidenses y los euro-
peos, razonaba mi padre, ¿qué probabilidades había de que una
Hamás electa se sentara en la mesa con Israel?

A mi padre no le importaba si Hamás presentaba candidatos.
No quería llenar la lista con nombres de líderes conocidos como
él, a los que la gente amaba y admiraba. Sospechaba que Hamás
tendría grandes probabilidades de ganar si eso sucedía. Y sabía
que una victoria de Hamás resultaría un desastre para la gente.
Los acontecimientos acabarían dándole la razón.

—Ciertamente existe entre nosotros la preocupación de que
Israel, y quizá también otros países, impondrán castigos a los
palestinos por haber votado a Hamás —le escuché que decía a
un periodista del *Haaretz*—. Dirán: «Ustedes decidieron elegir a
Hamás y por esa razón vamos a intensificar nuestro asedio y a
complicarles la vida».[13]

Sin embargo, muchos dentro de Hamás olieron el dinero, el
poder y la gloria. Incluso los antiguos líderes que habían perdido la
confianza en la organización aparecieron de la nada para apoderarse
de su trozo de pastel. Mi padre estaba indignado con su avaricia,
su irresponsabilidad e ignorancia. Aquellos hombres no sabían
diferenciar entre la CIA o USAID. ¿Quién iba a trabajar con ellos?

Yo estaba frustrado por casi todo. Estaba frustrado por la corrupción de la ANP, la estupidez y crueldad de Hamás y la aparentemente interminable lista de terroristas que habían sido puestos
fuera de circulación o eliminados. Estaba exhausto de aquella vida
diaria de fingimiento y riesgo. Quería una vida normal.

Un día de agosto, caminando por las calles de Ramala, vi a
un hombre cargando un ordenador mientras subía las escaleras
que llevaban a una tienda de reparaciones. Y se me ocurrió que
quizá habría un mercado en el mantenimiento a domicilio de
los ordenadores domésticos, una especie de versión palestina del
Geek Squad estadounidense. Como ya no trabajaba para USAID

y tenía una mente privilegiada para los negocios, pensé en sacarle provecho.

El director de tecnología informática de USAID y yo nos habíamos hecho buenos amigos. Él era un mago de los ordenadores. Cuando le conté mi idea decidimos ser socios. Yo puse el dinero y él prestó su experiencia tecnológica, y contratamos a unos cuantos ingenieros más, incluyendo a algunas mujeres para también poder dar servicio a las mujeres de cultura árabe.

Llamamos a la empresa Electric Computer Systems y me dediqué a hacer un poco de publicidad. Nuestros anuncios mostraban la caricatura de un tipo cargando un ordenador y subiendo unas escaleras mientras su hijo le decía: «Papá, no tienes por qué hacer eso», y le instaba a llamar a nuestro número de teléfono gratuito.

Las llamadas nos inundaron y tuvimos mucho éxito. Compré una nueva furgoneta para la empresa, conseguimos una licencia para vender productos de Hewlett-Packard y nos expandimos a través de la red. Estaba disfrutando como nunca. Llegados a este punto ya no necesitaba el dinero, pero estaba haciendo algo productivo y me divertía.

*

Desde que empezó mi odisea espiritual había tenido algunas conversaciones interesantes con mis amigos del Shin Bet sobre Jesús y mis nuevas creencias.

—Cree en lo que quieras —dijeron—. Puedes compartirlo con nosotros. Pero no lo hagas con nadie más. Y no te bautices, porque eso sería una declaración pública. Si alguien descubriese que te has convertido al cristianismo y has dado la espalda a tus creencias islámicas, puedes meterte en un buen lío.

No creo que estuvieran tan preocupados por mi futuro como lo estaban por el suyo si me perdían. No obstante, Dios estaba cambiando demasiado mi vida como para seguir reprimiéndome.

Un día mi amigo Jamal me invitó a cenar.

—Mosab —dijo—, tengo una sorpresa para ti.

Cambió el canal de la televisión y dijo con un brillo en los ojos:

—Mira este programa en Al-Hayat. Tal vez te interese.

Me encontré mirando a los ojos de un viejo sacerdote copto llamado Zakaria Botros. Parecía amable y gentil, y su voz sonaba cálida y convincente. Me gustó, al menos hasta que me di cuenta de lo que estaba diciendo. Le estaba haciendo una metódica autopsia al Corán, abriéndolo en canal y exponiendo cada hueso, músculo, tendón y órgano, poniéndolos bajo el microscopio de la verdad y demostrando que el libro entero era cancerígeno.

Errores fácticos e históricos, contradicciones: lo revelaba todo con precisión y respeto, pero con firmeza y convicción. Mi primer instinto fue saltar y apagar la televisión. Pero sólo me llevó unos segundos reconocer que era la respuesta de Dios a mis oraciones. El padre Zakaria estaba extirpando los restos muertos de Alá que aún me ataban al Islam y me cegaban a la verdad de que Jesús realmente es el hijo de Dios. Hasta que aquello ocurrió no me decidí a dar un paso adelante para seguirle. Pero no fue una transición fácil. Para entenderlo sólo hace falta que intenten imaginar el dolor de despertar un día y descubrir que tu padre no es realmente tu padre.

No puedo decir qué día exacto o en qué hora concreta me «convertí en cristiano», porque fue un proceso que duró seis años. Sabía que lo era, y sabía que necesitaba ser bautizado, sin importar lo que dijera el Shin Bet. Por esa época un grupo de cristianos estadounidenses vino a recorrer Tierra Santa y a visitar a su iglesia hermana, a la que yo asistía.

Con el tiempo, una de las chicas del grupo y yo nos hicimos buenos amigos. Disfrutábamos hablando y confié en ella de inmediato. Cuando le hablé un poco de mi historia espiritual me animó, recordándome que Dios a menudo utiliza a la gente más sorprendente para hacer su trabajo. Aquello era rotundamente cierto para mí.

Una noche, mientras cenábamos en el restaurante American Colony en Jerusalén Este, mi amiga me preguntó por qué aún no me había bautizado. No pude explicarle que era porque trabajaba como agente para el Shin Bet y porque estaba involucrado hasta las cejas en toda la actividad política y de seguridad de la región. Pero era una pregunta legítima, una que me había hecho a mí mismo muchas veces.

—¿Puedes bautizarme? —le pregunté.

Ella dijo que sí.

—¿Puedes mantenerlo en secreto?

Ella afirmó, añadiendo:

—La playa no está muy lejos. Vayamos ahora.

—¿Lo dices en serio?

—Claro, ¿por qué no?

—Está bien, ¿por qué no?

Me sentí un poco aturdido cuando subimos al autobús camino de Tel Aviv. ¿Había olvidado quién era? ¿Iba a depositar mi confianza en aquella chica de San Diego? Cuarenta y cinco minutos más tarde caminábamos por una abarrotada playa, tomando un refresco bajo la dulce y cálida brisa. Nadie entre la multitud podría haber adivinado que el hijo del líder de Hamás, el grupo terrorista responsable de masacrar a veintiún chicos en el Dolphinarium, que estaba justo al otro extremo de la calle, estuviera a punto de ser bautizado como cristiano.

Me quité la camisa y nos adentramos en el mar.

            ■

El viernes 23 de septiembre de 2005, mientras traía a mi padre de uno de los campos de refugiados cerca de Ramala, recibió una llamada telefónica.

—¿Qué pasa? —le oí ladrar al teléfono—. ¿Qué?

Cuando colgó me dijo que el portavoz de Hamás en Gaza, Sami Abu Zuhri, le había informado de que los israelíes acababan de asesinar a un gran número de miembros de Hamás en una concentración en el campo de refugiados de Jabalia. El que llamó insistía en que había visto el avión israelí lanzando misiles a la multitud. Han roto la tregua, dijo.

Mi padre había trabajado duro para negociar aquella tregua hacía sólo siete meses. Y ahora parecía que todos sus esfuerzos habían sido en vano. Él desde el principio no había confiado en Israel, y estaba furioso por su sed de sangre.

Pero yo no me lo creía. Aunque no le dije nada a mi padre, había algo en aquella historia que no olía bien.

Al-Jazeera llamó. Querían a mi padre en antena tan pronto como llegásemos a Ramala. Veinte minutos más tarde estábamos en el estudio de televisión.

Mientras le ponían a mi padre el micrófono, llamé a Loai. Me aseguró que Israel no había lanzado ningún ataque. Yo estaba furioso. Le pedí al productor que me dejara ver las imágenes del incidente. Me llevó a la sala de control y las vimos una y otra vez. No había ninguna duda: la explosión venía del suelo, no desde el aire.

Sheikh Hassan Yousef ya estaba en directo, despotricando contra la traición de Israel, amenazando con el fin de la tregua y exigiendo una investigación internacional.

—¿Así que ahora te sientes mejor? —le pregunté cuando salía del plató.

—¿Qué quieres decir?

—Después de lo que has dicho.

—¿Por qué no debería sentirme mejor? No puedo creer que los israelíes hicieran eso.

—Bien, porque ellos no lo hicieron. Fue Hamás. Zuhri es un mentiroso. Por favor, ven a la sala de control, tengo que enseñarte algo.

Mi padre me siguió a la pequeña habitación, donde vimos el vídeo varias veces más.

—Mira la explosión. Mira bien. La onda expansiva va de abajo hacia arriba. No vino del cielo.

Más tarde descubrimos que los miembros del brazo militar de Hamás en Gaza estaban alardeando y exhibiendo su armamento durante la manifestación cuando un misil Qassam apostado en la parte trasera de una camioneta había estallado, matando a quince personas e hiriendo a muchas más.

Mi padre estaba estupefacto. No obstante, Hamás no estaba sola con su encubrimiento y en sus engaños utilitaristas. A pesar de lo que se podía ver en sus propias imágenes, Al-Jazeera continuó transmitiendo las mentiras. Y entonces todo fue a peor. A mucho peor.

Como represalia por el falso ataque en Gaza, Hamás disparó cerca de cuarenta misiles a ciudades del sur de Israel, el primer ataque a gran escala desde que Israel había completado su retirada de Gaza una semana atrás. En casa mi padre y yo mirábamos las noticias junto con el resto del mundo. Al día siguiente Loai me advirtió de que el gabinete había concluido que Hamás había roto la tregua.

Un reportaje citó al teniente general Yisrael Ziv, el jefe de operaciones del ejército israelí: «Se ha decidido lanzar un ataque prolongado y continuo sobre Hamás», insinuó; y el periodista añadió «que Israel ya se estaba preparando para reanudar los ataques dirigidos contra líderes principales de Hamás», una práctica suspendida después del alto el fuego.[14]

—Tu padre debe ocultarse —dijo Loai.

—¿Estás pidiendo mi aprobación?

—No. Están preguntando por él personalmente, y no podemos hacer nada al respecto.

Yo estaba furioso.

—Pero mi padre no lanzó ningún misil anoche. Ni tampoco lo ordenó. No tiene nada que ver. Fueron todos esos estúpidos de Gaza.

Al final me quedé sin fuerzas para replicar. Estaba indignado. Loai rompió el silencio.

—¿Sigues ahí?

—Sí —dije mientras me sentaba—. Esto no es justo... pero lo comprendo.

—A ti también te buscan —dijo con calma.

—¿A mí también? ¿Para qué? ¿Para meterme en la cárcel? ¡Olvídalo! No voy a volver allí. Ya no me importa la tapadera. Para mí todo ha terminado. No pienso seguir.

—Hermano mío —me susurró—, ¿crees que quiero que te arresten? Es cosa tuya. Si quieres seguir fuera, hazlo. Pero esta vez es mucho más peligroso. Este último año has estado más cerca que nunca de tu padre. Todos saben que estás involucrado en Hamás hasta la médula. Y muchos incluso piensan que formas parte de su cúpula... Si no te arrestamos, en pocas semanas estarás muerto.

Capítulo veintisiete

ADIÓS

2005-2007

—¿QUÉ SUCEDE?— me preguntó mi padre cuando me encontró llorando.

Al no decir yo nada sugirió que podíamos cocinar algo juntos para mi madre y mis hermanas. Con los años mi padre y yo habíamos llegado a conocernos muy bien, y sabía que a veces necesitaba hacer las cosas a mi ritmo.

Mientras preparaba la comida junto a él, sabiendo que aquellas serían las últimas horas que pasaríamos juntos en mucho tiempo, se me partió el corazón. Decidí no dejarle solo ante su inminente arresto.

Después de cenar llamé a Loai.

—Está bien —le dije—. Volveré a prisión.

Era el 25 de septiembre de 2005. Caminé hacia mi lugar favorito en las colinas en las afueras de Ramala, donde a menudo pasaba tiempo orando y leyendo la Biblia. Oré más, lloré más y le pedí al Señor misericordia para mí y para mi familia. Cuando llegué a casa me senté y esperé. Mi padre, ignorando felizmente lo que estaba a punto de suceder, ya se había ido a la cama. Un poco después de la medianoche llegaron las fuerzas de seguridad.

Nos llevaron a la prisión de Ofer, donde nos condujeron como ganado a una gran sala con centenares de personas que habían sido arrestadas en una redada que había abarcado toda la ciudad. Esta vez también arrestaron a mis hermanos Oways y Mohammad. A escondidas, Loai me contó que eran sospechosos en un caso de homicidio. Uno de sus compañeros de clase había secuestrado, torturado y asesinado a un colono israelí, y el Shin Bet había interceptado una llamada a Oways que el asesino había efectuado el día anterior. Mohammad sería liberado unos días después. Oways pasaría cuatro meses en prisión antes de ser absuelto de cualquier implicación en el crimen.

Estuvimos de rodillas en aquella sala durante diez horas con las manos esposadas a la espalda. En silencio di gracias a Dios cuando alguien le acercó una silla a mi padre y comprobé que le trataban con respeto.

Me sentenciaron a tres meses de detención administrativa. Mis amigos cristianos me enviaron una Biblia y pasé la condena leyendo las Escrituras y cumpliendo con las rutinas. Me liberaron el día de Navidad de 2005. Mi padre siguió encarcelado. Mientras escribo este libro él aún sigue en prisión.

.

Las elecciones al parlamento se acercaban y todos los líderes de Hamás querían presentarse como candidatos. Seguían repugnándome. Ellos se paseaban libres mientras que el único hombre realmente capacitado para guiar a su gente languidecía detrás de una alambrada metálica. Después de todo lo que había conducido a nuestro arresto, no fue necesario insistirle demasiado a mi padre para que no participara en las elecciones. Me dio su palabra, pidiéndome que le diera a conocer su decisión a Mohammad Daraghmeh, analista político de Associated Press y buen amigo de la familia.

La noticia salió a la luz un par de horas más tarde y mi teléfono empezó a sonar. Los líderes de Hamás habían intentado contactar con mi padre en la cárcel, pero él se había negado a hablar con ellos.

—¿Qué está pasando? —me preguntaron—. ¡Esto es un desastre! Vamos a perder, porque si tu padre no se presenta como candidato, ¡parecerá que ha retirado su bendición de toda la lista electoral!

—Si no quiere participar —les dije—, deben respetarlo.

Entonces recibí una llamada de Ismail Haniyeh, que encabezaba la lista de Hamás y que pronto se convertiría en el nuevo primer ministro de la ANP.

—Mosab, como líder del movimiento te pido que programes una conferencia de prensa y anuncies que tu padre aún sigue como candidato. Di que eso que cuenta Associated Press es un error.

Y, además, aún pretendían que mintiera para ellos. ¿Acaso habían olvidado que el Islam prohíbe mentir, o pensaban que no pasaba nada porque la política no entiende de religiones?

—No puedo hacer eso —le respondí—. Te respeto, pero aún respeto más a mi padre y a mi integridad.

Y colgué el teléfono.

Treinta minutos después recibí una amenaza de muerte.

—Organiza la conferencia de prensa inmediatamente —me dijo el que llamaba—, o te mataremos.

—Entonces venid y matadme.

Colgué el teléfono y llamé a Loai. Al cabo de pocas horas el tipo que había hecho la llamaba amenazadora fue arrestado.

En realidad no me importaban las amenazas de muerte. Pero cuando mi padre se enteró llamó a Daraghmeh personalmente y le dijo que participaría en las elecciones. Entonces me pidió que me calmase y que esperara su liberación. Negociaría con Hamás, me aseguró.

Como es lógico, mi padre no pudo hacer campaña desde la prisión. Pero tampoco lo necesitaba. Hamás puso su foto por todas partes, alentando tácitamente a todo el mundo a votar la lista de candidatos de la organización. Y la víspera de las elecciones Sheikh Hassan Yousef entró majestuosamente en la parlamento, llevando consigo a todos los demás, como largas extensiones en la melena de un león.

Vendí mi parte de Electric Computer Systems a mi socio porque tenía la sensación de que había muchas cosas en mi vida que pronto llegarían a su final.

¿Quién era yo? ¿Qué clase de futuro me podía esperar si las cosas seguían por ese camino?

Tenía veintisiete años y ni siquiera podía tener una cita. Una chica cristiana se asustaría ante mi reputación como hijo de uno de los principales líderes de Hamás. A una chica musulmana no se le permitiría salir con un cristiano árabe. ¿Y qué chica judía querría citarse con el hijo de Hassan Yousef? Aunque alguna accediese a salir conmigo, ¿de qué íbamos a hablar? ¿Qué podría contarle sobre mi vida que no fuese un secreto? ¿Y, de todos modos, qué tipo de vida era la que llevaba? ¿Por qué motivo lo había sacrificado todo? ¿Por Palestina? ¿Por Israel? ¿Por la paz?

¿Qué mérito tenía haber sido el superespía del Shin Bet? ¿Acaso mi gente estaba mejor? ¿Había cesado el baño de sangre? ¿Estaba mi padre en casa con su familia? ¿Era Israel más seguro? ¿Había yo inspirado una nueva manera de vivir a mis hermanos? Me sentía como si hubiera sacrificado casi una tercera parte de mi vida para nada, para «correr tras el viento», como lo describe el rey Salomón en Eclesiastés 4.16 (BLA).

Ni siquiera podía compartir todo lo que había aprendido llevando todos aquellos disfraces y sombreros (y capuchas). ¿Quién iba a creerme?

Llamé a Loai a su oficina.

—No puedo trabajar más para ustedes.

—¿Por qué? ¿Qué ha pasado?

—Nada. Los quiero mucho a todos. Y me encanta el trabajo de inteligencia. Creo que incluso podría hacerme adicto a él. Pero no estamos consiguiendo nada. Estamos peleando en una guerra que no puede ganarse con arrestos, interrogatorios ni asesinatos. Nuestros enemigos son las ideas, a las que no les importan ni las incursiones ni los toques de queda. No podemos hacer estallar una idea con un Merkava. Ustedes no son nuestro problema, y nosotros no somos el suyo. Somos como ratas atrapadas en un laberinto. No puedo más. Mi tiempo ha llegado a su fin.

Sabía que era un duro golpe para el Shin Bet. Estábamos en medio de una guerra.

—Está bien —dijo Loai—. Informaré al liderazgo de la agencia y a ver qué dicen.

Cuando nos reunimos de nuevo, dijo:

—Ésta es la oferta que te hacen. Israel tiene una gran compañía de comunicaciones. Te darán todo el dinero que necesites para que inicies una semejante en los territorios palestinos. Es una gran oportunidad y te proporcionará seguridad para el resto de tu vida.

—No me entiendes. El problema no es el dinero. El problema es que no estoy yendo a ninguna parte.

—La gente de aquí te necesita, Mosab.

—Encontraré otra forma de ayudarles, pero así no les estoy ayudando nada. Ni siquiera la agencia puede ver hacia dónde se dirige todo esto.

—Entonces, ¿qué es lo que quieres?

—Quiero salir del país.

Loai transmitió nuestra conversación a sus superiores. Intercambiamos opiniones opuestas, ellos insistiendo en que me quedara y yo empeñado en marcharme.

—Está bien —dijeron—. Te dejaremos ir a Europa durante algunos meses, quizá un año, siempre que nos prometas que vas a volver.

—No quiero ir a Europa. Quiero ir a Estados Unidos. Tengo amigos allí. Tal vez vuelva al cabo de un año, o de dos, o de cinco. No lo sé. Ahora mismo sólo sé que necesito un tiempo de descanso.

—Será difícil que vayas a Estados Unidos. Aquí tienes dinero, posición y todo el mundo te protege. Te has labrado una buena reputación, un negocio que va viento en popa y vives con holgura. ¿Sabes cómo será tu vida en Estados Unidos? No serás nadie y no tendrás contactos.

Les dije que no me importaba si tenía que lavar platos. Como yo seguía insistiendo, ellos se plantaron.

—No —dijeron—. Estados Unidos no. Sólo Europa y únicamente por poco tiempo. Ve y pásatelo bien. Te seguiremos pagando
el salario. Sal y diviértete un poco. Descansa. Y después vuelve.

—Está bien —dije finalmente—. Me voy a casa. No voy a hacer
nada más para ustedes. No voy a salir de casa porque no quiero
descubrir accidentalmente a algún terrorista suicida y tener que
informales. No se molesten en llamarme. Ya no trabajo para ustedes.

Volví a casa de mis padres y apagué el teléfono móvil. Me creció una larga y espesa barba. Mi madre estaba muy preocupada
por mí y venía a menudo a mi habitación para comprobar si me
encontraba bien. Día tras día leía mi Biblia, escuchaba música,
veía la televisión, pensaba en los últimos diez años y luchaba con
la depresión.

Al cabo de tres meses mi madre me dijo que alguien al teléfono
preguntaba por mí. Le dije que no quería hablar con nadie. Pero
me contestó que la persona que llamaba le había dicho que era
urgente, que era un viejo amigo y que conocía a mi padre.

Bajé las escaleras y cogí el aparato. Era el Shin Bet.

—Queremos verte —dijo—. Es muy importante. Tenemos
buenas noticias para ti.

Fui a la reunión. Mi negativa a seguir trabajando para ellos
les había hecho llegar a un callejón sin salida. Vieron que estaba
decidido a abandonar.

—De acuerdo, te dejaremos ir a Estados Unidos, pero sólo por
unos meses, y tienes que prometernos que volverás.

—No sé por qué siguen insistiendo en algo que saben que no
van a conseguir —les dije con calma pero con firmeza.

Finalmente dijeron:

—Está bien, te dejaremos ir con dos condiciones. La primera
es que tienes que contratar a un abogado y hacer una petición
oficial a través del tribunal para que te permitamos dejar el país
por razones médicas. De otro modo te verás comprometido. La
segunda es que regreses.

El Shin Bet nunca permitía que los miembros de Hamás cru-
zaran las fronteras a menos que necesitasen algún tratamiento

médico que no pudiera conseguirse en los territorios palestinos. De hecho, yo sí tenía un problema médico: mis mandíbulas no cerraban bien y no podía juntar los dientes de arriba con los de abajo. La cirugía necesaria para solucionar el problema no estaba disponible en Cisjordania. Aquel defecto nunca me había preocupado mucho, pero calculé que era tan buena excusa como cualquier otra, así que contraté a un abogado para que enviara un informe médico al tribunal, solicitando un permiso para viajar a Estados Unidos para la operación.

El único propósito de aquel ejercicio era crear un claro rastro en papel en los tribunales para demostrar que estaba luchando con una burocracia hostil en un intento de salir de Israel. Si el Shin Bet me dejaba marchar sin más aquello implicaría favoritismo, y la gente empezaría a preguntarse qué les había dado a cambio. Así que teníamos que hacer ver que me lo ponían difícil y que me obstaculizaban cada paso del camino.

Pero el abogado que elegí resultó ser el obstáculo. Por lo visto pensaba que no tenía ninguna oportunidad, así que me pidió que le pagara por adelantado (cosa que hice) y después se sentó y no hizo absolutamente nada. El Shin Bet no podía hacer el papeleo porque no recibía nada de mi abogado. Yo llamaba semana tras semana y le preguntaba cómo progresaba mi caso. Todo lo que debía hacer era tramitar el papeleo, pero siguió dándome evasivas y mintiéndome. Había un problema, me decía. Habían complicaciones. Una y otra vez me decía que necesitaba más dinero, y una y otra vez yo le pagaba.

Aquello continuó durante seis meses. Finalmente, el día de Año Nuevo de 2007, recibí la llamada telefónica que esperaba.

—Tienes permiso para salir del país —anunció mi abogado como si hubiera resuelto el problema del hambre en el mundo.

·

—¿Puedes encontrarte sólo una vez más con uno de los líderes de Hamás en el campo de refugiados de Jalazone? —me preguntó Loai—. Eres la única persona que...

—Salgo del país dentro de cinco horas.

—Está bien —capituló—. Cuídate y mantente en contacto con nosotros. Llámanos una vez que hayas cruzado la frontera para asegurarnos de que todo esté yendo bien.

Llamé a algunos conocidos que vivían en California y les dije que estaba en camino. Era obvio que ellos no tenían ni idea de que yo era el hijo de uno de los principales líderes de Hamás y un espía del Shin Bet. Pero estaban muy entusiasmados. Empaqué un poco de ropa en una pequeña maleta y bajé las escaleras para decirle a mi madre que me iba. Ya estaba en la cama.

Me arrodillé a su lado y le expliqué que en pocas horas me iría, cruzaría la frontera hacia Jordania y tomaría un avión para Estados Unidos. Aun así, no podía explicar el motivo.

Sus ojos lo dijeron todo. *Tu padre está en la prisión. Tú eres como un padre para tus hermanos. ¿Qué vas a hacer en Estados Unidos?* Sabía que ella prefería no verme marchar, pero al mismo tiempo quería que estuviera en paz. Dijo que deseaba que pudiera tener una vida tranquila allí después de haber pasado por tantas situaciones de riesgo en casa. No tenía ni idea de todo el peligro que había visto.

—Déjame despedirte —me dijo—. Despiértame por la mañana antes de que te vayas.

Me bendijo, y yo le contesté que saldría muy pronto y que no hacía falta que se levantara para verme marchar. Pero era mi madre. Esperó despierta conmigo toda la noche en el salón, junto a mis hermanos y mi amigo Jamal.

Mientras juntaba todas mis pertenencias antes del vuelo, estuve a punto de empaquetar mi Biblia (la que tenía todas mis notas, la que había estudiado durante años, incluso en la prisión), pero en el último momento decidí regalársela a Jamal.

—No tengo nada más valioso que regalarte antes de marcharme —le dije—. Aquí tienes mi Biblia. Léela y sigue sus enseñanzas.

Estaba seguro de que honraría mis deseos y que probablemente la leería cada vez que pensara en mí. Me aseguré de llevar suficiente dinero en efectivo para que me durara un tiempo, dejé la casa y me dirigí al puente Allenby que conecta Israel con Jordania.

No tuve ningún problema al pasar el punto de control israelí. Pagué la tasa de salida, que era de treinta y cinco dólares, y entré en la inmensa terminal de inmigración, con sus detectores de metal, aparatos de rayos X y la infame Sala 13, donde se interrogaba a los sospechosos. Pero todas aquellas medidas, junto con los exhaustivos registros, estaban destinadas en su mayor parte para aquellos que *entraban* a Israel desde el lado jordano, no para los que salían.

La terminal era un enjambre de personas con pantalones cortos y ajustados, *kipás* y tocados árabes, velos y gorras, algunos llevando mochilas y otros empujando carritos con montones de maletas. Finalmente subí a uno de los grandes autobuses JETT, el único transporte público permitido en el puente de armadura de hormigón.

Bien, pensé, *ya casi ha terminado.*

Pero aún me sentía un poco paranoico. El Shin Bet no dejaba que la gente como yo abandonara el país. Era algo insólito. Incluso Loai se había sorprendido cuando me dieron el permiso.

Cuando llegué al lado jordano presenté mi pasaporte. Estaba preocupado porque aunque a mi visado estadounidense aún le faltaban tres años para expirar mi pasaporte caducaba en menos de treinta días.

Por favor, oré, *sólo déjame entrar en Jordania durante un día. Es todo lo que necesito.*

Pero toda mi preocupación fue en vano. No hubo ningún tipo de problema. Me subí a un taxi hacia Ammán y compré un billete de avión en Air France. Me registré en un hotel para unas cuantas horas, después fui al aeropuerto internacional Queen Alia y embarqué hacia California vía París.

Cuando me senté en el avión pensé en lo que acababa de dejar atrás, lo bueno y lo malo, en mi familia y amigos y también en el baño de sangre sin fin, la pérdida de tiempo y la futilidad.

Me llevó un tiempo hacerme a la idea de que realmente era libre: libre para ser yo mismo, libre de los encuentros clandestinos y de las prisiones israelíes, libre de tener que cubrirme siempre las espaldas.

Era extraño. Y maravilloso.

Un día, caminando por California, reconocí un rostro familiar que venía en mi dirección. Era la cara de Maher Odeh, el cerebro de muchos atentados suicidas, el tipo al que visitaron los matones de Arafat en 2000. Posteriormente les desenmascaré como la célula fundadora de las fantasmales Brigadas Mártires de Al-Aqsa.

Al principio no estaba seguro del todo de que fuera Odeh. La gente parece distinta fuera de su contexto habitual. Supuse que me habría equivocado. Hamás nunca ha osado introducirse en Estados Unidos para llevar a cabo una operación con mártires suicidas. No era bueno para Estados Unidos que él pudiera estar aquí. Y tampoco sería una buena noticia para mí.

Nuestros ojos se encontraron y sostuvimos la mirada durante una fracción de segundo. Estoy casi seguro de que vi un destello de reconocimiento en sus ojos antes de que siguiera su camino.

EPÍLOGO

En julio de 2008 estaba sentado en un restaurante cenando con mi buen amigo Avi Issacharoff, periodista del periódico *Haaretz* en Israel. Le conté la historia de cómo me había convertido al cristianismo porque quería que la noticia se publicase en Israel, no que llegara de occidente. Apareció en su periódico bajo el título «El hijo pródigo».

Como ocurre con muchos otros seguidores de Jesús, mi declaración pública de fe rompió los corazones de mi madre y de mi padre, hermanos, hermanas y amigos.

Mi amigo Jamal fue una de las pocas personas que estuvo al lado de mi familia para compartir su vergüenza y sus lágrimas. Terriblemente solo desde que me fui, Jamal conoció a una guapa joven, se prometió y se casó dos semanas después de que apareciera el artículo en el *Haaretz*.

Durante su enlace mi familia no podía contener las lágrimas, porque la boda de Jamal les hizo pensar en mí, en cómo había destruido mi futuro y en cómo ya nunca me casaría y tendría una familia musulmana. Viendo su tristeza, incluso el novio empezó a llorar. La mayoría de los asistentes también se pusieron a llorar, pero estoy seguro de que era por otros motivos.

—¿No podías haber esperado un par de semanas después de la boda para dar esa noticia? —me preguntó Jamal más tarde por teléfono—. Convertiste el mejor día de mi vida en un desastre.

Me sentía fatal. Gracias a Dios, Jamal sigue siendo mi mejor amigo.

Mi padre recibió la noticia en su celda. Se despertó un día para descubrir que su hijo mayor se había convertido al cristianismo.

Desde su perspectiva, yo había destruido mi propio futuro y el futuro de mi familia. Él cree que un día seré llevado al infierno ante sus ojos y que entonces estaremos separados para siempre.

Lloró como un niño y no quiso salir de su celda.

Los prisioneros de todas las facciones se acercaron a él.

—Todos somos tus hijos, Abu Mosab —le dijeron—. Cálmate, por favor.

No podía verificar lo que había escuchado. Una semana más tarde mi hermana Anhar, de diecisiete años, que era el único miembro de la familia al que se le permitía visitar a mi padre, fue a la prisión. Inmediatamente pudo ver en sus ojos que todo era verdad. Y no pudo controlarse. Los demás prisioneros permitían que sus propias familias fueran a besarle la cabeza y a llorar con él cuando venían a visitarles. Él intentaba recuperar el aliento para pedirles disculpas, pero sólo conseguía llorar con más fuerza. Incluso los guardias israelíes, que respetaban a mi padre, lloraron.

Le envié una carta de seis páginas. Le expliqué lo importante que era para él descubrir la verdadera naturaleza del Dios que siempre había amado pero que nunca había conocido.

Mis tíos esperaban con ansia que mi padre me repudiara. Cuando se negó a hacerlo le dieron la espalda a su esposa y sus hijos. No obstante, mi padre sabía que si me repudiaba los terroristas de Hamás me matarían. Y continuó protegiéndome sin importarle el profundo daño que le había causado.

Ocho semanas después los reclusos que estaban en la prisión de Ktzi'ot, en el Néguev, amenazaron con amotinarse. Entonces el Shabas, el Sistema Penitenciario de Israel, le rogó a mi padre que hiciera todo lo posible por calmar la situación.

Un día, mi madre, con la que mantenía contacto semanal desde mi llegada a Estados Unidos, me llamó.

—Tu padre está en el Néguev. Algunos prisioneros han introducido unos pocos teléfonos móviles de contrabando. ¿Te gustaría hablar con él?

No podía creérmelo. No pensé que tendría la ocasión de hablar con mi padre hasta que saliera de la cárcel.

Llamé a su número. Nadie contestó. Llamé de nuevo.

—¿Hola?

Era su voz. Yo apenas podía pronunciar palabra.

—Hola, papá.

—Hola, ¿qué tal?

—Echo de menos tu voz.

—¿Cómo estás?

—Bien. No importa cómo esté yo. ¿Cómo estás tú?

—Estoy bien. Hemos venido aquí para hablar con los prisioneros e intentar calmar un poco las cosas.

Seguía siendo el mismo. Su principal preocupación siempre eran las personas. Y nunca cambiaría.

—¿Cómo es tu vida en Estados Unidos ahora?

—Es genial. Estoy escribiendo un libro...

Los prisioneros sólo tenían diez minutos para usar el teléfono, y mi padre jamás abusaba de su posición para obtener un tratamiento especial. Yo quería hablar de mi nueva vida con él, pero él no quería tocar el tema.

—No importa lo que haya pasado —me dijo—, sigues siendo mi hijo. Eres parte de mí y nada va a cambiar eso. Tienes un punto de vista distinto, pero sigues siendo mi hijito.

Yo estaba conmocionado. Aquel hombre era increíble.

Le llamé de nuevo al día siguiente. Estaba angustiado, pero me escuchaba.

—Hay algo que debo contarte —le dije—. Es un secreto. Y quiero contártelo ahora antes de que lo sepas por los medios de comunicación.

Le expliqué que había trabajado para el Shin Bet durante diez años. Que seguía vivo porque yo había accedido a que le encarcelaran para que estuviera protegido. Que su nombre estaba en lo alto de la lista de objetivos de Jerusalén... y que seguía en prisión porque yo ya no estaba allí para garantizar su seguridad.

Silencio. Mi padre no dijo nada.

—Te amo —dije finalmente—. Siempre serás mi padre.

POSTDATA

Mi gran esperanza es que a través de mi historia pueda demostrarle a mi gente (a los palestinos seguidores del Islam utilizados sin piedad por los regímenes corruptos durante cientos de años) que la verdad les puede hacer libres.

También cuento mi historia para hacerles saber a los israelíes que aún hay esperanza. Si yo, el hijo de una organización terrorista dedicada en cuerpo y alma a la extinción de Israel, he podido llegar a un punto en que no sólo aprendí a amar a los judíos sino que arriesgué mi vida por ellos, es que aún queda un rayo de esperanza.

Mi historia también contiene un mensaje para los cristianos. Debemos aprender del dolor de mi gente, que lleva una pesada carga intentando abrirse camino para ganar el favor de Dios. Debemos ir más allá de las normas religiosas que nos fabricamos nosotros mismos. En vez de eso, debemos demostrar amor hacia la gente (en todas partes del mundo) incondicionalmente. Si vamos a representar a Jesús en la tierra debemos vivir su mensaje de amor. Si queremos seguir a Jesús, también debemos esperar la persecución. Deberíamos alegrarnos de ser perseguidos por su causa.

Para los expertos en Medio Oriente, para los que toman las decisiones en el gobierno, para los estudiantes y para los líderes de las agencias de inteligencia, escribo con la esperanza de que esta sencilla historia contribuya a su entendimiento de los problemas y a las posibles soluciones en una de las regiones más conflictivas del mundo.

Ofrezco mi historia sabiendo que mucha gente, incluyendo aquellos por los que más sufro, no entenderán ni mis motivos ni mis ideas.

Algunas personas me acusarán de hacer lo que he hecho por dinero. La ironía es que no tenía problemas económicos en mi vida anterior, mientras que ahora estoy viviendo con lo básico. Es cierto que mi familia tuvo muchos problemas financieros, en especial durante los largos períodos en que mi padre estaba en la cárcel; no obstante, poco a poco me fui convirtiendo en un joven bastante rico. Con el salario que el gobierno me pagaba multiplicaba por diez la media de ingresos de mi país. Tuve una vida holgada, con dos casas y un coche deportivo nuevo. Y aún podía haber ganado más dinero.

Cuando les dije a los israelíes que estaba cansado de trabajar para ellos me ofrecieron montar mi propia empresa de comunicaciones, que me hubiera reportado millones de dólares de beneficios si me hubiera quedado. Rechacé la oferta y vine a Estados Unidos, donde no he podido encontrar un trabajo a tiempo completo y he acabado siendo prácticamente un sin techo. Espero que un día el dinero deje de ser un problema para mí, pero he aprendido que por sí solo jamás satisface. Si el dinero fuera mi meta principal podría haberme quedado donde estaba y seguir trabajando para Israel. Podría haber aceptado los donativos que me ha ofrecido la gente desde que me trasladé a Estados Unidos. Pero no he hecho ninguna de las dos cosas porque no quiero que el dinero sea mi prioridad (ni quiero dar la impresión de que es mi motivación).

Algunas personas pueden pensar que hago esto para llamar la atención, pero también estaban muy pendientes de mí en mi país.

A lo que fue más difícil de renunciar fue al poder y la autoridad que tenía como hijo de un líder principal de Hamás. Cuando se prueba el poder es cuando se descubre lo adictivo que puede llegar a ser, mucho más adictivo que el dinero. Me gustaba el poder que tenía en mi anterior vida; sin embargo, cuando te vuelves adicto, aunque sea al poder, pasas a ser controlado en vez de tener tú el control.

La libertad, un profundo anhelo por la libertad, es lo que hay en el corazón de mi historia.

Soy hijo de gente que ha sido esclavizada por sistemas de gobierno corruptos durante muchos siglos.

Estaba en una prisión israelí cuando mis ojos se abrieron a la realidad del hecho de que los palestinos estaban tan oprimidos por sus propios líderes como lo estaban por Israel.

Era un devoto seguidor de una religión que exigía una estricta observancia de unas rígidas regulaciones para complacer al dios del Corán y llegar al cielo.

Tenía dinero, poder y una posición importante en mi anterior vida, pero lo que yo quería de verdad era libertad. Y eso significó, entre otras cosas, dejar atrás el odio, los prejuicios y el deseo de venganza.

El mensaje de Jesús (ama a tus enemigos) fue lo que finalmente me liberó. Ya no importaba quiénes fueran mis amigos o quiénes mis enemigos; se suponía que debía amarlos a todos. Y podía tener una relación de amor con un Dios que me ayudaría a amar a los demás.

Tener esa clase de relación con Dios no sólo es la fuente de mi libertad, sino también la clave de mi nueva vida.

∎

Por favor, después de leer este libro no piensen ni por un momento que me he convertido en un admirable seguidor de Jesús. Sigo luchando. Lo poco que sé y comprendo sobre mi fe vino mediante la lectura y el estudio de la Biblia. En otras palabras, soy un seguidor de Jesucristo, pero recién estoy empezando a ser un discípulo.

Nací y crecí en un entorno religioso que insistía en que la salvación venía por las obras. Aún tengo mucho que desaprender para hacerle sitio a esta verdad:

> *En cuanto a la pasada manera de vivir, despojaos del viejo hombre, que está viciado conforme a los deseos engañosos, y renovaos en el espíritu de vuestra mente, y vestíos del nuevo hombre, creado según Dios en la justicia y santidad de la verdad.*
>
> —EFESIOS 4.22-24

Como muchos otros seguidores de Cristo, me he arrepentido de mis pecados y sé que Jesús es el Hijo de Dios, que se hizo hombre, murió por nuestros pecados, se levantó de la muerte y está sentado a la derecha del Padre. He sido bautizado. Ya casi siento que estoy en la entrada del reino de Dios. Me han dicho que hay más, mucho más. Y lo quiero todo.

Mientras tanto, sigo luchando contra el mundo, la carne y el diablo. Todavía tengo muchas ideas equivocadas y me siento confundido con otras. Batallo contra lo que muchas veces parece invencible. Sin embargo, tengo la esperanza de que yo, como el apóstol Pablo, que se describió a sí mismo ante Timoteo como «el peor de los pecadores» en 1 Timoteo 1.16 (NVI), me convertiré en lo que Dios quiere que sea, siempre que no abandone por el camino.

Así que si me encuentran por la calle, por favor, no me pidan consejo o me pregunten qué quiere decir cierto pasaje bíblico, porque probablemente ustedes me superen en conocimiento. En vez de verme como un trofeo espiritual, oren por mí, para que mi fe crezca y que para que no pise demasiado los pies de la Novia mientras aprendo a bailar.

.

Mientras sigamos buscando a nuestros enemigos fuera en vez de en nuestro interior, el problema de Medio Oriente no va a desaparecer.

La religión no es la solución. La religión sin Jesús sólo es fariseísmo. Liberarse de la opresión tampoco va a resolver las cosas. Liberado de la opresión de Europa, Israel se convirtió en el opresor. Liberados de la persecución, los musulmanes se convirtieron en los perseguidores. Los maridos y los hijos que han sufrido abusos a menudo abusan de sus propias esposas e hijos. Parece un tópico, pero no deja de ser cierto: la gente herida, a menos que sea sanada, hiere a los demás.

Manipulado por mentiras y guiado por el racismo, el odio y la sed de venganza, yo iba camino de convertirme en una de esas personas. Entonces, en 1999, tuve un encuentro con el único y verdadero Dios. Él es el Padre cuyo amor va más allá de todo lo expresable, y ese amor se muestra en el sacrificio de su único Hijo en una cruz para expiar el pecado de todo el mundo. Él es el Dios que tres días después mostró su poder y su justicia levantando a Jesús de la muerte. Él es el Dios que no sólo me inspira para amar y perdonar a mis enemigos tal como él lo ha hecho conmigo, sino que me capacita para poder hacerlo.

La verdad y el perdón son la única solución al conflicto de Medio Oriente. El reto, en especial entre los israelíes y los palestinos, no es *encontrar* la solución. El desafío es ser lo suficientemente valientes para, en primer lugar, ser capaces de *aceptarla*.

LOS PROTAGONISTAS

LA FAMILIA DE MOSAB
Sheikh Yousef Dawood – Su abuelo paterno.
Sheikh Hassan Yousef – Su padre, cofundador y líder de Hamás desde 1986.
Sabha Abu Salem – Su madre.
Ibrahim Abu Salem – Su tío (hermano de su madre); cofundador de los Hermanos Musulmanes en Jordania.
Dawood – Su tío (hermano de su padre).
Yousef Dawood – Su primo, hijo de Dawood, quien le ayudó a comprar las armas que no funcionaban.
Hermanos de Mosab – Sohayb (1980), Seif (1983), Oways (1985), Mohammad (1987), Naser (1997).
Hermanas de Mosab – Sabeela (1979), Tasneem (1982), Anhar (1990).

PERSONAJES CLAVE (EN ORDEN DE APARICIÓN)
Hassan al-Banna – Reformador egipcio y fundador de los Hermanos Musulmanes.
Jamal Mansour – Cofundador de Hamás en 1986; asesinado por Israel.
Ibrahim Kiswani – Amigo de Mosab, quien le ayudó a comprar las armas que no funcionaban.
Loai – Entrenador de Mosab en el Shin Bet.
Marwan Barghouti – Secretario general de Fatah.
Maher Odeh – Líder de Hamás y jefe de seguridad de Hamás en la prisión.
Saleh Talahme – Terrorista de Hamás y amigo de Mosab.
Ibrahim Hamed – Jefe de seguridad de Hamás en Cisjordania.
Sayyed al-Sheikh Qassem – Terrorista de Hamás.
Hasaneen Rummanah – Terrorista de Hamás.
Khalid Meshaal – Jefe de Hamás en Damasco, Siria.
Abdullah Barghouti – Fabricante de bombas.

LOS DEMÁS (EN ORDEN ALFABÉTICO)
Abdel Aziz al-Rantisi – Líder de Hamás; líder del campo de deportados en el Líbano.
Abdel-Basset Odeh – Terrorista suicida de Hamás, hotel Park.
Abu Ali Mustafa – Secretario general del FPLP; asesinado por Israel.
Abu Salem – Carnicero; el vecino loco de Mosab.

Adib Zeyadeh – Líder de Hamás en la sombra.

Ahmad Ghandour – Primer líder de las Brigadas Mártires de Al-Aqsa.

Ahmad al-Faransi – Ayudante de Marwan Barghouti.

Ahmed Yassin – Cofundador de Hamás en 1986; asesinado por Israel.

Akel Sorour – Amigo de Mosab y compañero de prisión.

Amar Salah Diab Amarna – Primer terrorista suicida oficial de Hamás.

Amer Abu Sarhan – Apuñaló mortalmente a tres israelíes en 1989.

Amnon – Judío convertido al cristianismo y compañero de prisión de Mosab.

Anas Rasras – Líder de los maj'd en la prisión de Meguido.

Ariel Sharon – Undécimo primer ministro de Israel (2001-2006).

Avi Dichter – Jefe del Shin Bet.

Ayman Abu Taha – Cofundador de Hamás en 1986.

Aziz Kayed – Líder de Hamás en la sombra.

Baruk Goldstein – Médico de origen estadounidense que masacró a veintinueve palestinos en Hebrón durante el Ramadán.

Bilal Barghouti – Primo del fabricante de bombas de Hamás Abdullah Barghouti.

Bill Clinton – Cuadragésimo segundo presidente de Estados Unidos.

Capitán Shai – Oficial de las Fuerzas de Defensa de Israel.

Daya Muhammad Hussein al-Tawil – Terrorista suicida de French Hill.

Ehud Barak – Décimo primer ministro de Israel (1999-2001).

Ehud Olmert – Duodécimo primer ministro de Israel (2006-2009).

Fathi Shaqaqi – Fundador de la Yihad Islámica Palestina e iniciador de los atentados suicidas.

Fouad Shoubaki – Jefe de finanzas de la ANP para las operaciones militares.

Hassan Salameh – Amigo de Yahya Ayyash, quien le enseñó a fabricar bombas para matar israelíes.

Imad Akel – Líder de las Brigadas de Al-Qassam, el brazo militar de Hamás; asesinado por los israelíes.

Isaac Rabin – Quinto primer ministro de Israel (1974-1977; 1992-1995); asesinado por el radical de ultraderecha israelí Yigal Amir en 1995.

Ismail Haniyeh – Primer ministro de Palestina electo en 2006.

Izz al-Din Shuheil al-Masri – Terrorista suicida de la pizzería Sbarro.

Jamal al-Dura – Padre del chico de doce años Mohammed al-Dura, que los palestinos aseguran que fue asesinado por los soldados de las FDI durante una manifestación de las fuerzas de seguridad palestinas en Gaza.

Jamal al-Tawed – Líder de Hamás en Cisjordania.

Jamal Salim – Líder de Hamás asesinado en el magnicidio de Jamal Mansour en Nablus.

Jamil Hamami – Cofundador de Hamás en 1986.

Jibril Rajoub – Jefe de seguridad de la Autoridad Nacional Palestina.

Juma'a – Sepulturero del cementerio cercano a la casa donde Mosab vivía de niño.

Kofi Annan – Séptimo secretario general de Naciones Unidas (1997-2006).

Leonard Cohen – Cantautor canadiense que escribió First We Take Manhattan.

Mahmud Muslih – Cofundador de Hamás en 1986.

Majeda Talahme – Esposa del terrorista Saleh Talahme.

Mahoma – Fundador del Islam.

Mohammad Daraghmeh – Periodista palestino.

Mohammed al-Dura – Chico de doce años supuestamente asesinado por los soldados de las FDI durante una manifestación de Fatah en Gaza.

Mohammed Arman – Miembro de una célula terrorista de Hamás.

Mosab Talahme – Hijo mayor del terrorista Saleh Talahme.

Muhammad Jamal al-Natsheh – Cofundador de Hamás en 1986 y jefe del brazo militar de la organización en Cisjordania.

Muhaned Abu Halawa – Miembro de las Brigadas Mártires de Al-Aqsa.

Najeh Madi – Líder de Hamás en la sombra.

Nissim Toledano – Policía de fronteras israelí asesinado por los pistoleros del FPLP.

Ofer Dekel – Oficial del Shin Bet.

Rehavam Ze'evi – Ministro de turismo israelí asesinado por los pistoleros del FPLP.

Rey Hussein – Rey de Jordania (1952-1999).

Saddam Hussein – Dictador iraquí que invadió Kuwait en 1990.

Saeb Erekat – Ministro del gabinete palestino.

Saeed Hotari – Terrorista suicida del Dolphinarium.

Salah Hussein – Líder de Hamás en la sombra.

Sami Abu Zuhri – Portavoz de Hamás en Gaza.

Shada – Trabajador palestino asesinado por error por un tanque israelí.

Shimon Peres – Noveno presidente de Israel, que asumió el cargo en 2007; también ha sido primer ministro y ministro de asuntos exteriores.

Shlomo Sakal – Vendedor de plásticos israelí apuñalado hasta la muerte en Gaza.

Tsibouktsakis Germanus – Monje ortodoxo griego asesinado por Ismail Radaida.

Yahya Ayyash – Fabricante de bombas al que se le atribuye el avance técnico de las bombas suicidas en el conflicto palestino-israelí.

Yasser Arafat – Presidente vitalicio de la OLP, presidente de la ANP; murió en 2004.

Yisrael Ziv – General mayor israelí de las FDI.

Zakaria Botros – Sacerdote copto que ha guiado a un incontable número de musulmanes a Cristo por televisión vía satélite, mediante la exposición de los errores del Corán y la revelación de la verdad de las Escrituras.

GLOSARIO

abdesto – Ritual islámico de purificación.

abu – Hijo de.

adad – Número.

adhan – La llamada musulmana a la oración; tiene lugar cinco veces al día.

acuerdos de Oslo – Los acuerdos a los que llegaron en 1993 Israel y la Organización para la Liberación de Palestina.

Al-Jazeera – Red de canales informativos árabes de televisión por satélite; con sede en Qatar.

Alá – La palabra árabe para Dios.

Autoridad Nacional Palestina (ANP) – Formada en 1994, conforme a lo pactado en los acuerdos de Oslo, como consejo de administración de Cisjordania y Gaza.

azora – Capítulo del Corán.

baklava – Pastel dulce elaborado con capas de masa, relleno de trozos de frutos secos y endulzado con miel.

Brigadas de Ezzedeen Al-Qassam – Brazo militar de Hamás.

Brigadas Mártires de Al-Aqsa – Grupo terrorista creado durante la Segunda Intifada y formado por varios grupos de la resistencia, que lleva a cabo atentados suicidas y otros ataques contra objetivos israelíes.

califato – Liderazgo político islámico.

chía – La segunda denominación islámica más grande después del sunismo.

cóctel molotov – Bomba de petróleo, por lo general una botella de cristal llena de gasolina con una mecha de trapo que se enciende y se lanza a un objetivo.

consejo de la *shura* – En el Islam, un grupo de siete personas que tomas las decisiones.

Corán – El libro sagrado del Islam.

dinar – Moneda oficial de Jordania, usada también en Cisjordania además del shekel israelí.

emir – Palabra árabe para jefe o comandante.

Fatah – Facción política más grande de la Organización para la Liberación de Palestina.

Fatiha – La azora (pasaje) de apertura del Corán, leída por el imán o el líder religioso.

fatua – Juicio legal o decreto sobre la ley islámica que hace un erudito islámico.

FDI (Fuerzas de Defensa de Israel) – Las fuerzas militares de Israel, incluyendo las fuerzas de tierra, las del aire y la marina.

fedayín – Luchador por la libertad.

Frente Democrático para la Liberación de Palestina (FDLP) – Organización secular marxista-leninista que se opone a la ocupación de Israel de los territorios de Cisjordania y Gaza.

Frente Popular para la Liberación de Palestina (FPLP) – Organización de resistencia de tendencia marxista-leninista en Cisjordania y Gaza.

Fuerza 17 – Comando de élite de Yasser Arafat.

Guerra de los Seis Días – Breve conflicto armado que tuvo lugar en 1967 entre Israel, Egipto, Jordania y Siria.

hadiz – Tradiciones orales del Islam.

hajj – Peregrinaje a La Meca.

Hamás – Movimiento islámico de resistencia en Cisjordania y Gaza, catalogado por Estados Unidos, la Unión Europea y otros países como organización terrorista.

Hezbolá – Organización islámica política y paramilitar del Líbano.

hiyab – Pañuelo para la cabeza o velo que llevan las mujeres musulmanas en algunas culturas.

imán – Líder islámico, por lo general de una mezquita.

Imperio Otomano – El imperio turco que se extendió desde 1299 a 1923.

Intifada – Rebelión o levantamiento.

Kaláshnikov – Rifle de asalto ruso AK-47; inventado por Mijaíl Kaláshnikov.

Knéset – Rama legislativa del gobierno israelí.

Ktzi'ot – Prisión israelí con tiendas de campaña en el desierto del Néguev donde Mosab pasó un tiempo.

kurdos – Grupo étnico que habita mayoritariamente en Kurdistán, que engloba partes de Irak, Irán, Siria y Turquía.

La Meca – El sitio más sagrado del Islam, situado en Arabia Saudí, donde el profeta Mahoma fundó su religión.

maj'd – Brazo encargado de la seguridad de Hamás.

Maskobiyeh – Centro de detención israelí en Jerusalén Oeste.

Medina – Segundo sitio sagrado del Islam, donde está enterrado Mahoma; situado en Arabia Saudí.

Meguido – Campo de prisioneros en el norte de Israel.

Merkava – Tanque de combate usado por las Fuerzas de Defensa de Israel.

mezquita – Lugar donde van los musulmanes a orar y adorar.

Mezquita de Al-Aqsa – El tercer lugar sagrado del Islam, desde donde los musulmanes creen que Mahoma ascendió al cielo; situada en el Monte del Templo, el lugar más sagrado para los judíos y donde se cree que estaban los antiguos templos judíos.

minarete – Torre alta de una mezquita desde donde el líder religioso musulmán llamas a los fieles a la oración.

mi'var – En Meguido, unidad de procesamiento donde se alojaban los prisioneros antes de ser trasladados a la población del campamento.

Monte del Templo – En la Ciudad Vieja de Jerusalén, ubicación de la mezquita de Al-Aqsa y de la Cúpula de la Roca, el edificio islámico más antiguo del mundo; también se cree que es el emplazamiento del primer y segundo templo judíos.

Mosad – Agencia nacional de inteligencia israelí, comparable a la CIA estadounidense.

Munkar y Nakir – Ángeles que se cree que atormentan a los muertos.

muyahidín – Soldado de la guerrilla musulmana.

Operación Escudo Defensivo – La mayor operación militar llevada a cabo por las Fuerzas de Defensa de Israel durante la Segunda Intifada.

Organización para la Liberación de Palestina (OLP) – Organización política/de resistencia dirigida por Yasser Arafat desde 1969 hasta 2004.

Partido Laborista – Partido político israelí de izquierdas con tendencia socialista/sionista.

Partido Likud – Partido político israelí de derechas.

Puente de Allenby – Puente sobre el río Jordán entre Jericó y Jordania; construido por el general británico Edmund Allenby en 1918.

Ramadán – Mes donde se practica el ayuno para conmemorar la recepción del Corán de parte de Mahoma.

rakat – Grupo de posturas y oraciones islámicas.

sawa'ed – Agentes del ala de seguridad de Hamás dentro de los campos de prisioneros israelíes; encargados de tirar las pelotas con los mensajes de una sección a la otra.

Scud – Misil balístico desarrollado por la Unión soviética durante la Guerra Fría.

Septiembre Negro – Enfrentamiento sangriento entre el gobierno de Jordania y las milicias palestinas que tuvo lugar en septiembre de 1970.

sharia – Ley religiosa islámica.

shaweesh – Prisionero elegido para representar a los otros reclusos ante los administradores de las prisiones israelíes; un prisionero privilegiado.

shayj – Líder o anciano musulmán.

Shin Bet – Servicio de inteligencia israelí, comparable al FBI estadounidense.

shoter – Palabra hebrea para designar a un carcelero israelí o a un oficial de policía.

sunismo – La denominación más grande del Islam.

territorios ocupados – Cisjordania, Gaza y los Altos del Golán.

yalsa – Grupo de estudio islámico.

yihad – Literalmente significa «esfuerzo», pero los grupos militantes islámicos lo interpretan como una llamada a la lucha armada, incluso al terrorismo.

Yihad Islámica Palestina – Movimiento islámico de resistencia en Cisjordania y Gaza, catalogado por Estados Unidos, la Unión Europea y otros como organización terrorista.

CRONOLOGÍA

1923 – Fin del imperio otomano.

1928 – Hassan al-Banna funda los Hermanos Musulmanes.

1935 – Los Hermanos Musulmanes se consolidan en Palestina.

1948 – Los Hermanos Musulmanes emprenden acciones violentas contra el gobierno egipcio; Israel se declara independiente; Egipto, Líbano, Siria, Jordania e Irak invaden Israel.

1949 – Hassan al-Banna es asesinado; se establece en Cisjordania el campo de refugiados de Al-Amari.

1964 – Se funda la Organización para la Liberación de Palestina.

1967 – Guerra de los Seis Días.

1968 – El Frente Popular para la Liberación de Palestina secuestra un EL AL-707 y lo desvía a Argelia; no hay víctimas mortales.

1970 – Septiembre Negro: miles de luchadores de la OLP son asesinados por las tropas jordanas mientras éstas expulsan a la organización de su territorio.

1972 – Once atletas israelíes son asesinados en los Juegos Olímpicos de Múnich por la organización terrorista Septiembre Negro.

1973 – Guerra del Yom Kippur.

1977 – Hassan Yousef se casa con Sabha Abu Salem.

1978 – Nace Mosab Hassan Yousef; treinta y ocho personas fallecen en un ataque de Fatah en la autopista de la costa de Israel al norte de Tel Aviv.

1979 – Se funda la Yihad Islámica Palestina.

1982 – Israel invade el Líbano y expulsa a la OLP.

1985 – Hassan Yousef y su familia se trasladan a Al-Bireh.

1986 – Se funda Hamás en Hebrón.

1987 – Hassan Yousef toma un segundo trabajo, enseñando religión a los musulmanes en la escuela cristiana de Ramala; inicio de la Primera Intifada.

1989 – Primer arresto y encarcelamiento de Hassan Yousef; Amer Abu Sarhan, de Hamás, asesina a tres israelíes.

1990 – Saddam Hussein invade Kuwait.

1992 – La familia de Mosab se traslada a Beitunia; Hassan Yousef es arrestado; los terroristas de Hamás secuestran y asesinan al policía israelí Nissim Toledano; los líderes palestinos son deportados al Líbano.

1993 – Acuerdos de Oslo.

1994 – Baruk Goldstein asesina a veintinueve palestinos en Hebrón; primer terrorista suicida oficial; Yasser Arafat regresa triunfante a Gaza para establecer el cuartel general de la Autoridad Nacional Palestina.

1995 – El primer ministro israelí Isaac Rabin es asesinado; Hassan Yousef es arrestado por la Autoridad Nacional Palestina; Mosab compra armas ilegales que no funcionan.

1996 – El fabricante de bombas de Hamás Yahya Ayyash es asesinado; Mosab es arrestado y encarcelado por primera vez.

1997 – Mosab sale de la prisión; el Mosad intenta sin éxito asesinar a Khalid Meshaal.

1999 – Mosab asiste a un estudio bíblico cristiano.

2000 – Cumbre de Camp David; inicio de la Segunda Intifada (también conocida como Intifada de Al-Aqsa).

2001 – Atentados suicidas de French Hill; atentados suicidas del Dolphinarium y de la pizzería Sbarro; el secretario general del FPLP, Abu Ali Mustafa, es asesinado por Israel; el ministro de turismo israelí Rehavam Ze'evi es asesinado por los pistoleros del FPLP.

2002 – Israel lanza la Operación Escudo Defensivo; nueve muertos en el ataque a la Universidad Hebrea; Mosab y su padre son arrestados y encarcelados.

2003 – La fuerzas de la coalición occidentales liberan Irak; los terroristas de Hamás Saleh Talahme, Hasaneen Rummanah y Sayyed al-Sheikh Qassem son asesinados por los israelíes.

2004 – Muerte de Yasser Arafat; Hassan Yousef es liberado.

2005 – Mosab se bautiza; finaliza la tregua entre Hamás e Israel; tercer arresto y encarcelamiento de Mosab; Mosab sale de la prisión.

2006 – Ismail Haniyeh es elegido primer ministro de Palestina.

2007 – Mosab deja los territorios ocupados y parte hacia Estados Unidos.

NOTAS

1. Nunca antes se había tenido acceso a esta información. De hecho, el registro histórico está lleno de numerosas inexactitudes sobre la fecha en que Hamás nació como organización. Como ejemplo, Wikipedia afirma erróneamente que «Hamás fue creada en 1987 por Sheikh Ahmed Yassin, Abdel Aziz al-Rantisi y Mohammad Taha, que pertenecían a la sección palestina de los Hermanos Musulmanes egipcios al inicio de la Primera Intifada...» Este artículo sólo es exacto respecto a dos de los siete fundadores, y se equivoca en el año de la fundación. Véase http://en.wikipedia.org/wiki/Hamas (último acceso 20 noviembre 2009). [Nota a la edición en español: aunque la información acerca de la fecha de creación que ofrece Wikipedia sigue siendo errónea a la publicación de este libro, parte de la información ha sido corregida, como se refleja en la web en español: http://es.wikipedia.org/wiki/Hamas (último acceso diciembre 2010)].

   La web MidEast dice: «Hamás fue formada en febrero del año 1988 para permitir la participación de los Hermanos Musulmanes en la Primera Intifada. Los líderes fundadores de Hamás fueron: Ahmad Yassin, 'Abd al-Fattah Dukhan, Muhammed Shama', Ibrahim al-Yazuri, Issa al-Najjar, Salah Shehadeh (de Bait Hanun) y 'Abd al-Aziz Rantisi. También suele considerarse al doctor Mahmud Zahar como uno de los líderes originales. Otros líderes son: Sheikh Khalil Qawqa, Isa al-Ashar, Musa Abu Marzuq, Ibrahim Ghusha y Khalid Mish'al». Esta información es aún más inexacta que la de la Wikipedia. Véase http://www.mideastweb.org/hamashistory.htm (último acceso 20 noviembre 2009).

2. El primer secuestro destacado de un avión por parte de la OLP había tenido lugar el 23 de julio de 1968, cuando activistas del FPLP dirigieron un Boeing 707 de EL AL hacia Argelia. Una docena de pasajeros israelíes y diez miembros de la tripulación fueron tomados como rehenes. No hubo víctimas mortales. Sin embargo, once atletas israelíes fueron asesinados cuatro años más tarde en un ataque de la OLP contra los Juegos Olímpicos de Múnich. Y el 11 de marzo de 1978 los luchadores de Fatah atracaron un barco al norte de Tel Aviv, secuestraron un autobús y lanzaron un ataque indiscriminado por la autopista costera que acabó con la vida de treinta y cinco personas e hirió a otras setenta.

   La organización lo había tenido fácil para reclutar a terroristas de entre los refugiados palestinos, cuyo número llegaba a los dos tercios de toda la población de Jordania. Con el dinero entrando a raudales desde los países árabes que apoyaban la causa, la OLP se hizo más fuerte y pasó a estar mejor armada incluso que la policía o el ejército jordano. Y no pasaría mucho tiempo antes de que su líder, Yasser Arafat, tomara posiciones para hacerse con el poder e intentara establecer un estado palestino.

El rey Hussein de Jordania tenía que actuar rápida y decisivamente o perdería su país. Años más tarde me sorprendería al descubrir, mediante mi imprevisible relación con el servicio de seguridad israelí, que el monarca jordano había entablado una alianza secreta con Israel en aquella ocasión, aun sabiendo que todos los demás países árabes estaban decididos a destruirlo. Era el paso más lógico, obviamente, porque el rey Hussein no podía proteger su trono e Israel no podía patrullar de forma eficaz la extensa frontera entre ambos países. No obstante, hubiera sido un suicidio político y cultural para el monarca que la información se hubiese filtrado.

Así que en 1970, antes de que la OLP pudiera obtener más poder, el rey Hussein les pidió a los líderes y luchadores de la organización que se fueran del país. Cuando rechazaron hacerlo, les expulsó (con la ayuda de las armas provistas por Israel) en una campaña militar que llegó a ser conocida entre los palestinos como Septiembre Negro.

La revista *Time* citó a Arafat hablando a los comprensivos líderes árabes: «Se ha cometido una gran masacre. Hay miles de personas debajo de los escombros. Hay cuerpos en descomposición. Miles se han quedado sin casa. Los restos de nuestros muertos están tirados en las calles. El hambre y la sed se están llevando a nuestros hijos, mujeres y ancianos» ("The Battle Ends; The War Begins", *Time*, 5 octubre 1970).

El rey Hussein estaba en deuda con Israel, e intentó pagársela en 1973 avisando a Jerusalén de que una coalición árabe dirigida por Egipto y Siria estaban a punto de invadirles. Por desgracia, Israel no se tomó en serio el aviso. La invasión tuvo lugar en Yom Kippur, y un desprevenido Israel sufrió grandes e innecesarias pérdidas. Esta información secreta también la descubriría un día trabajando para los israelíes.

Después del Septiembre Negro, los supervivientes de la OLP volaron hacia el sur del Líbano, que aún se estaba recuperando de una sangrienta guerra civil. Allí la organización empezó de nuevo a ganar poder, creciendo y fortaleciéndose hasta que prácticamente se convirtió en un estado dentro de otro estado.

Desde su nueva base de operaciones, la OLP emprendió una guerra de desgaste contra Israel. Beirut era demasiado débil para detener el interminable bombardeo y los ataques con misiles contra las comunidades del norte de Israel. En 1982 Israel invadió el Líbano, expulsando a la OLP en una campaña que duró cuatro meses. Arafat y un millar de luchadores supervivientes se exiliaron a Túnez. Pero aun así, incluso desde la distancia, la OLP continuó lanzando ataques sobre Israel y amasando un ejército de luchadores en Cisjordania y Gaza.

3. "Arafat's Return: Unity Is 'the Shield of Our People'", *New York Times*, 2 julio 1994, http://www.nytimes.com (último acceso 23 noviembre 2009).
4. Leonard Cohen, "First We Take Manhattan" © 1988, Leonard Cohen Stranger Music, Inc.
5. Ministro israelí de asuntos exteriores, "Suicide and Other Bombing Attacks in Israel Since the Declaration of Principles (September 1993)"; The Palestinian Academic Society for the Study of International Affairs, Jerusalén, "Palestine Facts — Palestine Chronology 2000", http://www. passia.org/palestine_facts/chronology/2000.html. Véase también http:// www.mfa.gov.il/MFA/MFAArchive/2000_2009/2000/11/Palestinian%20 Terrorism-%20Photos%20-%20November%202000.
6. La confirmación de esta conexión llegaría al año siguiente cuando Israel invadió Ramala y asaltó el cuartel general de Arafat. Entre otros documentos, se descubriría una factura, fechada el 16 de septiembre de 2001, de las Brigadas Mártires de Al-Aqsa al general de brigada Fouad Shoubaki, el director de finanzas para operaciones militares de la ANP.
7. Cole, Leonard, *Terror: How Israel Has Coped and What America Can Learn* (Bloomington: Indiana UP, 2007), p. 8.
8. "Obituary: Rehavam Zeevi", BBC News, 17 octubre 2001, http://news. bbc.co.uk/2/hi/middle_east/1603857.stm (último acceso 24 noviembre 2009).
9. "Annan Criticizes Israel, Palestinians for Targeting Civilians", U.N. Wire, 12 marzo 2002, http://www.unwire.org/unwire/20020312/24582_story. asp (último acceso 23 octubre 2009).
10. Unión Europea, "Declaration of Barcelona on the Middle East", 16 marzo 2002, http://europa.eu/bulletin/en/200203/i1055.htm.
11. Una interesante aclaración sobre el coronel Jibril Rajoub: este hombre ha aprovechado su posición como jefe de seguridad en Cisjordania para construir su propio reino, haciendo que sus oficiales se arrodillen ante él y le reverencien como si fuera el heredero al trono. He visto su mesa de desayuno crujir bajo el peso de cincuenta platos distintos, preparados sólo para demostrar su poder e importancia. También he visto que Rajoub era grosero y desconsiderado, comportándose más como un gánster que como un líder. Cuando Arafat, en 1995, acorraló a todos los líderes y miembros de Hamás que pudo, Rajoub los torturó sin piedad. En algunas ocasiones Hamás le amenazó de muerte, forzándole a comprarse un coche blindado. Ni siquiera Arafat recibió tal atención de parte de Hamás.
12. Associated Press, "Palestinian Bombmaker Gets 67 Life Terms", MSNBC, 30 noviembre 2004, http://www.MSNBC.MSN.com/id/6625081/.
13. Rubinstein, Danny, "Hamas Leader: You Can't Get Rid of Us", Haaretz, http://www.haaretz.com/hasen/pages/ShArt.jhtml?itemNo=565084&contr assID=2&subContrassID=4&sbSubContrassID=0.
14. "Israel Vows to 'Crush' Hamas after Attack", Fox News, 25 septiembre 2005, http://www.foxnews.com (último acceso 5 octubre 2009)

Te invitamos a que visites nuestra página web, donde podrás apreciar la pasión por la publicación de libros y Biblias:

www.casacreacion.com

f @CASACREACION

🐦 @CASACREACION

📷 @CASACREACION

Para vivir la Palabra